Dr. F. Neufingerl
O. Urban
Dr. M. Viehhauser   Mitarbeit: Buchmann, Hesse

CHEMIE

für Berufsfachschulen und Fachoberschulen

Stam 1553

Inhaltsverzeichnis

Stam Verlag
Fuggerstraße 7 · 51149 Köln

ISBN 3-8237-**1553**-4

1. Grundbegriffe

1.1   Die Entwicklung der Chemie

Im Vergleich zu anderen Naturwissenschaften wie der Physik oder der Biologie ist die Chemie eine junge Wissenschaft. Denn erst vor etwa 200 Jahren gelangten Forscher wie Antoine **Lavoisier** oder John **Dalton** zu Erkenntnissen, die auch heute noch Gültigkeit besitzen.

Chemische Techniken wie die Metallgewinnung, die Herstellung von Glas und Keramik oder die Gerberei und Färberei hatten schon in den Hochkulturen des Altertums ein oft erstaunliches Niveau erreicht, doch basierten diese Fertigkeiten auf dem Erfahrungsschatz von Generationen, nicht auf der Einsicht in chemische Vorgänge. Bis zum Ende des 18. Jahrhunderts hatte sich daran nur wenig geändert, denn auch die Alchimisten des Mittelalters hatten zwar durch geduldiges Probieren eine Reihe von Techniken verbessert und Zufallsentdeckungen gemacht, waren aber noch vielfach von magischen Vorstellungen befangen.

Die Herkunft des Wortes „Chemie" ist unsicher. Es könnte sich aus dem Ägyptischen *ch'mi* oder dem Arabischen *chemi* (= schwarz), aber auch von den griechischen Worten *chyma* (= Metallguß) oder *chymos* (= Flüssigkeit) herleiten.

ANTOINE LAVOISIER (1743 – 1794); französischer Chemiker. Erkannte die Verbrennung als Reaktion mit Sauerstoff, formulierte das Gesetz von der Erhaltung der Masse und machte so die Chemie zu einer exakten Wissenschaft. Er wurde während der französischen Revolution hingerichtet.

JOHN DALTON (1766 – 1844); englischer Chemiker. Stellte unter anderem die Atomtheorie auf und untermauerte sie durch zahlreiche Messungen.

Dafür verlief die Entwicklung der Chemie im 19. und 20. Jahrhundert umso stürmischer. Die Kenntnisse vom Aufbau der Stoffe nahmen sprunghaft zu und aus den Hinterzimmern von Apotheken entstanden in wenigen Jahrzehnten chemische Großbetriebe, deren Produkte im Alltag immer mehr in Erscheinung traten. Schließlich reichte die Palette von Kunststoffen mit hervorragenden Eigenschaften bis zu Medikamenten, von deren Wirksamkeit man Jahre zuvor noch nicht zu träumen gewagt hätte.

Heute stehen wir, in Kenntnis auch der Schattenseiten, vielen Entwicklungen skeptisch gegenüber.
Ein Mitreden erfordert jedoch, neben persönlichem Engagement, vor allem Sachkenntnis. Dazu will dieses Buch einen Beitrag leisten.

Moderne Kunststoffe verbinden hohe Festigkeit mit geringem Gewicht.
So gelang es, einen uralten Menschheitstraum zu verwirklichen: den Flug mit Muskelkraft. Der griechische Radrennfahrer Kanellopoulos legte mit diesem nur 32 kg schweren Leichtflugzeug die 118 km lange Strecke von Kreta zur Insel Santorin in vier Stunden zurück.

1.2   Physikalische und chemische Vorgänge

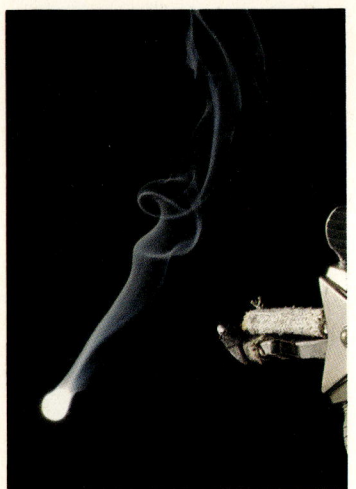

Verbrennendes Magnesiumband
Der entstehende Stoff hat andere Eigenschaften als der Ausgangsstoff – chemischer Vorgang

Vorgänge wie das Brechen von Holz oder das Schmelzen eines Eiswürfels werden als **physikalische** Vorgänge bezeichnet. Die Körper ändern zwar ihre äußere Form oder ihren Aggregatzustand, ihre Substanz bleibt aber unverändert.

Wird der Stoff hingegen in eine neue Substanz mit völlig unterschiedlichen Eigenschaften umgewandelt, wie dies z. B. bei einer Verbrennung der Fall ist, so handelt es sich um einen **chemischen** Vorgang.

Chemische Reaktionen ergeben neue Stoffe mit neuen Eigenschaften.

Bei chemischen Reaktionen erfolgen immer Energieumsetzungen:

- Entweder wird Energie freigesetzt, wie z. B. bei Verbrennungen.
- Oder es wird ständig Energie aus der Umgebung aufgenommen, wie z. B. bei der Photosynthese der grünen Pflanzen.

Reaktionen, die Energie freisetzen, werden als **exotherm**, Reaktionen, die Energie verbrauchen, als **endotherm** bezeichnet.

1.3   Gemenge, Reinstoffe, Verbindungen, Elemente

Einheit der Energie: 1 Joule (J)
Energie ist die Fähigkeit, Arbeit zu verrichten.

homoios (griech.) = gleich
heteros (griech.) = verschieden
genos (griech.) = Art
synthesis (griech.) = Zusammenstellung
analysis (griech.) = Auflösung

Manche Anwendungen erfordern extrem reine Substanzen: für elektronische Bauelemente wird Silicium benötigt, das unter 10^9 Atomen maximal ein Fremdatom enthält.

Die Zubereitung von Tee – eine Extraktion

Die meisten in der Natur vorkommenden Stoffe sind Gemenge. Viele von ihnen zeigen (manchmal erst unter dem Mikroskop) ein uneinheitliches Aussehen (z. B. Holz, Granit, ...), sie werden als **heterogene** Gemenge bezeichnet. Andere Gemenge hingegen (z. B. Kochsalzlösung, Luft, ...) sehen einheitlich aus, sie sind **homogen**.

Die Trennung von Gemengen in ausreichend reine Ausgangsstoffe für chemische Reaktionen ist, neben der Synthese und der Analyse von Stoffen, eine der Hauptaufgaben der Chemie und von großer praktischer Bedeutung.

Der Begriff „Rein" ist stets relativ zu verstehen. „Absolute Reinheit" ist nicht realisierbar, denn mit modernen Analysemethoden sind auch noch geringste Spuren von Verunreinigungen nachweisbar.
In der Praxis sind verschiedene Reinheitsgrade gebräuchlich:
technisch rein: ca. 95%, chemisch rein: über 99,5%

Zur **Trennung eines Gemenges** werden in der Regel die unterschiedlichen physikalischen Eigenschaften seiner Bestandteile ausgenutzt.

Die unterschiedliche **Löslichkeit** ermöglicht das Herauslösen von Stoffen aus einem Gemenge (Extrahieren) oder deren Abtrennung durch Filtrieren (z. B. Zubereitung von Tee oder Kaffee).

Auch die unterschiedliche **Löslichkeit** im **heißen** und im **kalten Lösungsmittel** kann zur Abtrennung oder Reinigung einer Substanz verwendet werden. Die in der erkaltenden Flüssigkeit nicht mehr lösliche Substanzmenge scheidet sich in Form weitgehend reiner Kristalle ab.

Haben die Bestandteile unterschiedliche **Dichte**, so kann eine Trennung durch Absetzen eines Stoffes erfolgen (z. B. beim „türkischen" Kaffee). Durch Zentrifugieren kann dies beschleunigt werden (z. B. Entrahmen von Milch). Auch Erz wird oft unter Ausnutzung seiner größeren Dichte vom tauben Gestein getrennt.

Die unterschiedliche **Siedetemperatur** wird zur Trennung durch Destillation ausgenutzt. Die Substanz mit der niedrigeren Siedetemperatur verdampft bevorzugt, in einem Kühler wird der Dampf wieder kondensiert. Die Anwendungen reichen vom Schnapsbrennen bis zur Gewinnung der Erdölprodukte aus dem Rohöl.

Die Einteilung der Stoffe

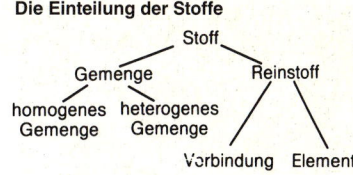

Destillationsapparatur

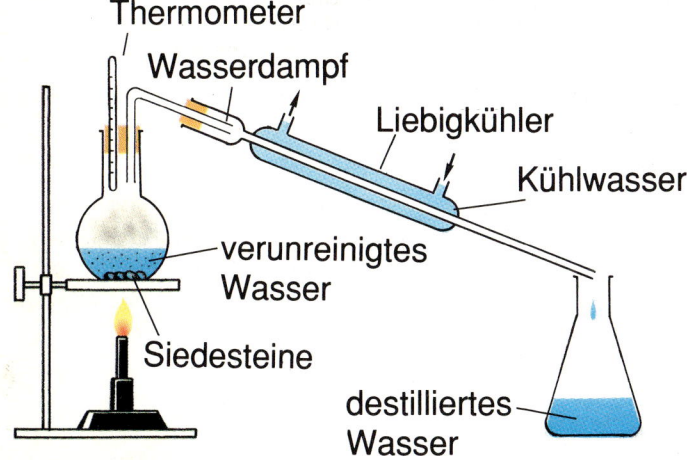

Thermometer

Wasserdampf

Liebigkühler

Kühlwasser

verunreinigtes Wasser

Siedesteine

destilliertes Wasser

Reinstoffe können durch **physikalische Verfahren** nicht weiter aufgetrennt werden.
Durch **chemische Reaktionen** ist allerdings in den meisten Fällen noch eine **weitere Zerlegung möglich**.

So wird **Wasser** durch elektrische Energie in zwei Stoffe gespalten, die mit dem Ausgangsstoff keine Ähnlichkeit mehr haben:
Am negativen Pol entsteht **Wasserstoff**, ein brennbares Gas.
Am positiven Pol entsteht **Sauerstoff**, der einen glimmenden Holzspan entflammen kann.
Dabei entsteht immer doppelt soviel Wasserstoff wie Sauerstoff.

$$\text{Wasser} \xrightarrow{\text{Elektrische Energie}} \text{2 Raumteile Wasserstoff} + \text{1 Raumteil Sauerstoff}$$

Verbindungen sind Reinstoffe, die durch chemische Reaktionen noch in weitere Stoffe zerlegt werden können. Sie enthalten ihre Bestandteile stets in einem bestimmten, konstanten Verhältnis.

Wasserstoff und Sauerstoff lassen sich hingegen nicht mehr in weitere Stoffe zerlegen, sie sind **Elemente**.

Reinstoffe, die durch chemische Reaktionen nicht weiter zerlegt werden können, bezeichnen wir als Elemente.

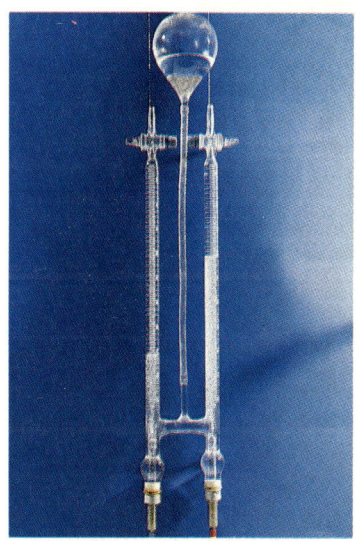

Hofmannscher Zersetzungsapparat
(Elektrolyse von Wasser)

elementum (lat.) = Grundstoff

Übungen:

1.1 Welche der folgenden Stoffe sind heterogene Gemenge, welche sind homogene Gemenge und welche Reinstoffe?
Kochsalz, Brot, Kristallzucker, Milch, Wein, Rauch, Tinte

1.2 Wie könnten die folgenden Gemenge getrennt werden:
a) Zucker und Sand   b) Wasser und Zucker   c) Alkohol und Wasser

1.3 Wie kann aus der bei der Müllverbrennung entstehenden Asche der darin enthaltene Eisenschrott abgetrennt werden?

1.4 Ist die Elektrolyse von Wasser eine exotherme oder eine endotherme Reaktion?

2.   Der Teilchenaufbau der Materie

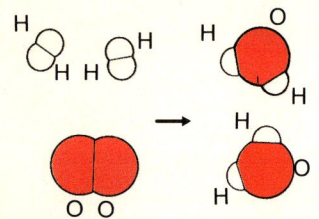

Beispiel: Bildung von Wasser aus den Elementen

Bei der Reaktion findet nur eine Umgruppierung der Atome statt – die Gesamtmasse bleibt unverändert.

2.1   Die Atomhypothese

Experimentelle Hinweise auf die **Existenz von Atomen** erhielt man erstmals gegen Ende des 18. Jahrhunderts, als die bei chemischen Reaktionen umgesetzten Stoffmengen genau gemessen und in der Folge zwei Naturgesetze gefunden wurden:

Gesetz von der Erhaltung der Masse:
Bei chemischen Reaktionen bleibt die Gesamtmasse aller Stoffe unverändert.

Diese Aussage erscheint uns heute selbstverständlich, bedeutete aber damals einen entscheidenden Durchbruch. Bis dahin war, auf Grund der (fehlerhaften) Beobachtung von Verbrennungen oder des Pflanzenwachstums, angenommen worden, daß Materie verschwinden und neu entstehen kann.

Gesetz der konstanten Massenverhältnisse:
Das Massenverhältnis der Elemente in einer Verbindung ist immer konstant.

Die **Erklärung** dieser Naturgesetze gelang **Dalton** 1808 durch seine **Atomhypothese**. Er nahm folgendes an:

- Alle **Elemente** bestehen aus außerordentlich kleinen, unzerstörbaren **Atomen**. Alle Atome eines Elementes sind gleich, die Atome verschiedener Elemente unterscheiden sich in ihren Eigenschaften (Masse, Reaktionsfähigkeit, …).

- **Verbindungen** bestehen ebenfalls aus kleinsten Teilchen, den **Molekülen**, die in einem bestimmten Zahlenverhältnis aus Atomen zusammengesetzt sind.

Da bei einer chemischen Reaktion nur eine Umgruppierung der Atome erfolgt, bleibt die Gesamtmasse unverändert.
Da sich weiters die Atome immer in einem bestimmten Zahlenverhältnis zu Molekülen vereinigen, müssen die Ausgangsstoffe auch in einem ganz bestimmten (Massen-)Verhältnis zur Reaktion gebracht werden, damit eine vollständige Reaktion eintritt.

2.2   Die chemische Formelsprache

Elementsymbole

Die Elemente werden mit einem oder zwei Anfangsbuchstaben ihres Namens abgekürzt. Manche Namen stammen von lateinischen oder griechischen Worten ab, sodaß das Elementsymbol nicht immer Ähnlichkeit mit der deutschen Bezeichnung hat.

Beim Anschreiben der Elementsymbole ist zu beachten, daß der erste Buchstabe immer groß, der zweite, so vorhanden, immer klein geschrieben wird, da es sonst zu Verwechslungen kommen kann. Beispielsweise symbolisiert Co das Element Cobalt, CO hingegen das Kohlenmonoxid, die Verbindung von je einem Atom Kohlenstoff mit einem Atom Sauerstoff.

Name	lat. od. griech. Name	Symbol
Wasserstoff	Hydrogenium	H
Kohlenstoff	Carboneum	C
Stickstoff	Nitrogenium	N
Sauerstoff	Oxygenium	O
Schwefel	Sulfur	S
Eisen	Ferrum	Fe
Silber	Argentum	Ag
Gold	Aurum	Au
Quecksilber	Hydrargyrum	Hg
Blei	Plumbum	Pb

Chemische Formeln

Die meisten Stoffe sind Verbindungen, in denen die Atome der einzelnen Elemente in einem ganz bestimmten Zahlenverhältnis vorhanden sind. Chemische Formeln geben in einer abgekürzten Schreibweise die Zusammensetzung dieser Verbindungen an.

Beispiele:

Die Schreibweise H_2O bedeutet: Ein Molekül Wasser besteht aus zwei Atomen Wasserstoff und einem Atom Sauerstoff.

N_2 bedeutet: Ein Molekül Stickstoff besteht aus zwei Stickstoffatomen.

Ein Molekül Schwefelsäure besteht aus zwei Wasserstoff-, einem Schwefel- und vier Sauerstoffatomen. Man könnte diese Zusammensetzung auch als HHSOOOO ausdrücken, doch zweifellos ist die Schreibweise H_2SO_4 praktischer.
Eine solche **Summenformel** gibt das **Zahlenverhältnis der Atome** in der Verbindung an.

Für das Anschreiben von Formeln gelten folgende Regeln:

* Die Formel einer Verbindung enthält die Symbole aller Elemente, die in dieser Verbindung vorkommen.
* Enthält das Molekül mehr als ein Atom eines Elements, so wird dies durch eine tiefergestellte Ziffer (Index) nach dem Elementsymbol angegeben.
* Kommt eine bestimmte Atomgruppe mehrfach vor, so wird sie in eine Klammer gesetzt und durch einen Index nach der Klammer angegeben, wie oft diese Atomgruppe auftritt.
* Tritt ein Molekül oder ein Einzelatom mehrfach auf, so wird dies durch eine Zahl vor der Formel oder dem Elementsymbol angegeben.

Beispiele:
3 He bedeutet: Drei einzelne (nicht miteinander verbundene) Heliumatome.
2 H_2O bedeutet: Zwei Wassermoleküle, jedes bestehend aus zwei Wasserstoffatomen und einem Sauerstoffatom.
$Ca(NO_3)_2$ bedeutet: Ein Atom Calcium und zwei Atomgruppen, die jeweils aus einem Stickstoff- und drei Sauerstoffatomen bestehen.

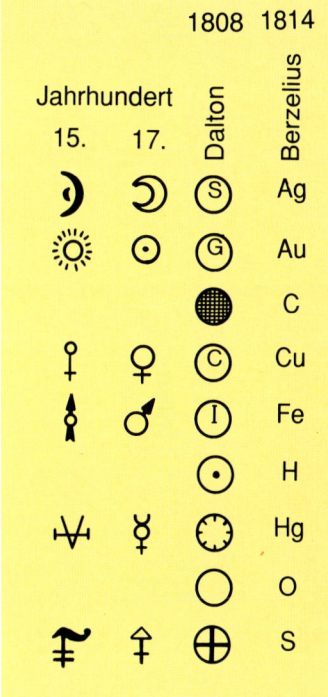

Die Entwicklung der Elementsymbole

Reaktionsgleichungen

Reaktionsgleichungen dienen zur einfachen Beschreibung chemischer Reaktionen. Ihre Schreibweise ist ebenso international einheitlich geregelt wie die der Elementsymbole oder der Formeln.

Auf der linken Seite werden die Ausgangsstoffe, auf der rechten die Produkte anschrieben. Statt eines Gleichheitszeichens wird ein Pfeil verwendet, der angibt, in welche Richtung die Reaktion abläuft.

Beispiel:
Wasserstoff und Sauerstoff verbinden sich zu Wasser.

$$2\,H_2 + O_2 \rightarrow 2\,H_2O$$

In Worten: Zwei Wasserstoffmoleküle (bestehend aus je zwei Wasserstoffatomen) verbinden sich mit einem Sauerstoffmolekül (bestehend aus zwei Sauerstoffatomen) zu zwei Wassermolekülen (bestehend aus 2 Wasserstoff- und einem Sauerstoffatom).

Diese Reaktion kann aber auch in der umgekehrten Richtung ablaufen (Elektrolyse von Wasser, siehe Seite 3). Soll das in der Reaktionsgleichung deutlich zum Ausdruck gebracht werden, so verwendet man einen Doppelpfeil:

$$2\,H_2 + O_2 \rightleftarrows 2\,H_2O$$

JÖNS JAKOB BERZELIUS (1779 – 1848); schwedischer Chemiker, entwickelte die heute übliche Formelsprache

Manchmal wird in einer Reaktionsgleichung auch mit einem nach oben ($\uparrow$) oder nach unten ($\downarrow$) gerichteten Pfeil nach der Formel auf ein aufsteigendes Gas oder einen sich absetzenden Feststoff hingewiesen.

Sind bei einer Reaktion die Formeln der Ausgangsstoffe und der Endstoffe bekannt, so kann die Reaktionsgleichung aufgestellt werden:

Beispiel:

Als sogenanntes „Flüssiggas" für Heizgeräte und als Autotreibstoff wird unter anderem Propangas, Formel C_3H_8, verwendet. Mit dem Sauerstoff der Luft, O_2, verbrennt es zu Kohlendioxid, CO_2, und Wasser, H_2O.

Zunächst werden die Formeln der Ausgangsstoffe auf die linke, die der Endstoffe auf die rechte Seite geschrieben:

$$C_3H_8 + O_2 \rightarrow CO_2 + H_2O$$

Da sich bei einer chemischen Reaktion die Zahl und die Art der Atome nicht verändert, müssen auf der rechten und linken Seite der Gleichung gleich viele Atome der jeweiligen Elemente stehen.

Im Moment sind die Zahlen der einzelnen Atome auf der linken und auf der rechten Seite noch ungleich, sie müssen schrittweise ausgeglichen werden. *Keinesfalls* dürfen dazu aber die Formeln der Verbindungen geändert werden (diese sind ja Ausdruck einer bestimmten Zusammensetzung der Moleküle), sondern nur die Zahlen *vor* den Formeln.

Günstig ist es, beim Ausgleichen mit jenen Atomen zu beginnen, die auf der linken und auf der rechten Seite nur in jeweils einem Molekül vorkommen, in diesem Beispiel also mit C oder H.

Im ersten Schritt soll die Zahl der Kohlenstoffatome ausgeglichen werden:
Auf der linken Seite stehen 3 Kohlenstoffatome, daher müssen rechts auch 3 Kohlenstoffatome stehen, also drei CO_2-Moleküle vorhanden sein:

$$C_3H_8 + O_2 \rightarrow \mathbf{3}\,CO_2 + H_2O$$

In einem zweiten Schritt wird die Zahl der Wasserstoffatome ausgeglichen:
Links stehen acht Wasserstoffatome, daher müssen rechts auch acht Wasserstoffatome, d. h. vier Wassermoleküle, vorhanden sein.

$$C_3H_8 + O_2 \rightarrow 3\,CO_2 + \mathbf{4}\,H_2O$$

Und schließlich muß noch die Zahl der Sauerstoffatome ausgeglichen werden:
Rechts stehen $3 \cdot 2 + 4 = 10$ Sauerstoffatome, daher müssen links 5 O_2-Moleküle vorhanden sein.

Ergebnis: $\quad C_3H_8 + \mathbf{5}\,O_2 \rightarrow 3\,CO_2 + 4\,H_2O$

Übungen:

2.1 Eine Reihe von Elementen wurde in der zweiten Hälfte des 19. Jahrhunderts, in einer Zeit des zunehmenden Nationalismus, aufgefunden und nach den Heimatländern ihrer Entdecker benannt. Suche einige Beispiele dafür.

2.2 Was bedeuten die folgenden Formelschreibweisen in Worten:
HCl, CO_2, H_3PO_4, 3 Fe, 2 O_2, 4 NH_3

2.3 Wie lauten die Formeln für die folgenden Substanzen:
    a) Vier Stickstoffmoleküle, bestehend aus je zwei Stickstoffatomen.
    b) Zwei Moleküle Kohlenmonoxid, bestehend aus je einem Kohlenstoff- und einem Sauerstoffatom.
    c) Ein Molekül Rübenzucker, bestehend aus 12 Kohlenstoff-, 22 Wasserstoff- und 11 Sauerstoffatomen.

2.4 Erdgas besteht im wesentlichen aus Methan (CH_4). Mit Sauerstoff verbrennt es zu Kohlendioxid und Wasser. Stelle die Reaktionsgleichung auf und gleiche sie aus.

Stelle für die folgenden Vorgänge die Reaktionsgleichungen auf:

2.5 Schwefeldioxid (SO_2) reagiert mit Sauerstoff zu Schwefeltrioxid (SO_3).

2.6 Beim Rosten reagiert Eisen (Fe) mit Sauerstoff zu Fe_2O_3.

2.7 Bei der Verbrennung von Alkohol (C_2H_5OH) entsteht Kohlendioxid und Wasser.

2.8 Das zur Füllung von Gasfeuerzeugen verwendete Butangas (C_4H_{10}) verbrennt zu Kohlendioxid und Wasser.

2.3 Atommasse und Formelmasse

Schon Dalton war der Ansicht, daß die Atome verschiedener Elemente unterschiedliche Massen haben. Er hielt die absoluten Atommassen aber für so klein, daß sie experimentell nicht gemessen werden könnten. Daher wählte er das Atom des leichtesten Elements, des Wasserstoffs, als Masseneinheit und versuchte zu bestimmen, um wieviel mal schwerer die Atome der anderen Elemente sind.

Aus dem Umstand, daß sich Wasserstoff und Sauerstoff im Massenverhältnis 1 : 8 zu Wasser verbinden, schloß er zunächst, daß ein Sauerstoffatom acht mal schwerer sei als ein Wasserstoffatom. (Dalton nahm für Wasser ein Zahlenverhältnis der Atome von 1 : 1, d. h. die Formel HO, an). Die Anwendung des Satzes von Avogadro (siehe Seite 12, bei der Elektrolyse von Wasser entstehen *zwei* Volumsteile Wasserstoff und *ein* Volumsteil Sauerstoff) führte dann zur Entdeckung des richtigen Atomzahlenverhältnisses 2 : 1 und damit zur Feststellung, daß ein Sauerstoffatom die sechzehnfache Masse eines Wasserstoffatoms hat.

Die relativen Atommassen anderer Elemente wurden durch ähnliche Untersuchungen ihrer Verbindungen mit Wasserstoff oder Sauerstoff ermittelt.

Allerdings enthielten die Tabellen noch bis in die Mitte des 19. Jahrhunderts zahlreiche, zum Teil beträchtliche, Fehler.

Die direkte Bestimmung der Atommassen ist erst in neuerer Zeit mit Hilfe des Massenspektrographen möglich geworden.

ELEMENTS

⊙	Hydrogen	1	🜨	Strontian	46
⊕	Azote	5	✳	Barytes	68
●	Carbon	6	Ⓘ	Iron	50
⊘	Phosphorus	9	Ⓩ	Zinc	56
○	Oxygen	7	Ⓒ	Copper	56
⊕	Sulphur	13	Ⓛ	Lead	90
⦵	Magnesia	20	Ⓢ	Silver	190
⊖	Lime	24	✿	Gold	190
⦿	Soda	28	Ⓟ	Platina	190
⦿	Potash	42	✳	Mercury	167

Eine Tabelle der Elemente, ihrer Symbole und ihrer Atommassen aus dem Jahre 1808

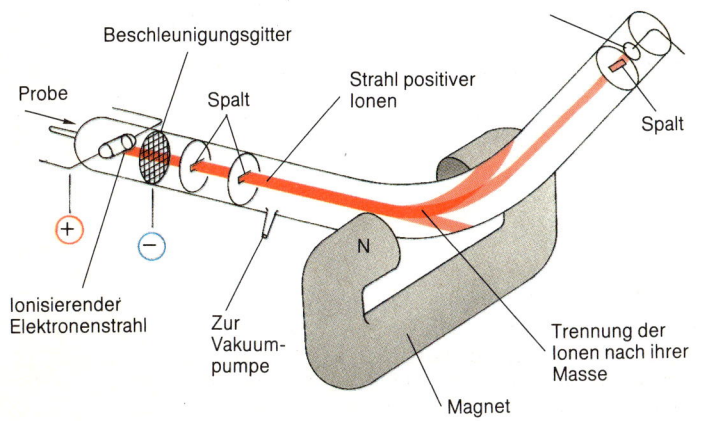

Beschleunigungsgitter
Probe
Spalt
Strahl positiver Ionen
Spalt
N
Ionisierender Elektronenstrahl
Zur Vakuumpumpe
Magnet
Trennung der Ionen nach ihrer Masse

Schema eines Massenspektrographen
Die Atome oder Moleküle werden durch Abspaltung von Elektronen elektrisch geladen und durch elektrische Felder beschleunigt. Ein Magnetfeld lenkt die Teilchen je nach ihrer Masse unterschiedlich stark ab. Aus der Stärke der Ablenkung kann die Masse der Teilchen berechnet werden.

Für das Wasserstoffatom ergaben die Berechnungen eine Masse von $1{,}674 \cdot 10^{-27}$ kg. Diese unvorstellbar kleine Zahl macht deutlich, daß das Kilogramm als Einheit für die Masse von Atomen nicht gut geeignet ist.

Daher wurde eine sehr viel kleinere **atomare Masseneinheit** gewählt, die mit dem Buchstaben **u** (vom engl. atomic mass **u**nit) bezeichnet wird.

Die Masseneinheit 1 u ist definiert als ein Zwölftel der Masse eines Kohlenstoffatoms. Kohlenstoff wurde deswegen als Basis gewählt, weil er in der überwiegenden Mehrzahl aller Verbindungen enthalten ist.

Genau genommen ist 1 u ein Zwölftel der Masse des Kohlenstoffnuclids ^{12}C (die Erklärung folgt auf Seite 18), das entspricht einer Masse von $1{,}6605 \cdot 10^{-27}$ kg. Da dieses Kohlenstoffatom aber ziemlich genau zwölf mal so schwer wie ein Wasserstoffatom ist, kann man mit einem vernachlässigbar kleinen Fehler auch heute noch sagen:

Die Atommasse gibt an, um wieviel mal schwerer ein Atom als ein Wasserstoffatom ist.

Beispiel:
Die Angabe „Sauerstoff hat eine Atommasse von 16 u" bedeutet, daß ein Sauerstoffatom die sechzehnfache Masse eines Wasserstoffatoms hat.

Die Atommasse eines Elements kann aus dem Periodensystem abgelesen werden. Es ist die beim Elementsymbol stehende größere (Dezimal-)Zahl.

Ein Ausschnitt aus dem Periodensystem:

| 24,3 |
| **Mg** |
| 12 |

Atommasse von Magnesium: 24,3

Molekülmasse – Formelmasse

Werden die Massen aller in einem Molekül enthaltenen Atome addiert, so ergibt sich die **Molekülmasse**.

Beispiel:
Berechnung der Molekülmasse von CO_2:
Ein Molekül CO_2 besteht aus einem Atom Kohlenstoff und zwei Atomen Sauerstoff.

Atommasse von C … $12{,}0 \cdot 1$ .... 12,0 u
Atommasse von O … $16{,}0 \cdot 2$ .... 32,0 u

Molekülmasse von CO_2 .... 44,0 u

Ein Molekül CO_2 hat daher die 44fache Masse eines Wasserstoffatoms.

Salzartige Verbindungen bestehen nicht aus Molekülen, sondern aus elektrisch geladenen Atomen, den Ionen; ihre Formel gibt das Zahlenverhältnis der Ionen an. Bei diesen Stoffen wird die **Formelmasse** angegeben.

Beispiel:
Magnesiumchlorid hat die Formel $MgCl_2$.
Seine Formelmasse beträgt: $24{,}3\ u + 35{,}5\ u \cdot 2 = 95{,}3\ u$.

Übung:

2.9 Bestimme die Atommassen, Molekülmassen oder Formelmassen der folgenden Substanzen:
He, NaCl, C_3H_8, $CaCO_3$, $Ca(OH)_2$, $C_{12}H_{22}O_{11}$, $Al_2(SO_4)_3$.

2.4 Das Mol

moles (lat.) = Menge, Haufen

Im Alltag wird die Menge eines Stoffes meist durch seine Masse oder durch sein Volumen angegeben. Beides ist auch in der Chemie gebräuchlich.

Reaktionsgleichungen geben an, in welchem **Zahlenverhältnis** die Atome oder Moleküle stehen müssen, damit eine vollständige Reaktion erfolgt. Es ist daher in der Chemie in vielen Fällen günstiger, die **Menge eines Stoffes** durch die **Zahl seiner Teilchen** auszudrücken. Da Atome und Moleküle extrem klein sind, enthalten schon einige Gramm eines Stoffes eine extrem große Zahl von Atomen. Eine Angabe dieser Zahl wäre sehr unpraktisch. Daher wurde als **Einheit** für die **Zahl** von **Atomen** oder **Molekülen** eine sehr große Zahl, das **Mol**, gewählt.

> **1 Mol einer Substanz ist jene Menge, die aus $6{,}022045 \cdot 10^{23}$ Teilchen (Atomen, Molekülen, …) besteht.**

Das sind genauso viele Teilchen wie Atome in 12 g des Kohlenstoffnuclids ^{12}C enthalten sind.
Oder, mit einem vernachlässigbaren Fehler: So viele Wasserstoffatome, wie in 1 g Wasserstoff enthalten sind.

Diese Zahl (gerundet: $6 \cdot 10^{23}$) wird auch als Avogadrosche Zahl oder Loschmidtsche Zahl (abgekürzt N_A bzw. N_L) bezeichnet.

Die Einheit **Mol** (Einheitszeichen: mol) ist die Basiseinheit der Stoffmenge im internationalen Einheitssystem. Dabei ist stets anzugeben, auf welche Teilchen (Atome oder Moleküle) sie sich bezieht.

Die unvorstellbar große Zahl soll nicht den Blick auf das Wesentliche verstellen: „ein Mol" gibt genauso eine bestimmte **Stückzahl** an wie „ein Dutzend". Ein Dutzend Büroklammern sind zwölf Stück, ein Mol Büroklammern wären $6 \cdot 10^{23}$ Stück. Allerdings würde eine daraus gebildete Kette bequem ausreichen, das gesamte System der Milchstraße zu durchspannen.
Für das Verständnis der Chemie ist es auch weniger von Bedeutung, jederzeit auswendig zu wissen, daß in einem Mol der Substanz A exakt $6{,}022045 \cdot 10^{23}$ kleinste Teilchen enthalten sind, als vielmehr verstanden zu haben, daß 1 Mol der Substanz A *genauso viele* kleinste Teilchen enthält wie 1 Mol der Substanz B.

Allerdings gibt es keine Möglichkeit, die Atome der Stoffe vor einer Reaktion zu zählen. Daher wird ein anderen Weg gewählt, um ein bestimmtes Zahlenverhältnis zu erreichen.

Beispiel:
Eine Fabrik benötigt für ihre Produktion Muttern und Schrauben in gleicher Anzahl. Werden nun für z. B. 100 kg Muttern die dazugehörigen Schrauben gebraucht, so ist es nicht notwendig, zuerst die Muttern und dann die gleiche Anzahl Schrauben abzuzählen. Es genügt die Feststellung, daß eine Schraube z. B. fünfmal schwerer ist als eine Mutter. Man nimmt dann 500 kg Schrauben. Genauso wird in der Chemie vorgegangen:

1 g Wasserstoff enthält $6 \cdot 10^{23}$ Wasserstoffatome (= 1 Mol). Werden z. B. für eine Reaktion genauso viele Chloratome benötigt, so ist zu berücksichtigen, daß ein Chloratom die 35,5fache Masse eines Wasserstoffatoms hat. Daher ist die 35,5fache Masse, d. h. 35,5 g Chlor, erforderlich, um $6 \cdot 10^{23}$ Chloratome zu erhalten.

> **Um 1 Mol einer Substanz zu erhalten, wird die Atommasse (Molekülmasse, Formelmasse) in Gramm ausgedrückt.**

Beispiele:
Kohlendioxid (CO_2) hat eine Molekülmasse von 44 u. Für ein Mol werden daher 44 g benötigt. Diese 44 g Kohlendioxid enthalten $6 \cdot 10^{23}$ CO_2-Moleküle.
Magnesiumchlorid ($MgCl_2$) hat die Formelmasse 95,3 u. Ein Mol Magnesiumchlorid sind daher 95,3 g.

JOSEPH LOSCHMIDT (1821 – 1895); österreichischer Physiker und Chemiker. Berechnete 1865 als Erster die Zahl der Teilchen in einem Gas.

Die unterschiedlichen Massen von je einem Mol: Eisen, Wasser und Zucker

AMEDEO AVOGADRO (1776 – 1856); italienischer Physiker und einer der Begründer der Molekulartheorie.

Bei Gasen kann die Menge von einem **Mol** auch anders bestimmt werden:

Avogadro vermutete schon 1811, daß gleiche Volumina von Gasen bei gleichen äußeren Bedingungen (Druck, Temperatur) stets die gleiche Anzahl kleinster Teilchen enthalten (Satz von Avogadro).

Daher enthält z. B. ein Liter Methangas (CH_4) bei gleichem Druck und gleicher Temperatur genauso viele Moleküle wie ein Liter Sauerstoff (O_2) oder ein Liter Helium (He).

Um $6 \cdot 10^{23}$ Teilchen zu erhalten, werden 22,4 Liter eines Gases benötigt.

Bei Normalbedingungen (Temperatur 0 °C, Druck 1013 hPa) hat ein Mol jedes Gases ein Volumen von 22,4 Litern (Molvolumen).

Beispiele:
16 g Sauerstoff (= ½ Mol O_2) nehmen bei Normalbedingungen ein Volumen von ½ · 22,4 l = 11,2 l ein.
Welche Dichte hat Sauerstoff? 22,4 Liter des Gases (= 1 Mol) haben eine Masse von 32 g. Die Dichte beträgt daher 32 g / 22,4 l = 1,43 g/l.

Um festzustellen, welches von zwei Gasen die geringere Dichte hat, genügt es, ihre Molekülmasse auszurechnen. Das Gas mit den leichteren Molekülen hat die geringere Dichte.

Übungen:

2.10 Welche Masse haben: 0,1 Mol Kochsalz NaCl, 2 Mol Wasserstoff H_2, 1,5 Mol Rübenzucker $C_{12}H_{22}O_{11}$.

2.11 Wieviel Mol sind: 18 g Kohlenstoff, 32 kg Schwefel, 4,4 g Kohlendioxid.

2.12 Wie viele Atome sind in 2 g Helium (He) enthalten? Welches Volumen nimmt diese Gasmenge bei Normalbedingungen ein?

2.13 Wie viele Stickstoffmoleküle und wie viele Stickstoffatome sind in 1 Mol N_2 enthalten?

2.14 Welches der beiden Gase hat jeweils die geringere Dichte?
Helium (He) oder Wasserstoff (H_2), Sauerstoff (O_2) oder Chlorgas (Cl_2), Stickstoff (N_2) oder Ammoniak (NH_3)?

2.15 Berechne die Dichte von Helium (He).

2.16 Würde ein mit Erdgas (= Methangas, CH_4) gefüllter Ballon in der Luft aufsteigen? (Dichte der Luft 1,3 g/l).

2.5 Chemische Berechnungen

Die Atommassen und das Mol sind wichtige Begriffe bei der Auswertung von Formeln oder Reaktionsgleichungen.

Beispiele:

a) Als „Stickstoffdünger" werden in der Landwirtschaft verschiedene Substanzen, unter anderem Ammoniumsulfat $(NH_4)_2SO_4$, Harnstoff $(NH_2)_2CO$ und Ammoniumnitrat NH_4NO_3 verwendet. Welche davon hat den höchsten Stickstoffgehalt, d. h. die stärkste Düngewirkung?

Dazu muß berechnet werden, welchen Massenanteil der Stickstoff an der Gesamtmasse des Moleküls einnimmt:

Substanz	Molekülmasse in u	Masse des Stickstoffs in u	Massenanteil des Stickstoffs
Ammoniumsulfat $(NH_4)_2SO_4$	132	28	21,2%
Harnstoff $(NH_2)_2CO$	60	28	46,7%
Ammoniumnitrat NH_4NO_3	80	28	35,0%

Wie sich zeigt, ist Harnstoff die Substanz mit dem höchsten Stickstoffgehalt.

b) Durch den Begriff „Mol" erhalten Reaktionsgleichungen eine mengenmäßige Bedeutung:

Die Reaktionsgleichung

$$2 \, H_2 \quad + \quad O_2 \quad \rightarrow \quad 2 \, H_2O$$

ermöglicht beispielsweise folgende Aussagen:

1. Wasserstoff + Sauerstoff → Wasser
2. 2 Moleküle Wasserstoff + 1 Molekül Sauerstoff → 2 Moleküle Wasser
3. 2 Mol Wasserstoff + 1 Mol Sauerstoff → 2 Mol Wasser
4. 4,0 g Wasserstoff + 32,0 g Sauerstoff → 36,0 g Wasser

Dadurch wird es möglich, vorherzuberechnen, welche Produktmenge bei einer Reaktion, z. B. bei der Verbrennung von 10 g Magnesium, zu erwarten ist:

1. Schritt: Aufstellen und Ausgleichen der Reaktionsgleichung:
$$2 \, Mg \quad + \quad O_2 \quad \rightarrow \quad 2 \, MgO$$
2. Schritt: Einsetzen der entsprechenden Molzahlen:
$$2 \, Mol \, Mg \quad + \quad 1 \, Mol \, O_2 \quad \rightarrow \quad 2 \, Mol \, MgO$$
3. Schritt: Einsetzen der Massen
$$2 \cdot 24,3 \, g \quad + \quad 2 \cdot 16 \, g \quad \rightarrow \quad 2 \cdot (24,3 + 16) \, g$$
$$48,6 \, g \quad + \quad 32 \, g \quad \rightarrow \quad 80,6 \, g$$
4. Schritt: Ansetzen einer Proportion:
48,6 g Magnesium ergeben 80,6 g Magnesiumoxid.
Aus 10 g Magnesium muß im gleichen Verhältnis Magnesiumoxid entstehen:

$$48,6 : 80,6 = 10 : x \quad \Rightarrow \quad x = \frac{80,6 \cdot 10}{48,6} = 16,5$$

Aus 10 g Magnesium entstehen 16,5 g Magnesiumoxid.

Übungen:

2.20 Welches Eisenerz hat den höheren Eisengehalt, Fe_3O_4 oder $FeCO_3$?

2.21 Wieviel Eisen kann aus 100 kg Eisenerz Fe_2O_3 gewonnen werden?
Reaktionsgleichung: $Fe_2O_3 + 3 \, CO \rightarrow 2 \, Fe + 3 \, CO_2$

2.22 Wasserstoff kann durch Reaktion von Zink mit Salzsäure (HCl) hergestellt werden.
Reaktionsgleichung: $Zn + 2 \, HCl \rightarrow H_2 + ZnCl_2$
Wie viele Gramm Wasserstoff entstehen bei der Reaktion von 100 g Zink? Wie viele Mol sind das? Welches Volumen nimmt diese Gasmenge ein?

2.23 1 Liter Benzin (Masse 0,7 kg, als „Durchschnittsformel" von Benzin, das ein Gemisch verschiedener Stoffe ist, sei C_8H_{18} angenommen) verbrennt zu Kohlendioxid und Wasser. Welches Volumen an Luft wird dazu benötigt?
Anleitung: Stelle zuerst die Reaktionsgleichung auf und berechne, wie viele Mol Sauerstoff (O_2) zur Verbrennung notwendig sind. Berechne dann das Volumen dieser Sauerstoffmenge und schließlich das Luftvolumen (Luft enthält 1/5 Sauerstoff).
Welche Strecke kann ein Pkw mit einem Liter Benzin zurücklegen?

3. Der Aufbau der Atome

Wegen ihrer geringen Abmessungen lassen sich Atome nicht direkt beobachten. Wollen wir Aussagen über ihren inneren Aufbau machen, so sind wir auf die Deutung von Versuchsergebnissen angewiesen.

Ein solches, aus dem Ergebnis von Experimenten abgeleitetes Bild eines nicht direkt beobachtbaren Objekts nennt man ein **Modell**. Es ist ein möglichst anschaulicher Erklärungsversuch bisheriger Versuchsergebnisse.

Auf Grund dieses Bildes, das sich der Forscher von dem Objekt macht, plant er weitere Experimente und versucht, deren Ergebnis vorherzusagen. Werden die Vorhersagen durch das Versuchsergebnis bestätigt, so erhärtet dies die dem Modell zugrundeliegende Theorie. Andernfalls muß das Modell abgeändert und weiter verfeinert werden.

Alle Modelle sind „Scheinbilder" der Wirklichkeit, sie können durch direkte Beobachtung nicht überprüft werden. Ein Modell kann daher nicht „richtig" oder „falsch" sein, sondern nur brauchbar oder unbrauchbar zur Erklärung oder Vorhersage bestimmter Erscheinungen.

JOSEPH THOMSON (1856 –1940); englischer Physiker. Erhielt 1906 den Nobelpreis für Physik.

3.1 Die Entwicklung der Atommodelle

Unsere Vorstellungen vom Aufbau der Atome haben sich naturgemäß im Laufe der Zeit stark gewandelt. Die Modelle wurden immer leistungsfähiger in der Vorhersage und Erklärung von chemischen Vorgängen, gleichzeitig aber auch komplizierter und weniger anschaulich.

elektron (griech.) = Bernstein
Bernstein kann durch Reiben elektrostatisch aufgeladen werden.

Dalton stellte sich 1808 die Atome als kleine, massive, unzerstörbare Kugeln vor („Kugelmodell"). Von den Atomen eines Elementes nahm er an, daß sie alle gleiche Eigenschaften haben, durch die sie sich von den Atomen anderer Elemente unterscheiden. Chemische Reaktionen betrachtete er als Umgruppierungen der Atome.

Mit dieser Vorstellung konnte er die Mengengesetze (Erhaltung der Masse, konstantes Massenverhältnis, siehe Seite 5) erklären.

Die folgenden Jahrzehnte brachten keine wesentlichen neuen Erkenntnisse. Erst am Ende des 19. Jahrhunderts erfolgte der entscheidende Durchbruch.

Die Untersuchung elektrischer Entladungen in Gasen führte zur Entdeckung eines negativ geladenen Teilchens, das wesentlich leichter ist als ein Atom. **Thomson** nannte es **Elektron** und konnte zeigen, daß es ein Bestandteil der Atome ist. Die Vorstellung, daß die Atome unzerstörbar sind, mußte also aufgegeben werden.

Das von Thomson 1898 ausgearbeitete Atommodell ging von der Annahme aus, daß im positiv geladenen Atom die negativ geladenen Elektronen starr eingelagert sind.

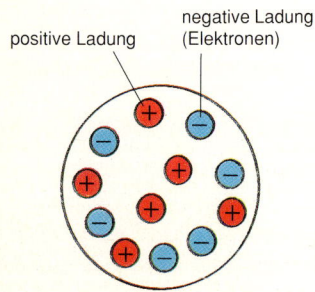

positive Ladung
negative Ladung (Elektronen)

Thomsonsches Atommodell

Weitere Aufschlüsse brachte die Untersuchung der radioaktiven Strahlung:

Becquerel entdeckte 1896, daß Uran eine unsichtbare Strahlung aussendet, die eine in lichtundurchlässiges Papier eingepackte Photoplatte schwärzen kann. **Marie** und **Pierre Curie** entdeckten 1898 im Uranerz zwei neue, noch wesentlich stärker strahlende Elemente, das Polonium (Po) und das Radium (Ra).

Rutherford fand 1903 die Ursache dieser bis dahin rätselhaften Strahlung: Die Atome dieser Elemente zerfallen.

HENRI BECQUEREL (1852 –1908); französischer Physiker
MARIE CURIE geb. SKLODOWSKA (1867 –1934); Chemikerin und
PIERRE CURIE (1859 –1906); Physiker. Diese drei Forscher erhielten 1903 gemeinsam den Nobelpreis für Physik.

Der radioaktive Zerfall verläuft bei den einzelnen radioaktiven Elementen unterschiedlich rasch und ist durch nichts zu beeinflussen. Die Beständigkeit eines radioaktiven Stoffes wird durch seine Halbwertszeit angegeben, jener Zeit, nach der er jeweils zur Hälfte zerfallen ist.

Die Halbwertszeiten radioaktiver Stoffe können sehr unterschiedlich sein: das in der Natur vorkommende Uran hat eine Halbwertszeit von 4,5 Milliarden Jahren. Andere Elemente sind kurzlebiger: Beim radioaktiven Edelgas Radon beträgt die Halbwertszeit 3,8 Tage, beim künstlich hergestellten Element Lawrencium nur 3 Minuten.

Die radioaktiven Strahlen selbst sind unsichtbar, können aber eine Photoplatte schwärzen und bringen, wenn sie auftreffen, manche Stoffe zum Leuchten.

Mit Hilfe eines elektrischen Feldes lassen sie sich in drei Komponenten zerlegen:

α-**Strahlen** sind zweifach positiv geladene Teilchen (Helium-Kerne) mit einer Masse von 4 u. Sie haben an Luft nur eine Reichweite von wenigen Zentimetern und werden bereits durch ein Blatt Papier abgeschirmt.

β-**Strahlen** sind Elektronen mit hoher Geschwindigkeit (bis 90% der Lichtgeschwindigkeit), die durch den Zerfall eines Neutrons in ein Proton und ein Elektron entstehen. Sie können einige Millimeter dicke Metallschichten durchdringen.

γ-**Strahlen** sind energiereiche Strahlen ähnlich den Röntgenstrahlen, die mehrere Zentimeter dicke Bleiplatten durchdringen können.

Die Untersuchung des Verhaltens von α-Strahlen bei der Durchdringung dünner Metallfolien führte **Rutherford** im Jahre 1911 zu grundlegend neuen Erkenntnissen über den Aufbau der Atome.

Rutherfordscher Streuversuch:

Eine etwa $\frac{1}{2000}$ Millimeter (1 000 Atomlagen) dicke Goldfolie wurde mit α-Strahlen „beschossen". Da es sich um Teilchenstrahlen handelt, müßte jedes α-Teilchen an den bis dahin für undurchdringlich gehaltenen Atomen stark abgelenkt werden; nur sehr wenige würden die Folie durchdringen können.
Das Gegenteil trat jedoch ein: fast alle α-Teilchen durchdrangen die Goldfolie, nur ganz wenige wurden stärker abgelenkt.

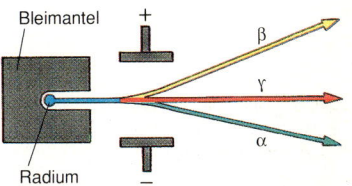

Die Strahlung des Radiums in einem elektrischen Feld

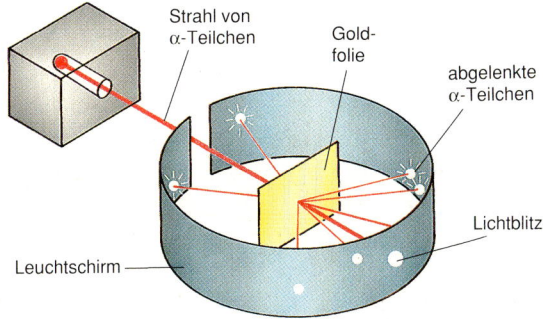

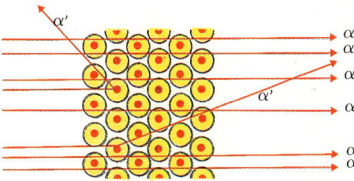

Schema des Durchganges von α-Teilchen durch eine Goldfolie (α'= abgelenktes α-Teilchen).

Die Vorstellung, daß Atome undurchdringliche, feste Teilchen sind, konnte somit nicht länger aufrechterhalten werden.

Das **Rutherfordsche Atommodell** geht daher davon aus, daß die Atome aus einem **Atomkern** und einer **Atomhülle** bestehen:

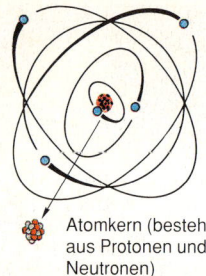

Atomkern (besteht
aus Protonen und
Neutronen)

Das Atommodell von Rutherford
proton (griech.) = das Ursprüngliche
neutrum (lat.) = keines von beiden

Die Bezeichnung „Proton" wurde 1920 von
Rutherford geprägt. Er vermutete auch
schon die Existenz ungeladener Kernteil-
chen, die aber erst 1932 von **Chadwick** eindeutig nachgewiesen werden konnten.

Im **Atomkern** befinden sich positiv geladene Teilchen, die **Protonen**,
und praktisch gleich schwere, ungeladene Teilchen, die **Neutronen**.
Aus dem Anteil der abgelenkten α-Teilchen konnte Rutherford auch
die Größe des Atomkerns mit etwa 10^{-14}m abschätzen, während das
ganze Atom einen Durchmesser von ungefähr 10^{-10}m aufweist.

Die **Atomhülle** wird von den wesentlich leichteren **Elektronen** gebildet, die den Atomkern mit hoher Geschwindigkeit umkreisen. Ihre
elektrische Ladung ist gleich groß wie die der Protonen, hat aber ent-
gegengesetztes Vorzeichen. In einem elektrisch neutralen Atom ist
daher die Zahl der Protonen gleich der Zahl der Elektronen.

Rutherford nahm weiters an, daß an chemischen Reaktionen nur die
Elektronenhülle des Atoms beteiligt ist, der Atomkern hingegen unverändert bleibt.

Zum Vergleich: Denkt man sich (nach den Vorstellungen von Rutherford) den
Atomkern so weit vergrößert, daß er die Ausmaße einer Kirsche hat, dann wären die Elektronen so groß wie Stecknadelköpfe und würden die „Kirsche" mit
einigen hundert Metern Abstand umkreisen.

Über die Verteilung der Elektronen in der Atomhülle konnte Rutherford
noch keine Aussage machen, dies war erst durch die Arbeiten von
Bohr (1913) möglich.
Er ging bei seinen Überlegungen von dem Licht aus, das leuchtende
Gase aussenden.

Läßt man das Licht der Sonne oder einer Glühbirne auf ein Prisma
fallen, so entsteht ein Spektrum, in dem alle Farben vorhanden sind,
ein kontinuierliches Spektrum. Weißes Licht ist ein Gemisch aus Lichtwellen verschiedener Wellenlängen.

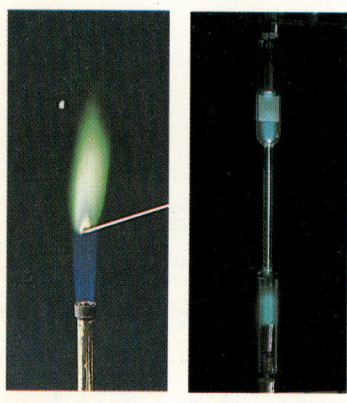

Die durch einer Kupferverbindung gefärbte
Gasflamme (links) oder eine elektrische
Entladung in Quecksilberdampf (rechts) er-
gibt ein Linienspektrum.

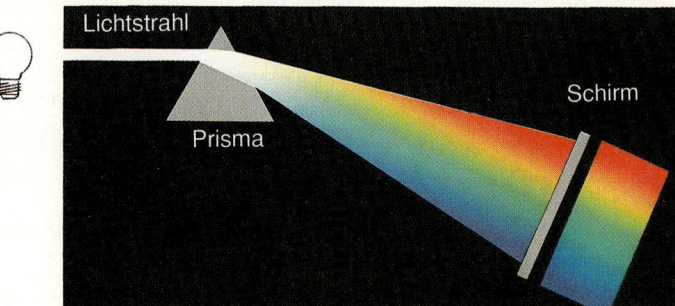

Gase oder Metalldämpfe jedoch senden, wenn man ihnen durch eine
Flamme oder eine elektrische Entladung genügend Energie zuführt,
nur Lichtstrahlen ganz bestimmter Farbe (Wellenlänge) aus. Wird dieses Licht auf ein Prisma gerichtet, so sind nur einzelne farbige Linien
zu erkennen (Linienspektrum).

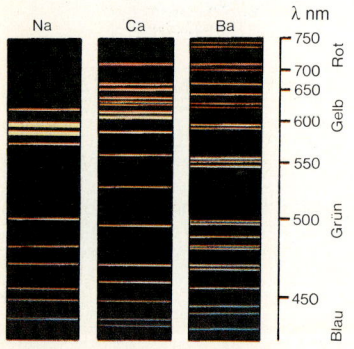

Linienspektren verschiedener Elemente

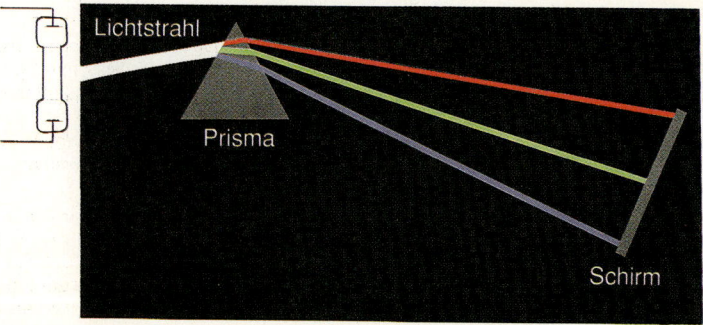

Werden umgekehrt Gase oder Metalldämpfe mit weißem Licht (in dem Lichtstrahlen aller Wellenlängen vertreten sind) bestrahlt, so absorbieren sie genau jene Wellenlängen, die sie auch aussenden können (Absorptionsspektrum).

Nun ist Licht eine Form von Energie. Kurzwelliges (blaues) Licht ist energiereicher als langwelliges (rotes).

Den Umstand, daß Atome nur Licht ganz bestimmter Wellenlänge (d. h. nur ganz bestimmte Energiebeträge) aussenden oder aufnehmen können, erklärte Bohr mit folgender Annahme:

Die Atomhülle besteht aus Elektronen, die sich mit großer Geschwindigkeit im Raum um den Atomkern aufhalten. Unter den Elektronen eines Atoms gibt es energieärmere und energiereichere – aber auch solche, die über annähernd gleiche Energie verfügen.
Zwischen der **Energie** der Elektronen und ihrem **Abstand vom Atomkern** besteht ein Zusammenhang:
Je größer der Abstand eines Elektrons vom Atomkern ist, desto größer ist auch seine Energie. Oder, anders ausgedrückt: Je größer die Energie eines Elektrons, desto weiter ist es vom Atomkern entfernt.

Durch **Energiezufuhr** (Flamme, Lichtbogen) wird ein äußeres Elektron gegen die Anziehungskraft des Kerns auf ein höheres Energieniveau gehoben. Schon nach 10^{-9} Sekunden fällt es auf ein niedrigeres Energieniveau zurück. Die dabei freiwerdende Energie wird in Form von Licht bestimmter Wellenlänge abgegeben. Da nur bestimmte Energieniveaus der Elektronen erlaubt sind, kann das Atom nur ganz bestimmte Energieportionen (Energiequanten) aufnehmen oder abgeben.

NIELS BOHR (1885 – 1962); dänischer Physiker. Erhielt 1922 den Nobelpreis für Physik. Das von ihm entwickelte Atommodell war ein bedeutender Meilenstein in der Entwicklung der Chemie.

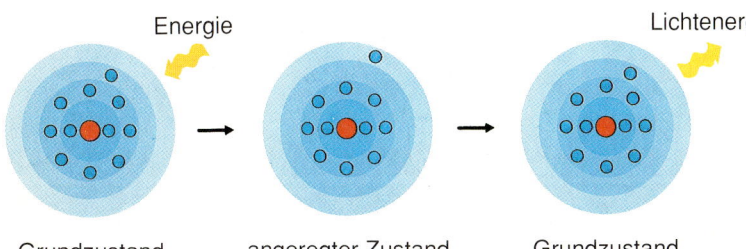

Grundzustand   angeregter Zustand   Grundzustand

Bohr stellte sich diese Energieniveaus als konzentrische Kreisbahnen („Elektronenschalen") vor, auf denen die Elektronen den Kern umkreisen.

Er stellte weiters fest, daß sich in einer Bahn (auf einem Energieniveau) maximal $2\,n^2$ (n = Schalennummer) Elektronen befinden können, in der jeweils äußersten aber nur maximal acht Elektronen. Diese Außenelektronen bestimmen die chemischen Eigenschaften wesentlich. Die Schalen selbst bezeichnete er mit Großbuchstaben, beginnend mit K.

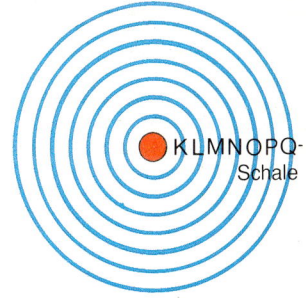

Aufbau des Atoms nach **Bohr**

Die Untersuchung des von leuchtenden Gasen ausgesandten Lichts, die **Spektralanalyse**, ist zu einem wertvollen wissenschaftlichen Hilfsmittel geworden. Jedes Element sendet ganz bestimmte, charakteristische Spektrallinien aus, durch die es identifiziert werden kann.
Astronomen erhalten beispielsweise durch die Untersuchung der im Licht eines Sterns enthaltenen Spektrallinien Informationen über den chemischen Aufbau des Sterns und seine Entstehung.
Häufiger sind jedoch irdische Anwendungen: Aus den Spektrallinien einer Probe kann auf die in ihr vorhandenen Elemente geschlossen werden. Die Intensität der jeweiligen Linien gibt Aufschluß über die Menge des Elements.
Dieses Verfahren hat besonders in der **Spurenanalyse** große Bedeutung erlangt, da sich noch winzigste Mengen einzelner Elemente erfassen lassen.

So ist es beispielsweise noch möglich, ein einziges, in einer Badewanne voll Wasser gelöstes Salzkörnchen nachzuweisen.

Die anschauliche Vorstellung vom Atom als winziges Sonnensystem, in dem die Elektronen den Atomkern umkreisen wie die Planeten die Sonne, wurde rasch populär und wird auch heute noch gelegentlich verwendet.
Einige Erfolge des Modells, wie die Erklärung der Linienspektren, der Anordnung der Elemente im Periodensystem und des Zustandekommens von Ionenbindungen konnten allerdings über seine Mängel nicht hinwegtäuschen: Es gibt keine Erklärung für die Entstehung und die Gestalt der Moleküle und steht im Widerspruch zu physikalischen Gesetzen. Es bedurfte daher noch wesentlicher Ergänzungen und Verfeinerungen (siehe Kap. 3.4, Seite 23 ff.).

Übungen:

3.1 Wieviel ist von einem radioaktiven Element noch vorhanden, nachdem drei Halbwertszeiten vergangen sind?
3.2 Wie viele Elektronen können sich maximal in der 1., 2., 3. und 4. Schale befinden?

3.2 Das Periodensystem der Elemente

Schon in der ersten Hälfte des 19. Jahrhunderts war aufgefallen, daß manche Elemente sehr ähnliche Eigenschaften haben. So die Halogene (Fluor, Chlor, Brom, Iod), die Alkalimetalle (Lithium, Natrium, Kalium, …) und die Erdalkalimetalle (Calcium, Strontium, Barium). 1869 veröffentlichten **Mendelejew** und **Meyer** je eine Tabelle der Elemente, die als Periodensystem bezeichnet wird. Sie ordneten die rund 60 damals bekannten Elemente nach der Atommasse und den chemischen Eigenschaften.

			Ti = 50	Zr = 90	? = 180
			V = 51	Nb = 94	Ta = 182
			Cr = 52	Mo = 96	W = 186
			Mn = 55	Rh = 104,4	Pt = 197,4
			Fe = 56	Ru = 104,4	Ir = 198
		Ni =	Co = 59	Pd = 106,6	Os = 199
H = 1					
			Cu = 63,4	Ag = 108	Hg = 200
	Be = 9,4	Mg = 24	Zn = 65,2	Cd = 112	
	B = 11	Al = 27	? = 68	U = 116	Au = 197?
	C = 12	Si = 28	? = 70	Sn = 118	
	N = 14	P = 31	As = 75	Sb = 122	Bi = 210?
	O = 16	S = 32	Se = 79,4	Te = 128?	
	F = 19	Cl = 35,5	Br = 80	J = 127	
Li = 7	Na = 23	K = 39	Rb = 85,4	Cs = 133	Tl = 204
	Ca = 40	Sr = 87,6	Ba = 137	Pb = 207	
	? = 45	Ce = 92			
	?Er = 56	La = 94			
	?Yt = 60	Di = 95			
	?In = 75,6	Th = 118?			

Erstes, von Mendelejew erstelltes Periodensystem
Vergleiche mit der heute üblichen Darstellung.

Um Elemente mit ähnlichen Eigenschaften in eine Zeile stellen zu können, folgte Mendelejew nicht immer streng der Ordnung nach steigenden Atommassen. Daher steht z. B. Tellur (Te) vor Iod (I). An anderen Stellen mußten Lücken freigelassen werden, da ein entsprechendes Element noch nicht entdeckt war. Die Gruppe der Edelgase fehlte zur Gänze, ihre Vertreter wurden erst später entdeckt. Die wesentliche Erkenntnis **Mendelejews** war, daß sich die Eigenschaften der Elemente kontinuierlich ändern. Dadurch konnte er die Eigenschaften noch nicht entdeckter Elemente mit erstaunlicher Genauigkeit vorhersagen.

Vergleich der vorausgesagten und der gemessenen Eigenschaften von Germanium und seinen Verbindungen:

	Eka-Silicium 1869 von Mendelejew vorhergesagt	Germanium 1886 von Winkler entdeckt
Atommasse (u)	72	72,6
Dichte (kg/dm^3)	5,5	5,4
beim Erhitzen an Luft entsteht	EsO$_2$	GeO$_2$
Dichte des Oxids (kg/dm^3)	4,7	4,7
Formel des Chlorids	EsCl$_4$	GeCl$_4$
Dichte des Chlorids (kg/dm^3)	1,9	1,88
Siedepunkt des Chlorids (°C)	57 – 100	83

Tatsächlich konnten auch alle Lücken im Periodensystem bis zum Element mit der Ordnungszahl 92 geschlossen werden. Lediglich das Technetium (Tc, Ordnungszahl 43) konnte in der Natur nicht aufgefunden werden. Es wurde, ebenso wie die anderen radioaktiven Elemente mit Ordnungszahlen über 92, in Kernreaktoren oder Teilchenbeschleunigern hergestellt.

DIMITRI MENDELEJEW (1834 –1907); russischer Chemiker.

Auch ein Zusammenhang zwischen der Stellung eines Elements im Periodensystem und dem Aufbau seiner Atome wurde schon früh vermutet, aber erst durch die Forschungsergebnisse von Rutherford und Bohr hergestellt.

Die Anordnung der Elemente im Periodensystem spiegelt den Aufbau ihrer Atome wider.
Das Wasserstoffatom ist das am einfachsten aufgebaute. Sein Kern besteht aus nur einem Proton, in seiner Atomhülle befindet sich ein Elektron. Jedes Hinzufügen eines Protons zum Kern führt zu einem neuen Element, wobei die Kerne aller anderen Elemente stets auch Neutronen enthalten.
Ein Proton (und zwei Neutronen) zusätzlich ergibt das Element Helium, usw.

In seiner heute verwendeten Form enthält das Periodensystem eine Fülle an Informationen. Beim jeweiligen Elementsymbol stehen zwei Zahlen:

LOTHAR MEYER (1830 –1895); deutscher Chemiker.

- Die kleinere, ganze Zahl ist die **Ordnungszahl**. Sie ist gleichzeitig die **Kernladungszahl** und gibt die **Anzahl** der **Protonen** im Kern und der **Elektronen** in der Hülle an.

- Die größere (Dezimal-)Zahl gibt die durchschnittliche **Atommasse** in **u** an.

- Elemente mit ähnlichen Eigenschaften befinden sich in der gleichen Spalte. Diese Spalten werden als **Gruppen** bezeichnet.

In der meistverwendeten Darstellungsweise umfaßt das Periodensystem 18 Gruppen.

Die langen Gruppen 1, 2 sowie 13 bis 18 werden auch als **Hauptgruppen**, die mittleren, kürzeren Gruppen als **Nebengruppen** bezeichnet.

Nach einer älteren Bezeichnungsweise werden die Hauptgruppen mit römischen Ziffern von I bis VIII numeriert.

Zwei Gruppen von Metallen mit sehr ähnlichen Eigenschaften, die Lanthanoide (Ordnungszahl 57 bis 71) und die Actinoide (89 bis 103) werden meist aus Platzgründen zusammengefaßt und am unteren Rand des Periodensystems dargestellt.

Die Zeilen werden **Perioden** genannt. Auch ihre Nummer hat eine Bedeutung:

Informationen, die im Periodensystem enthalten sind:

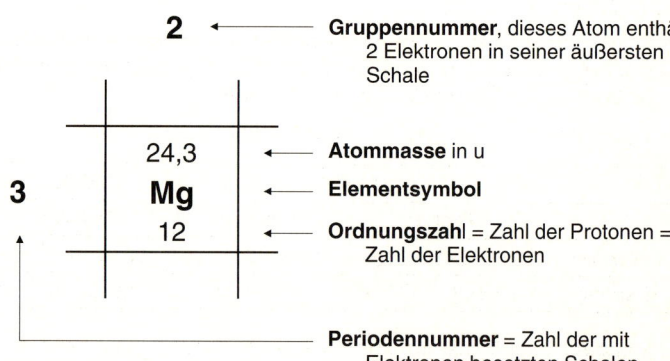

Gruppennummer, dieses Atom enthält 2 Elektronen in seiner äußersten Schale

Atommasse in u

Elementsymbol

Ordnungszahl = Zahl der Protonen = Zahl der Elektronen

Periodennummer = Zahl der mit Elektronen besetzten Schalen

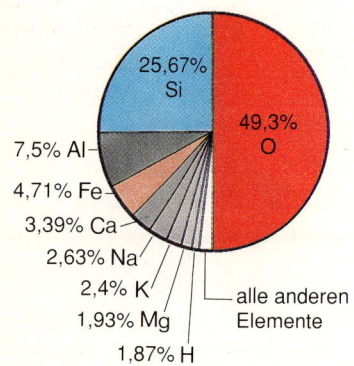

Vorkommen der Elemente in der Erdrinde in Massenprozent

Zieht man im Periodensystem eine Diagonale vom Element mit der Ordnungszahl 5, Bor (B), zum Element mit der Ordnungszahl 85, Astat (At), dann stehen – von wenigen Ausnahmen abgesehen – im linken (unteren) Teil die **Metalle**, im rechten (oberen) Teil die **Nichtmetalle**.

Die **Häufigkeit**, mit der die Elemente in der Natur auftreten, ist sehr unterschiedlich:
Im gesamten Universum ist Wasserstoff mit 90% das weitaus häufigste Element. 9% bestehen aus Helium, alle anderen Elemente machen zusammen nur 1% aus.
In der Erdrinde (Luft-, Wasser- und Gesteinshülle der Erde) hingegen sind Sauerstoff (mit rund der Hälfte) und Silicium (mit rund einem Viertel) am häufigsten. Zusammen mit Aluminium, Eisen, Calcium, Natrium, Kalium, Magnesium, Wasserstoff und Titan machen sie mehr als 99% aus.

Übungen:

3.3 Was haben Elemente, die in einer Gruppe untereinander stehen, gemeinsam?

3.4 Was haben Elemente, die im Periodensystem nebeneinander stehen, gemeinsam?

3.5 Wie viele Elektronen enthalten die Elektronenhüllen der folgenden Elemente, wie viele Elektronen besitzen diese Atome in ihrer äußersten Schale?
Sauerstoff, Natrium, Calcium, Brom.

3.6 Welche Elemente sind vermutlich die häufigsten, wenn man die gesamte Erdkugel betrachtet?

3.7 Drohende Rohstoffverknappungen sind ein ernstzunehmendes Problem der Zukunft. Ist bei Eisen eine Rohstoffverknappung zu befürchten?

3.3 Der Atomkern

Atome haben **Durchmesser** im Bereich von $1 \cdot 10^{-10}$ bis $5 \cdot 10^{-10}$ m.
Der **Atomkern** jedoch ist noch um vier Größenordnungen kleiner, sein Durchmesser beträgt etwa 10^{-14} m.
In ihm ist jedoch nahezu die gesamte **Masse** eines Atoms konzentriert, seine Dichte beträgt $1,4 \cdot 10^{17}$ kg/m^3!

Könnte man die Atomkerne des Eisens dicht nebeneinander packen, so hätte die gesamte Jahresweltproduktion an Eisen in einer halben Streichholzschachtel Platz.

Die Masse eines Elektrons ist vergleichsweise gering und beträgt nur $1/1836$ der Masse eines Protons. Die Elektronen liefern daher praktisch keinen Beitrag zur Gesamtmasse eines Atoms.

Die Eigenschaften von Protonen, Neutronen und Elektronen:

	KERN		HÜLLE
	Proton	Neutron	Elektron
Masse	$1,673 \cdot 10^{-27}$ kg	$1,675 \cdot 10^{-27}$ kg	$9,109 \cdot 10^{-31}$ kg
Ladung	$+ 1,602 \cdot 10^{-19}$ As	ungeladen	$- 1,602 \cdot 10^{-19}$ As

Die **Masse** eines **Protons** oder **Neutrons** beträgt praktisch **eine atomare Masseneinheit** (1 u).
Auch bei der elektrischen **Ladung** ist es sinnvoll, eine dem atomaren Bereich angepaßte Maßeinheit festzulegen:
Die **Ladung** eines **Protons** oder **Elektrons** wird als (positive oder negative) **Elementarladung** bezeichnet.

Jedes Proton besitzt eine positive Elementarladung und trägt damit zur Ladung des Kerns bei. Die Protonenzahl wird daher auch Kernladungszahl genannt.

Beispiel:
Alle Kohlenstoffatome haben im Kern sechs Protonen. Sie haben die Kernladungszahl sechs.

Alle Atome eines Elementes besitzen die gleiche Zahl an Protonen.

Untersuchungen, die von verschiedenen Forschern ab 1912 mit Hilfe von Massenspektrographen (siehe Seite 11) durchgeführt wurden, zeigten, daß die meisten Elemente aus Atomen mit unterschiedlicher Masse bestehen. Ihre Atome enthalten eine unterschiedliche Zahl an Neutronen.

Atome eines Elements, die sich durch die Zahl der Neutronen unterscheiden, werden Isotope genannt.

Einzelne Atomarten verschiedener Elemente heißen **Nuclide**. Isotope sind Nuclide mit gleicher Kernladungszahl.

Um sie zu unterscheiden, wird die Massenzahl (Summe von Protonen- und Neutronenzahl) links oben, die Protonenzahl links unten neben das Elementsymbol geschrieben.
Aus der Differenz der beiden Werte ergibt sich die Anzahl der Neutronen.

Beispiel:
Die Schreibweise $^{12}_{6}$C bedeutet: Dieses Kohlenstoffatom hat die Massenzahl 12, sein Kern enthält 6 Protonen (und daher $12 - 6 = 6$ Neutronen). Meist wird die Protonenzahl weggelassen, da sie bereits durch das Elementsymbol zum Ausdruck kommt, und nur die Massenzahl angeschrieben, z. B. ^{12}C (manchmal auch als C 12 geschrieben, ausgesprochen „C zwölf").

Protonen, Neutronen und Elektronen werden auch mit p$^+$, n und e$^-$ abgekürzt.

Neuere Forschungen ergaben, daß sie noch nicht die kleinsten Bausteine der Materie sind. Für chemische Vorgänge ist dies jedoch nicht von Bedeutung.

Isotope von griech. isos = gleich und topos = Platz, da an der gleichen Stelle im Periodensystem stehend.

Element	Nuclid	Häufigkeit in %
B	^{10}B	19,78
	^{11}B	80,22
N	^{14}N	99,63
	^{15}N	0,37
O	^{16}O	99,76
	^{17}O	0,04
	^{18}O	0,20
F	^{19}F	100,00
Na	^{23}Na	100,00
Cl	^{35}Cl	75,53
	^{37}Cl	24,47
Fe	^{54}Fe	5,82
	^{56}Fe	91,66
	^{57}Fe	2,19
	^{58}Fe	0,33
Br	^{79}Br	50,54
	^{81}Br	49,46

^1_1H | ^2_1H oder ^2_1D | ^3_1H oder ^3_1T

Deuterium | **Tritium**

Die Kerne der Wasserstoffisotope
Nur für die Isotope des Wasserstoffs wurden besondere Namen und Symbole eingeführt.
deuteron (griech.) = das Zweite
triton (griech.) = das Dritte

Die meisten in der Natur vorkommenden Elemente sind ein Gemisch verschiedener Isotope (Mischelemente). **Reinelemente** hingegen bestehen nur aus einer Atomsorte (z. B. Beryllium, Fluor, Natrium, Aluminium, Iod).

Beispielsweise existieren vom Element Wasserstoff drei Isotope:

- ^1_1H **Wasserstoff**: 99,985% aller in der Natur vorkommenden Wasserstoffatome bestehen aus diesem Nuclid. Der Atomkern dieses „normalen" Wasserstoffatoms besteht nur aus einem Proton, die Massenzahl ist 1.
- ^2_1H ist zu 0,015% im natürlichen Wasserstoff enthalten. Es wird **Deuterium** oder **schwerer Wasserstoff** (Symbol D) genannt, ist stabil und doppelt so schwer wie ^1_1H.
- ^3_1H ist das **Tritium** oder **überschwerer Wasserstoff** (Symbol T). Es entsteht sowohl in Kernreaktoren als auch in den obersten Schichten der Atmosphäre durch die kosmische Strahlung, ist nicht stabil und zerfällt mit einer Halbwertszeit von 12 Jahren. Seine Gesamtmenge auf der Erde wird auf 1,8 kg geschätzt.

Auf Grund dieser Isotopenverteilung hat das Element Wasserstoff eine durchschnittliche Atommasse von 1,0080 u.

Eine ganzzahlige Atommasse im Periodensystem weist meist darauf hin, daß das Element überwiegend oder ausschließlich aus einem Nuclid besteht. In diesem Fall ergibt sich die Neutronenzahl des (häufigsten) Nuclids aus der Differenz von Atommasse und Ordnungszahl.

Die **relative Häufigkeit** der Isotope eines Elements ist in der Regel unabhängig von dessen Herkunft. Daher kann im **Periodensystem** eine **durchschnittliche Atommasse** angegeben werden.

In manchen Fällen sind jedoch geringfügige, aber charakteristische Abweichungen des Isotopengehaltes festzustellen.
So ist der Deuteriumanteil im Meerwasser und im Eis großer Gletscher etwas höher als im Regenwasser, da Wassermoleküle mit dem leichteren Nuclid etwas leichter verdunsten.
In Kohlenstoffverbindungen organischen Ursprungs ist der ^{13}C-Gehalt geringer. Dies kann dem Geologen nützliche Hinweise geben.
Im Kalk ($CaCO_3$) der Muschelschalen hängt das Verhältnis $^{16}O : {}^{18}O$ von der Wassertemperatur ab. Daher kann mit Hilfe von Fossilien das Klima weit zurückliegender geologischer Epochen bestimmt werden.

Da die **Isotope eines Elements** identische Elektronenhüllen besitzen, haben sie auch **gleiche chemische Eigenschaften** und können daher durch chemische Reaktionen nicht getrennt werden. Ist eine Trennung oder Anreicherung (die Erhöhung des Anteils eines Nuclids) dennoch notwendig, so kann sie nur durch physikalische Methoden unter Ausnutzung der unterschiedlichen Atommassen erfolgen.

So ist nur das zu 0,7% im natürlichen Uran vorhandene Nuclid ^{235}U zur Kernspaltung in herkömmlichen Reaktoren geeignet. Bei der Verarbeitung von Uranerz zu Kernbrennstoff muß sein Anteil durch Anreicherung auf mindestens 3% erhöht werden. Dabei bleibt eine entsprechende Menge abgereichertes Uran mit einem ^{235}U-Gehalt von 0,2% übrig.

Von besonderer **wissenschaftlicher Bedeutung** sind **radioaktive Isotope**, da sie mit modernen Meßgeräten schon in winzigsten Mengen nachweisbar sind.
In der Atmosphäre werden durch die kosmische Strahlung ständig kleine Mengen an radioaktivem ^{14}C gebildet und von den Pflanzen bei der Photosynthese aufgenommen. Mit dem Absterben der Pflanzen endet dieser Vorgang, der ^{14}C-Gehalt nimmt mit einer Halbwertszeit von 5 760 Jahren ab. Durch einen Vergleich des ^{14}C-Gehalts eines pflanzlichen Überrests mit dem einer lebenden Pflanze kann das Alter der Probe bestimmt werden. Dieses Verfahren (Radiocarbon- oder ^{14}C-Methode genannt) hat in der Geschichtsforschung große Bedeutung erlangt.
In der Medizin und Biologie werden in Reaktoren künstlich hergestellte Nuclide wie ^{14}C oder ^{32}P verwendet, um den Weg einer Substanz im Organismus verfolgen zu können. Dazu wird zunächst ein Wirkstoff (Medikament, Dünger, …)

hergestellt, der ein radioaktives Nuclid enthält. Da die Isotope eines Elements gleiche chemische Eigenschaften haben, wird der „radioaktiv markierte" Wirkstoff ebenso wie der nicht radioaktive von der Pflanze oder dem Versuchstier aufgenommen. Auf Grund der leicht meßbaren Radioaktivität läßt sich dann sein Weg durch den Organismus genau verfolgen.

Übungen:

3.8 Bestimme mit Hilfe des Periodensystems für die folgenden Elemente Ordnungszahl, Atommasse, Zahl der Protonen, Neutronen und Elektronen sowie die Zahl der Elektronen in der äußersten Schale: Be, F, Al, Se.

3.9 Aus welchen Elementarteilchen bestehen die folgenden Atome: $^{14}_{7}N$, $^{40}_{20}Ca$, $^{238}_{92}U$.

3.10 Dalton nahm an, daß die Atome eines Elementes alle gleich sind. Warum ist dies nach heutigen Erkenntnissen nicht richtig?

3.11 Bei der Lebensmittelanalyse kann zur Bestimmung der Herkunft eines Weines unter anderem sein Deuteriumgehalt herangezogen werden. Südländische Weine zeigen einen geringfügig höheren Deuteriumanteil als Weine aus nördlicheren Gebieten. Worauf ist dies zurückzuführen?

3.4 Der Aufbau der Elektronenhülle

Bohr war 1913 zum Ergebnis gekommen, daß sich die Elektronen eines Atoms auf verschiedenen Energieniveaus befinden.

Durch die Forschungsergebnisse der theoretischen Physik in den folgenden Jahren wurden die Vorstellungen vom Aufbau der Elektronenhülle noch wesentlich erweitert.

1925 formulierte **Heisenberg** die für die Atomphysik grundlegende **Unschärfebeziehung**:
Es ist prinzipiell unmöglich, Ort und Geschwindigkeit – also den exakten Ablauf der Bewegung – eines Elektrons gleichzeitig ganz genau anzugeben.

Diese Unschärfe bei der Beschreibung eines Elektrons wird nicht etwa durch unvollkommene Meßgeräte verursacht. Derart kleine Objekte werden auch durch die schonendste Meßmethode so beeinflußt, daß keine unbegrenzt genauen Angaben mehr möglich sind.

Als Folge dieser Unschärfebeziehung lassen sich für die Elektronen eines Atoms nicht exakte Bahnen angeben, sondern nur ein **Raum**, in dem sie sich mit hoher Wahrscheinlichkeit befinden. Dieser Raum wird **Orbital** genannt.

Er kann auch als eine über das ganze Atom verteilte negative **Ladungswolke** aufgefaßt werden, die dort, wo sich das Elektron am wahrscheinlichsten aufhält, ihre größte Dichte besitzt.
Eine solche Ladungswolke kann man sich als Summe von Momentaufnahmen des Atoms vorstellen. Dort, wo die Punkte dichter liegen, hält sich das Elektron häufiger auf (Abb. a). Nach außen und nach innen hin haben solche Ladungswolken keine scharfen Grenzen. Die in Abb. b gezeichnete Grenze ist daher rein willkürlich, sie entspricht einer bestimmten Minimaldichte.

Erwin **Schrödinger** gelang es 1926 eine Gleichung zu finden, mit der Form und Größe eines Orbitals berechnet werden kann.

Genauere Informationen über die Anordnung der Elektronen lieferte die Messung der **Ionisierungsenergie**.

ERWIN SCHRÖDINGER (1887 –1961); österreichischer Physiker, erhielt 1933 den Nobelpreis für Physik.

WERNER HEISENBERG (1901 –1976); deutscher Physiker, erhielt 1932 den Nobelpreis für Physik.

orbis (lat.) = Kreis
In der Weltraumfahrt werden die Umlaufbahnen der Erdsatelliten als „Orbits" bezeichnet. Beim Atom ist jedoch von Kreis- und Umlaufbahnen nicht mehr die Rede.

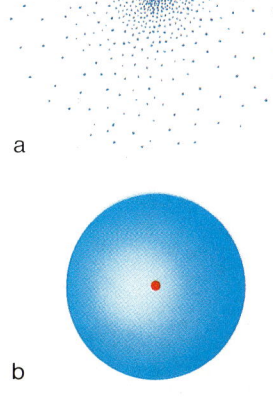

a

b

Zwischen dem Atomkern und den Elektronen der Atomhülle wirken elektrostatische Anziehungskräfte. Soll nun ein Elektron aus der Atomhülle entfernt werden, so ist dazu Energie notwendig, da die Anziehungskräfte überwunden werden müssen. Nach dem Entfernen eines oder mehrerer Elektronen ist die Ladung des Restatoms nicht mehr ausgeglichen, ein positiv geladenes Ion ist entstanden.

Weiter vom Kern entfernte Elektronen sind leichter abzutrennen, da sie weniger stark angezogen werden. Da das Atom nach Abspaltung des ersten Elektrons positiv geladen ist, ist zur Entfernung des nächsten Elektrons mehr Energie nötig.

In der folgenden Tabelle sind die experimentell bestimmten Ionisierungsenergien der ersten 20 Elemente angegeben.

| Element | Ionisierungsenergie in MJ/mol bei Ablösung des | | | | | | | | | |
| | 1. | 2. | 3. | 4. | 5. | 6. | 7. | 8. | 9. | 10. |
					Elektrons					
H	1,31									
He	2,37	5,25								
Li	0,25	7,29	11,81							
Be	0,90	1,76	14,85	21,01						
B	0,80	2,42	3,66	25,02	32,82					
C	1,09	2,35	4,62	6,22	37,81	47,26				
N	1,40	2,86	4,57	7,48	9,45	53,25	64,34			
O	1,31	3,40	5,30	7,47	10,99	13,33	71,32	84,05		
F	1,68	3,38	6,04	8,41	11,02	15,16	17,86	92,01	106,14	
Ne	2,08	3,96	6,18	9,37	12,20	15,24	19,97	22,96	114,82	130,26
Na	0,49	4,56	6,91	9,54	13,37	16,63	20,11	25,48	28,94	140,88
Mg	0,73	1,45	7,73	10,55	13,62	18,01	21,74	25,67	31,67	35,41
Al	0,58	1,81	2,74	11,58	14,84	18,37	23,34	27,51	32,00	38,52
Si	0,78	1,57	3,23	4,35	16,08	19,79	23,78	29,26	33,68	39,27
P	1,06	1,90	2,90	4,96	6,27	21,27	25,41	29,83	36,67	41,78
S	1,00	2,26	3,38	4,56	7,00	8,49	27,11	31,73	36,58	44,29
Cl	1,25	2,30	3,85	5,16	6,54	9,33	11,03	33,61	38,48	43,71
Ar	1,52	2,66	3,95	5,77	7,24	8,81	11,96	13,85	41,88	47,67

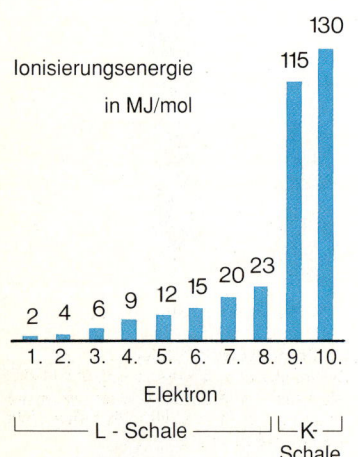

Graphische Darstellung der **Ionisierungsenergien** bei der Ablösung der 10 Elektronen eines Neonatoms

Ein Vergleich der Ionisierungsenergien für die Elektronen eines Neonatoms zeigt, daß zur Entfernung des 9. und 10. Elektrons wesentlich mehr Energie notwendig ist als zur Entfernung der ersten acht.
Acht Elektronen lassen sich mit einem vergleichsweise geringen Energieaufwand aus dem Atom entfernen. Die Anziehungskraft des Kerns auf diese Elektronen muß demnach kleiner sein, sie sind weiter vom Kern entfernt als die beiden anderen. Die 10 Elektronen eines Neonatoms befinden sich folglich auf zwei unterschiedlichen Energieniveaus.

Dies deckt sich mit den Vorstellungen von Bohr, wonach sich bei einem Neonatom zwei Elektronen auf dem untersten Energieniveau (K-Schale) und acht Elektronen auf dem nächsthöheren Niveau (L-Schale) befinden. Da die Schale gleichzeitig das Hauptenergieniveau des Elektrons bestimmt, wird die Schalennummer n auch die **Hauptquantenzahl** genannt.

Bei genauerer Betrachtung der Ionisierungsenergien für die Elektronen des 2. Energieniveaus fällt auf, daß sie beim jeweils vorletzten Elektron stärker als bei den vorhergehenden zunehmen. Der Anstieg ist allerdings wesentlich geringer als beim Übergang vom 2. auf das 1. Niveau. Die Elektronen befinden sich anscheinend nicht auf einem völlig gleichen Energieniveau.

Das zweite Hauptenergieniveau besteht aus zwei Unterniveaus, von denen das energieärmere (mit **s** bezeichnet) zwei, das energiereichere (**p**) sechs Elektronen aufnehmen kann. Diese Unterniveaus werden durch **Nebenquantenzahlen** charakterisiert. Die zur Benennung verwendeten Buchstaben stammen von der Bezeichnung mancher Spektrallinien (**s**harp, **p**rincipal, **d**iffuse, **f**undamental).

Das dritte Hauptenergieniveau besitzt neben den s- und p-Niveaus noch ein d-Niveau mit maximal zehn Elektronen, das vierte Hauptniveau zusätzlich noch ein f-Niveau mit vierzehn Elektronen.

Die Hauptquantenzahl n entspricht der Zahl der Unterniveaus:
z. B. **3.** Hauptenergieniveau ⇒ **drei** Unterniveaus (s, p und d).

Innerhalb eines Hauptenergieniveaus hat das s-Niveau die niedrigste Energie:

$$E_s < E_p < E_d < E_f$$

In einem Magnetfeld zeigen die Unterniveaus mit Ausnahme des s-Niveaus eine weitere Aufspaltung. Es gibt jeweils ein s-, drei p-, fünf d- und sieben f-Niveaus.

Schließlich wurde noch festgestellt, daß die Elektronen eine **Rotation** um die eigene Achse ausführen. Sie besitzen einen **Spin**.
Die Rotation kann im gleichen oder im entgegengesetzten Sinn wie der Bahnumlauf erfolgen.

Form und **Größe** der **Orbitale** kann mit Hilfe der **Schrödinger-Gleichung** berechnet werden.

Die Schrödinger-Gleichung ermöglicht die exakte Berechnung der Orbitale des Wasserstoffatoms. Bei allen anderen Atomen mit mehreren Elektronen wird sie wegen der zu berücksichtigenden Kräfte zwischen den Elektronen so kompliziert, daß sie nur näherungsweise lösbar ist.

Die **Größe** der jeweiligen Orbitale nimmt mit steigender **Hauptquantenzahl** zu, die **Nebenquantenzahlen** s, p, d und f charakterisieren die **Form** der Orbitale.

s-Orbitale haben die Form einer **Kugelschale**:

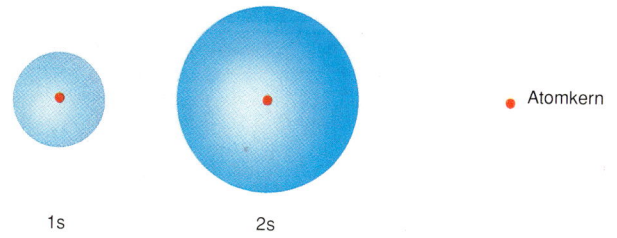

1s   2s   ● Atomkern

Die drei **p-Orbitale** haben die Gestalt von Hanteln, die im rechten Winkel zueinander stehen:

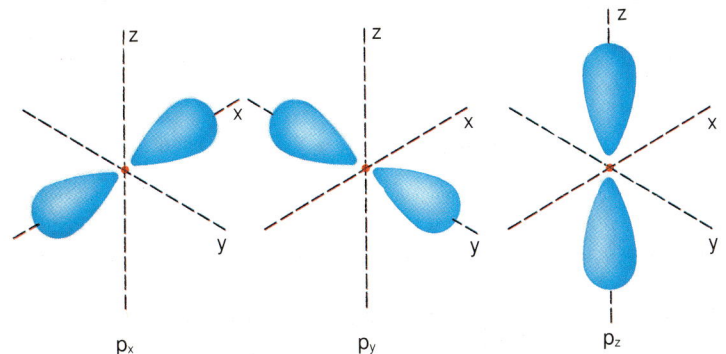

p_x   p_y   p_z

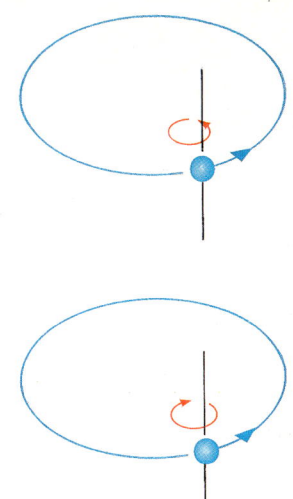

Elektronenspin

to spin (engl.) = sich drehen

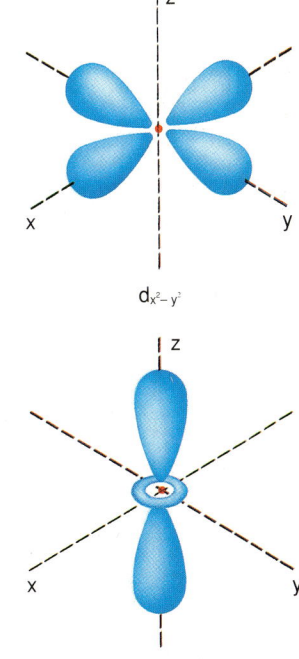

$d_{x^2 - y^2}$

d_{z^2}

Die Form zweier d-Orbitale
Die komplizierten Formen der d- und f-Orbitale seien nur durch zwei Beispiele angedeutet, sie sind in diesem Rahmen nicht weiter von Bedeutung.

25

Ein Orbital hat keine exakten Abmessungen. Um es besser darstellen zu können, wird um jenen Raum, in dem sich das Elektron mit z. B. 95% Wahrscheinlichkeit aufhält, eine scharfe Grenze gezeichnet. Das Elektron kann sich aber auch außerhalb befinden.

Die Elektronen eines Atoms besetzen die Orbitale nach folgenden Regeln:

- Die Elektronen nehmen zunächst das niedrigst mögliche Energieniveau ein; höhere Energieniveaus werden erst gefüllt, wenn die darunterliegenden besetzt sind.

- Jedes Orbital kann maximal zwei Elektronen mit entgegengesetztem Spin aufnehmen (Pauli-Prinzip).

- Orbitale mit gleicher Energie werden zuerst mit je einem Elektron besetzt (Hundsche Regel).

Zur einfachen Darstellung dient ein **Energieniveauschema**, in dem die einzelnen Orbitale ohne Rücksicht auf ihre Form und Größe als kleine Kästchen dargestellt werden, die Elektronen je nach ihrem Spin durch unterschiedlich gerichtete Vektoren.

WOLFGANG PAULI (1900 –1958); österreichischer Physiker, erhielt 1945 den Nobelpreis für Physik.

FRIEDRICH HUND (geb.1896); deutscher Physiker

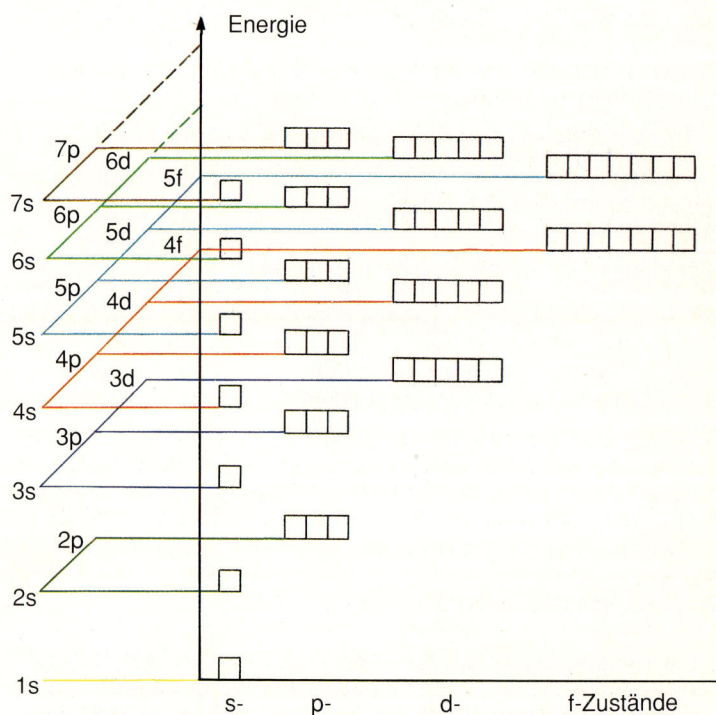

Lage der Energieniveaus der Orbitale

1s bezeichnet Elektronen des 1. Energieniveaus, die sich in einem s-Orbital befinden. 3d bezeichnet Elektronen, die sich auf dem 3. Niveau in d-Orbitalen befinden usw.
Orbitale, die zu einer Hauptquantenzahl (Energieniveau) gehören, sind in der Zeichnung durch einen Schrägstrich verbunden. Es ist zu erkennen, daß sich ab dem 3. Hauptenergieniveau die Energiezustände der Orbitale überschneiden. So haben die Elektronen im 4s-Orbital eine geringere Energie als die 3d-Elektronen.

Beispiele:

Neon (Ne) besitzt 10 Elektronen: Diese verteilen sich auf zwei Hauptenergieniveaus.

Im ersten Niveau existiert nur ein s-Orbital mit 2 Elektronen. Schreibweise: $1s^2$

Im zweiten Niveau gibt es ein s-Orbital (mit zwei Elektronen) und drei energiegleiche p-Orbitale (mit je 2 Elektronen). Schreibweise: $2s^2\ 2p^6$

Um sich das Kästchenzeichnen zu ersparen, kann die Verteilung auch durch eine Elektronenkonfigurationsformel ausdrückt werden. Sie gibt für ein bestimmtes Atom die Verteilung der Elektronen auf die einzelnen Hauptenergieniveaus und deren Orbitale an.

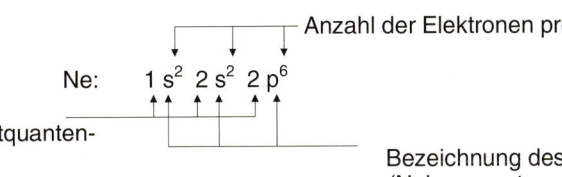

Anzahl der Elektronen pro Orbital

Ne: $1\,s^2\ 2\,s^2\ 2\,p^6$

Hauptquantenzahl

Bezeichnung des Orbitals (Nebenquantenzahl)

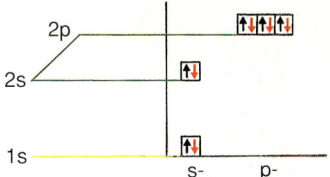

Elektronenkonfiguration von Neon

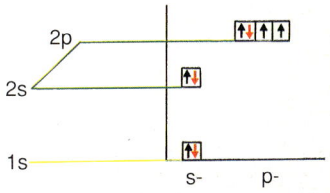

Elektronenkonfiguration von Sauerstoff

Ein Sauerstoffatom hat zwei Elektronen weniger als ein Neonatom: Elektronenkonfigurationsformel von Sauerstoff: $1s^2\ 2s^2\ 2p^4$

Das „Aussehen" eines Sauerstoffatoms könnte man sich etwa folgendermaßen vorstellen:

Das 2s-Orbital verdeckt das kleinere 1s-Orbital und wird von den drei 2p-Orbitalen durchdrungen.

In der Anordnung der Elemente im Periodensystem kommt die Anordnung der Elektronen in den Orbitalen zum Ausdruck:

Die 1. Periode umfaßt die Elemente
H: $1s^1$ und He: $1s^2$; mit zwei Elektronen ist das 1s-Orbital gefüllt.

Die 2. Periode umfaßt acht Elemente:
Bei Li: $1s^2 2s^1$ und Be: $1s^2 2s^2$ wird das 2s-Niveau gefüllt, das energiereichere 2p-Niveau nimmt von B: $1s^2 2s^2 2p^1$ bis Ne: $1s^2 2s^2 2p^6$ noch weitere sechs Elektronen auf.

In der 3. Periode werden analog die 3s- und 3p-Orbitale gefüllt, von Na: $1s^2 2s^2 2p^6 3s^1$ bis Ar: $1s^2 2s^2 2p^6 3s^2 3p^6$.

Jede Periode endet mit einem Edelgas, dessen s- und p-Orbitale vollständig mit Elektronen gefüllt sind. Da sich diese Elektronenanordnung in den nachfolgenden Perioden nicht mehr ändert, wird das Symbol des Edelgases als Abkürzung für die entsprechende Elektronenkonfigurationsformel verwendet.

Beispiel:
Die Elektronenkonfiguration von Neon ist $1s^2 2s^2 2p^6$.
Für Si: $1s^2 2s^2 2p^6 3s^2 3p^2$ schreibt man daher kürzer: Si: [Ne] $3s^2 3p^2$

Die 4. Periode beginnt mit der Auffüllung der 4s-Orbitale: K: [Ar]$4s^1$ und Ca: [Ar]$4s^2$. Dann folgen (bei den Nebengruppenelementen) die 3d-Orbitale von Sc: [Ar]$4s^2 3d^1$ bis Zn: [Ar]$4s^2 3d^{10}$ und schließlich die 4p-Niveaus von Ga: [Ar] $4s^2 3d^{10} 4p^1$ bis Kr: [Ar]$4s^2 3d^{10} 4p^6$.

Die 5. Periode ist analog der vierten gegliedert. Auf die 5s- folgen die 4d- und die 5p-Orbitale.

In der 6. und 7. Periode werden bei den Lanthanoiden und Actinoiden die 4f- und 5f-Niveaus mit je 14 Elektronen gefüllt.

Bei einigen Elementen der Nebengruppen bzw. der Lanthanoiden und Actinoiden ergeben sich durch Wechselwirkungen zwischen sehr eng benachbarten Energieniveaus bei der Auffüllung der Orbitale geringfügige Abweichungen von der Regel.

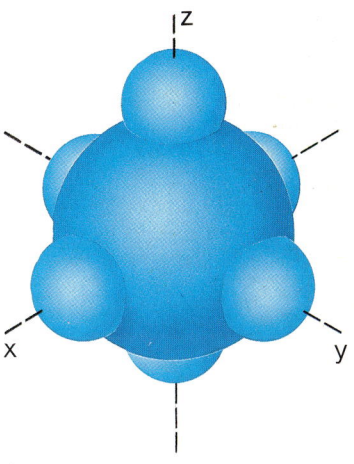

Die Orbitale eines Sauerstoffatoms

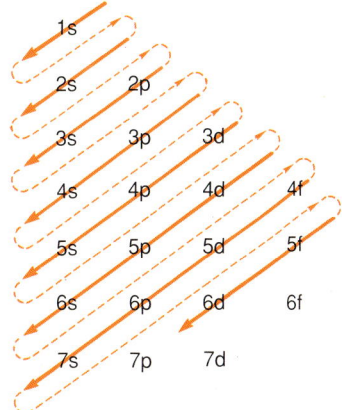

Merkschema für die Auffüllung der Orbitale mit Elektronen:
Schreibt man die Orbitale zeilenweise untereinander, so ergibt sich die Reihenfolge der Auffüllung, wenn man den Diagonalen folgt.

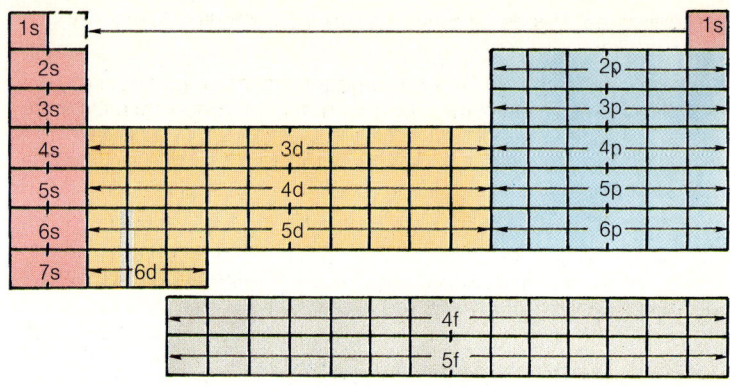

Periodensystem mit den Orbitalen, die jeweils mit Elektronen gefüllt werden.

Man erkennt:

* Bei den Hauptgruppenelementen werden die s- und p-Orbitale
* bei den Nebengruppenelementen die d-Orbitale
* bei den Lanthanoiden und Actinoiden die f-Orbitale mit Elektronen gefüllt.

Das Orbitalmodell beschreibt die Elektronenanordnung der freien Atome in zutreffender Weise. Bei der Entstehung von Verbindungen verhalten sich aber bei vielen Elementen die s- und p-Elektronen des äußersten Hauptenergieniveaus so, als ob zwischen ihnen keine Energiedifferenz bestünde. Die Anwendung der Elektronenverteilung des ungebundenen Atoms ergibt in diesen Fällen falsche Vorhersagen über die Struktur der Verbindung. Eine brauchbare Übereinstimmung zwischen Praxis und theoretischer Berechnung wird erst durch eine mathematische Kombination der Gleichungen für die einzelnen Orbitale (Hybridisierung) erhalten.

Der Atomradius

Die Zeichnung gibt den Radius der Atome im gebundenen Zustand an (kovalenter Atomradius). Für die Edelgase Neon und Argon sind keine Werte angegeben, da von diesen Elementen keine Verbindungen bekannt sind.

Die Masse der Atome nimmt im Periodensystem in jeder Periode von links nach rechts zu. Anders verhält es sich mit den Atomradien. Atome sind zwar äußerst klein, ihre Durchmesser jedoch meßbar. Dabei fällt auf, daß innerhalb einer Periode der Atomradius von der 1. bis 7. Gruppe abnimmt. Alle Angaben in pm (10^{-12}m).

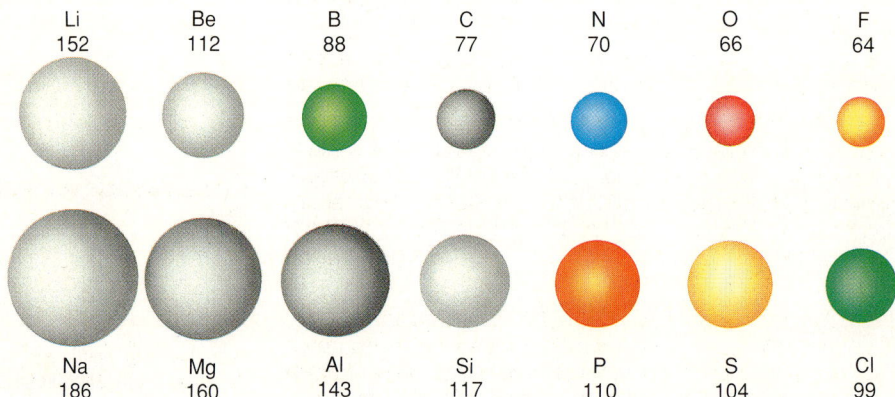

Die 2. Periode beginnt mit Lithium, Atomradius $152 \cdot 10^{-12}$m. Die Radien der folgenden Elemente nehmen immer mehr ab (Fluor: $64 \cdot 10^{-12}$m), obwohl die Atome gleich viele Energieniveaus besitzen.

Doch die zunehmende Ladung des Kernes zieht die Elektronenhülle näher an sich.

Bei den Elementen einer Gruppe hingegen nimmt, wegen der steigenden Zahl der Energieniveaus, der Atomradius von oben nach unten zu (z. B. von Lithium mit $152 \cdot 10^{-12}$m bis Caesium mit $262 \cdot 10^{-12}$m).

Übungen:

3.12 Wodurch unterscheidet sich das 2s- vom 3s-Orbital?

3.13 Bestimme mit Hilfe des Periodensystems die Elektronenkonfiguration der folgenden Elemente: Mg, P, Fe, Xe.

3.14 Welche Elemente weisen die folgenden Elektronenkonfigurationen auf: $1s^2 2s^2 2p^6$, $1s^2 2s^2 2p^6 3s^2 3p^6 4s^1$, $1s^2 2s^2 2p^6 3s^2 3p^6 4s^2 3d^8$, $[Kr]5s^2 4d^{10} 5p^4$.

3.15 Was ist an den folgenden Elektronenkonfigurationen falsch? Gegen welche Regeln wurde verstoßen?
a) $[Ne]3s^3 3p^1$,   b) $[Ar]4s^2 3d^8 4p^2$,

c) ⟨↑↓⟩ ⟨↑⟩   ⟨↑ ↑ ↑⟩

d) ⟨↑↓⟩ ⟨↑↓⟩ ⟨↑↑ ↓ ↓⟩

e) ⟨↑↓⟩ ⟨↑↓⟩ ⟨↑↓ ⟩

3.16 Welches Atom hat jeweils den größeren Durchmesser? N oder As? K oder Ca? Ca oder Se?

3.5 Die Elektronegativität

Die chemischen Eigenschaften eines Atoms werden wesentlich von seinen Fähigkeiten beeinflußt, eigene Elektronen abgeben oder Elektronen anderer Atome aufnehmen zu können. Dies wird durch die Elektronegativität angegeben.

Damit Elektronen aus der Hülle eines Atoms entfernt werden können, ist Energie notwendig. Es entstehen positiv geladene Ionen.
Die Abspaltung eines Elektrons ist umso leichter, je weiter es vom Kern entfernt ist. Die **Ionisierungsenergien** für das erste Elektron nehmen daher innerhalb einer Gruppe von oben nach unten ab, da die Atomradien zunehmen und damit die Anziehungskraft des Kerns auf die äußeren Elektronen geringer wird.
Umgekehrt steigen die Ionisierungsenergien innerhalb einer Periode von links nach rechts, da der Atomradius abnimmt und dadurch die äußeren Elektronen stärker vom Kern angezogen werden.

Atome können aber auch zusätzliche Elektronen in ihrer Hülle aufnehmen, wodurch negativ geladene Ionen entstehen. Die dabei umgesetzte Energie wird **Elektronenaffinität** genannt. Bei den Elementen der 17. Gruppe wird Energie frei, zur Bildung anderer, mehrfach negativ geladener Ionen ist hingegen die Zufuhr von Energie notwendig.

Verbinden sich Atome, so hängt es von ihrer Ionisierungsenergie und ihrer Elektronenaffinität ab, wie sich die Elektronen zwischen ihnen verteilen. Es hat sich daher als sinnvoll erwiesen, diese beiden Größen zu einer neuen Größe, der **Elektronegativität**, zusammenzufassen.

Die Elektronegativität ist ein Maß für die Fähigkeit eines Atoms, Bindungselektronen an sich zu ziehen.

Elektronenaffinität von Nichtmetallatomen:

H	$+ \; e^-$	$\rightarrow \; H^-$	$- 69$ kJ/mol
F	$+ \; e^-$	$\rightarrow \; F^-$	$- 377$ kJ/mol
Cl	$+ \; e^-$	$\rightarrow \; Cl^-$	$- 388$ kJ/mol
Br	$+ \; e^-$	$\rightarrow \; Br^-$	$- 364$ kJ/mol
I	$+ \; e^-$	$\rightarrow \; I^-$	$- 331$ kJ/mol
O	$+ \; 2e^-$	$\rightarrow \; O^{2-}$	$+ 695$ kJ/mol
S	$+ \; 2e^-$	$\rightarrow \; S^{2-}$	$+ 333$ kJ/mol

negatives Vorzeichen: Energieabgabe bei der Aufnahme eines e^-
positives Vorzeichen: Energiezufuhr zur Aufnahme eines e^- notwendig

LINUS PAULING (geb. 1901); amerikanischer Chemiker. Schuf den Begriff der Elektronegativität, erhielt 1954 den Nobelpreis für Chemie und 1962 den Friedensnobelpreis für seinen Einsatz gegen die Anwendung von Kernwaffen.

Sie kann aus der Festigkeit seiner Bindungen und aus dem Mittel von Ionisierungsenergie und Elektronenaffinität bestimmt werden. Als Maß dient eine Skala, in der dem am stärksten elektronegativen Element, dem Fluor, willkürlich ein Wert von 4,0 zugeordnet wird. Die übrigen Elemente werden im Vergleich dazu eingestuft.

Tabelle der Elektronegativitätswerte

1	2	13	14	15	16	17	18
H 2,2							He -
Li 1,0	Be 1,5	B 2,0	C 2,5	N 3,0	O 3,5	F 4,0	Ne -
Na 0,9	Mg 1,2	Al 1,5	Si 1,8	P 2,1	S 2,5	Cl 3,0	Ar -
K 0,8	Ca 1,0	Ga 1,6	Ge 1,8	As 2,0	Se 2,4	Br 2,8	Kr -
Rb 0,8	Sr 1,0	In 1,7	Sn 1,8	Sb 1,9	Te 2,1	I 2,5	Xe -
Cs 0,8	Ba 0,9	Tl 1,8	Pb 1,8	Bi 1,9	Po 2,0	At 2,2	Rn -

■ Nichtmetalle

□ Halbmetalle

■ Metalle

Die in der Tabelle nicht angegebenen Metalle der Nebengruppen haben Werte zwischen 1,2 und 2,5.

Die **Elektronegativität** eines **Elementes** kann auf Grund seiner **Stellung im Periodensystem** abgeschätzt werden:

● Die Elektronegativität innerhalb einer Periode steigt von links nach rechts an, weil die positive Kernladung und damit die Anziehungskraft auf die Elektronen immer größer wird.

● Die Elektronegativität nimmt innerhalb einer Gruppe von oben nach unten ab, da die positive Ladung des Atomkerns durch die zunehmend dichtere Elektronenhülle nach außen abgeschirmt wird.

Daher haben Elemente, die links und unten im Periodensystem stehen (Metalle der 1. und 2. Gruppe) geringe, Elemente rechts oben (F, O, Cl, N) große Elektronegativität.

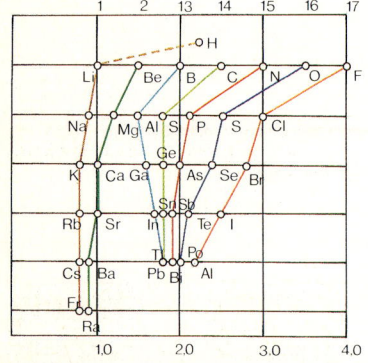

Die Elektronegativität der Elemente, nach den Gruppen des Periodensystems geordnet.

Übungen:

3.17 Bei welchem Element ist jeweils die Ionisierungsenergie für das erste Elektron kleiner? Lithium oder Sauerstoff? Natrium oder Caesium? Kalium oder Calcium?

3.18 Bestimme ohne Zuhilfenahme obiger Tabelle, nur mit Hilfe des Periodensystems, welches Element jeweils stärker elektronegativ ist: Silicium oder Schwefel, Chlor oder Iod, Eisen oder Fluor?

4.　Die chemische Bindung

Mit Ausnahme der Edelgase kommen alle Elemente in der Natur nicht als freie Atome, sondern nur in Form von Verbindungen vor. Die meisten Atome haben offenbar das Bestreben, sich zu verbinden.

Weil die Edelgase äußerst reaktionsträge sind, nur einatomig vorkommen und keine Tendenz zeigen, Elektronen aufzunehmen, lag der Schluß nahe, daß sich ihre Elektronen in einem besonders günstigen Zustand befinden.

Man nahm an, daß die Atome der anderen Elemente ebenfalls eine edelgasähnliche Elektronenhülle (Achterschale, Elektronenoktett) anstreben und in einer Verbindung, durch eine Umgruppierung der Elektronen, auch erreichen.

Ursache einer chemischen Bindung ist das Bestreben der Atome, eine möglichst stabile und daher energiearme Elektronenanordnung zu erlangen, indem sie eine edelgasähnliche Elektronenhülle bilden (Oktettregel).

Je nachdem wie sich die Elektronenhüllen der Atome verändern, werden verschiedene **Bindungsarten** unterschieden:

- Die **Ionenbindung**
- Die **Atombindung**
- Die **metallische Bindung** (siehe Seite 76)

Zwischen diesen Bindungsarten gibt es fließende Übergangsformen.

4.1　Die Ionenbindung

Eine Möglichkeit für ein Atom, den Edelgaszustand zu erreichen, besteht darin, die ihm auf die Zahl Acht fehlenden Elektronen aufzunehmen oder die Elektronen eines nicht vollständig gefüllten Energieniveaus abzugeben.

ion (griech.) = wandernd
Die Ionen „wandern" bei einer Elektrolyse zu den Elektroden.

Dieser Vorgang kann sehr heftig ablaufen, wie die Reaktion von metallischem Natrium mit Chlorgas zeigt. Das Endprodukt der Reaktion ist Kochsalz.

$$2\,Na + Cl_2 \rightarrow 2\,NaCl$$

Natrium, ein Element der 1. Gruppe, verfügt über ein Außenelektron. Chlor (17. Gruppe) besitzt sieben Außenelektronen.
Bei der Reaktion wechselt ein Elektron vom Natrium- zum Chloratom.

Elektronen-
schalen:

| | Na-Atom | Cl-Atom | | Na⁺-Ion | Cl⁻-Ion |

wird zu

Durch den Elektronenübergang erreicht Natrium die Elektronenanordnung des Edelgases Neon und Chlor die des Edelgases Argon.

Das elektrisch neutrale Natriumatom ($11\,p^+$, $11\,e^-$) hat ein Elektron abgegeben, daher überwiegt jetzt die Ladung eines Protons, das einfach positiv geladene Natriumion ($11\,p^+$, $10\,e^-$) ist entstanden:

$$Na - e^- \rightarrow Na^+$$

Natrium reagiert mit Chlor

Das Chloratom (17 p$^+$, 17 e$^-$) hat ein Elektron aufgenommen, ein einfach negativ geladenes Ion (17 p$^+$, 18 e$^-$) wurde gebildet:

$$Cl + e^- \rightarrow Cl^-$$

In einer vereinfachten Schreibweise werden die Elektronen des äußersten Energieniveaus durch Punkte dargestellt, ein Elektronenpaar auch durch einen Strich.

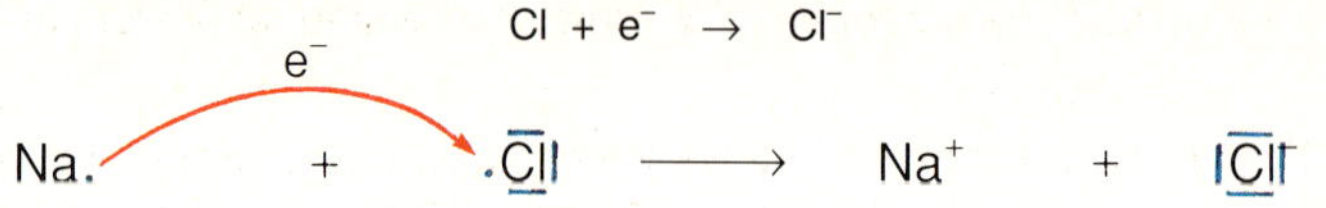

$$Na\cdot \quad + \quad \cdot \overline{Cl}| \quad \longrightarrow \quad Na^+ \quad + \quad |\overline{\underline{Cl}}|^-$$

Natriumatom + Chloratom Natriumion + Chloridion

Auch die lebhafte Reaktion von Magnesium mit Sauerstoff führt zu einer Ionenbindung:
Magnesium besitzt zwei Außenelektronen, dem Sauerstoffatom fehlen zwei auf eine Edelgasanordnung.

$$Mg: \quad + \quad \overset{\cdot\cdot}{O}: \quad \longrightarrow \quad Mg^{2+} \quad + \quad \overset{\cdot\cdot}{\underset{\cdot\cdot}{O}}:^{2-}$$

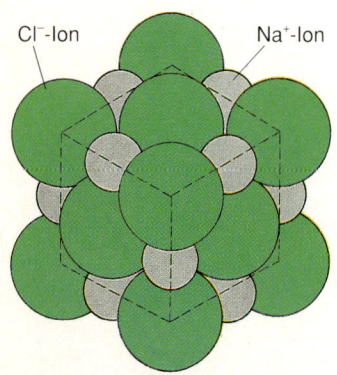

Cl$^-$-Ion Na$^+$-Ion

Ausschnitt aus dem Ionengitter eines Kochsalzkristalles
Die Ionen füllen den Raum fast vollständig aus, sie berühren einander.
Da in einem solchen Gitter kein Natriumion einem bestimmten Chloridion zugeordnet werden kann, ist es nicht korrekt, von NaCl-Molekülen zu sprechen. Die Formel sagt aus, daß beide Ionen im Verhältnis 1 : 1 vorhanden sind.

Die Reaktion eines Elementes mit Sauerstoff wird **Oxidation** genannt. Die Abbildung zeigt den „chemischen Hintergrund" der Oxidation: Dem Magnesium werden vom Sauerstoff Elektronen entzogen. In einem erweiterten Sinn wird heute jeder Elektronenentzug als Oxidation, jede Elektronenaufnahme als **Reduktion** bezeichnet. In den beiden obigen Beispielen haben Natrium und Magnesium Elektronen abgegeben, sie wurden oxidiert; Chlor und Sauerstoff haben Elektronen aufgenommen, sie wurden reduziert.

Die entstandenen Ionen üben wechselseitige **elektrostatische Anziehungs- und Abstoßungskräfte** aus. Die positiv geladenen Ionen umgeben sich mit negativ geladenen Ionen und umgekehrt.
Dies führt zu einem regelmäßigen räumlichen Aufbau, zu einem **Ionengitter**.

Positiv geladene Ionen entstehen bei Elementen, deren Atome die äußeren Elektronen leicht abgeben – den **Metallen**.

Negativ geladene Ionen entstehen durch Aufnahme von Elektronen. Dazu eignen sich besonders Elemente mit großer **Elektronegativität** – die **Nichtmetalle**.

Stark vereinfacht kann man daher sagen:

Eine Ionenbindung entsteht bei der Reaktion eines Metalls mit einem Nichtmetall.
Kennzeichen der Ionenbindung ist die vollständige Übertragung von Elektronen von einem Atom auf ein anderes.

Negativ geladene Ionen werden **Anionen**, positiv geladene Ionen **Kationen** genannt.

Ein Ion trägt so viele positive oder negative Elementarladungen (gekennzeichnet durch ein hochgestelltes Plus oder Minus), als Elektronen abgegeben oder aufgenommen wurden. Die Summe der Elementarladungen wird rechts oben neben das Elementsymbol geschrieben.

Beispiele:

Natrium gibt ein Elektron ab und bildet ein einfach positiv geladenes Natriumion:

$$Na - e^- \rightarrow Na^+$$

Sauerstoff nimmt zwei Elektronen auf und bildet ein zweifach negativ geladenes Sauerstoffion:

$$O + 2 e^- \rightarrow O^{2-}$$

Die Nebengruppenelemente treten in Form verschiedener Ionen auf (z. B. Eisen als Fe^{2+}- und als Fe^{3+}-Ion), wobei es keine einfachen Regeln zur Vorhersage der Ionenladung in einer bestimmten Verbindung gibt.

Die **Formel** einer Ionenverbindung gibt das **Zahlenverhältnis der Ionen** im Kristall an. Dieses Zahlenverhältnis folgt aus der Zahl der abgegebenen und aufgenommenen Elektronen.

Beispiele:

a) Bestimmung der Formel der Verbindung von Natrium mit Fluor:
Natrium gibt ein Elektron ab und bildet ein Na^+-Ion, ein Fluoratom nimmt ein Elektron auf und bildet ein F^--Ion.

$$\begin{array}{llll}
Na & - \; e^- & \rightarrow & Na^+ \\
F & + \; e^- & \rightarrow & F^- \\
\hline
Na & + \; F & \rightarrow & Na^+ + F^-
\end{array}$$

Die Elektronenbilanz stimmt, wenn Natrium- und Fluoridionen im Zahlenverhältnis 1 : 1 vorliegen. Die Formel der Substanz lautet daher: NaF

b) Welche Formel hat die Verbindung von Aluminium mit Sauerstoff?
Aluminiumatome geben je drei Elektronen ab, Sauerstoffatome nehmen je zwei Elektronen auf. Damit die Elektronenbilanz stimmt, müssen im Kristall Aluminium- und Sauerstoffatome im Verhältnis 2 : 3 vorliegen.

$$\begin{array}{llll}
2 \cdot (Al & - \; 3\,e^- & \rightarrow & Al^{3+}) \\
3 \cdot (O & + \; 2\,e^- & \rightarrow & O^{2-}) \\
\hline
2\,Al & + \; 3\,O & \rightarrow & 2\,Al^{3+} + 3\,O^{2-}
\end{array}$$

Die Formel lautet daher: Al_2O_3

Da ein Ionenkristall als Ganzes elektrisch neutral ist, gilt:

Die Summe der positiven und negativen Ladungen in einer Verbindung ist stets null.

In der Formel werden zuerst die positiv, dann die negativ geladenen Ionen angeschrieben. Im Namen wird das negativ geladene Ion durch den (abgekürzten lateinischen) Elementnamen und die Endung **-id** bezeichnet.

Beispiele:
NaF   Natriumfluorid
Al_2O_3 Aluminiumoxid   (Sauerstoff: oxygenium)
Na_2S Natriumsulfid   (Schwefel: sulfur)
KBr   Kaliumbromid

Bei Verbindungen von Elementen, die unterschiedlich geladene Ionen bilden können, wird die Ladung des Metallions durch eine römische Ziffer angegeben.

Beispiele:
PbO   Blei(II)oxid
PbO_2 Blei(IV)oxid

Neben diesen **rationellen Namen**, die eindeutige Hinweise auf die Zusammensetzung einer Verbindung geben, sind auch **Trivialnamen** gebräuchlich, die oft historische Ursprünge haben und keine Rückschlüsse auf die Formel ermöglichen (z. B. Steinsalz, Glaubersalz, Kupfervitriol, …).

4.2 Die Atombindung

Bei der Reaktion zweier Elemente mit geringem Elektronegativitätsunterschied, z. B. zweier Nichtmetalle, kann kein Platzwechsel von Elektronen stattfinden.

Doch auch in diesen Fällen ist die Oktettregel anwendbar, wenn man von der Vorstellung ausgeht, daß sich bei der Annäherung der Atome „gemeinsame" Elektronenpaare bilden, die von beiden Atomen zum Erreichen einer Edelgasanordnung „genützt" werden.

Das Wasserstoffmolekül H_2 ist das einfachste Beispiel einer Atombindung. Bei der Annäherung zweier Wasserstoffatome durchdringen sich die Elektronenhüllen, sodaß (von seinem Standpunkt aus betrachtet) jedes Wasserstoffatom die Elektronenanordnung des Edelgases Helium erhält.

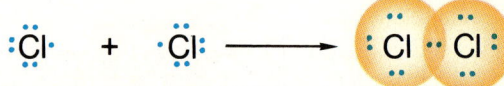

In Zeichnungen stellt man die Elektronenpaare meist durch Striche dar, das bindende Elektronenpaar ebenso wie die am Zustandekommen des Moleküls nicht unmittelbar beteiligten nichtbindenden Elektronenpaare.

In ähnlicher Weise verläuft die Bildung von Chlormolekülen:

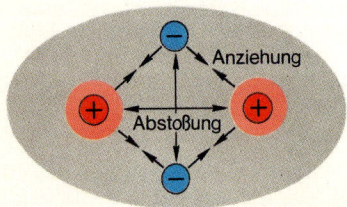

Das Gleichgewicht der Kräfte in einem H_2-Molekül

Die Elektronenhüllen der beiden Chloratome durchdringen sich so, daß jedes Atom die Elektronenanordnung des Edelgases Argon erreicht. Von den acht Elektronen, die jedes Chloratom für sich „beansprucht", stammen sieben von ihm selbst, eines ist vom anderen Chloratom „entlehnt". Diese beiden gemeinsam genutzten Elektronen bewirken die Bindung, sie werden als **bindendes Elektronenpaar** bezeichnet.

Die Bindung kommt zustande, weil das bindende Elektronenpaar von beiden Atomkernen angezogen wird. Gleichzeitig schirmt es die Kerne voneinander ab und verringert die Abstoßung zwischen ihren positiven Ladungen. Das Elektronenpaar bildet den „Klebstoff", der die Atome zusammenhält.

Die Atombindung wird auch als kovalente Bindung oder als Elektronenpaarbindung bezeichnet.

Die durch ein gemeinsames Elektronenpaar bewirkte Bindung wird Atombindung genannt. Sie entsteht durch die zwischen den Kernen angehäufte negative Ladung.

Bei manchen Molekülen wird die Edelgasanordnung erst durch mehrere gemeinsame Elektronenpaare erreicht.

Beispiel:

Ein Stickstoffatom besitzt fünf Außenelektronen. Um eine Edelgasanordnung zu erreichen, werden daher noch drei Elektronen benötigt. Da jedes bindende Elektronenpaar aus einem „eigenen" und einem „fremden" Elektron besteht und daher in Summe ein Elektron beisteuert, sind drei bindende Elektronenpaare notwendig. Verbinden sich zwei Stickstoffatome, so geschieht dies daher unter Bildung von drei gemeinsamen Elektronenpaaren.

$$|N\overset{\bullet}{\bullet} \quad + \quad \overset{\bullet}{\bullet}N| \longrightarrow |N\equiv N|$$

Die Bindungen im Stickstoff-Molekül

Eine solche **Dreifachbindung** ist wesentlich stärker als eine Einfachbindung. Stickstoffmoleküle sind daher außergewöhnlich stabil und reaktionsträge.

Auch die **Bindungen** zwischen **verschiedenen Nichtmetallatomen** lassen sich mit der Oktettregel herleiten.

Beispiele:

Bei der Entstehung von Chlorwasserstoff aus den Elementen bildet sich ein bindendes Elektronenpaar zwischen den Atomen, dadurch wird die Edelgasregel für beide Atome erfüllt.

$$H\cdot \quad + \quad \cdot\overline{C}l| \longrightarrow H-\overline{C}l|$$

Bildung von Edelgasanordnungen im HCl-Molekül

Bei der Verbindung von Kohlenstoff mit Wasserstoff treten mehrere bindende Elektronenpaare auf. Kohlenstoff besitzt vier Außenelektronen, um eine Edelgasanordnung zu erreichen, werden daher noch vier Elektronen benötigt. Da jedes bindende Elektronenpaar aus einem „eigenen" und einem „fremden" Elektron besteht und daher in Summe ein Elektron beisteuert, müssen im Molekül vier bindende Elektronenpaare vorhanden sein.
Wasserstoffatome benötigen noch ein Elektron, d. h. ein bindendes Elektronenpaar zur Erreichung der Edelgasanordnung und steuern ihrerseits jeweils ein Elektron zur Edelgasanordnung des anderen Atoms bei.
Daher verbindet sich ein Kohlenstoffatom mit vier Wasserstoffatomen, die Formel lautet CH₄.

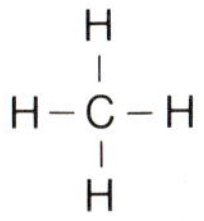

$$\begin{array}{c} H \\ | \\ H-C-H \\ | \\ H \end{array}$$

Die Strukturformel von CH₄

Welche Formel hat die Verbindung von Stickstoff mit Wasserstoff?
Dem Stickstoffatom fehlen noch drei Elektronen, es wird daher drei bindende Elektronenpaare ausbilden, sich also mit drei Wasserstoffatomen verbinden. Ein Elektronenpaar des Stickstoffs ist nicht an der Bindung beteiligt.

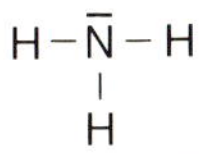

In diesen Molekülen haben die Bindungspartner **unterschiedliche Elektronegativität** (siehe Seite 19).

$$\begin{array}{c} \overline{} \\ H-N-H \\ | \\ H \end{array}$$

Die Strukturformel von NH₃

Im **Chlorwasserstoff-Molekül** reicht die Elektronegativität von Chlor zwar nicht aus, dem Wasserstoffatom das Elektron zu entziehen (was eine Ionenbindung zur Folge hätte), sie ist jedoch groß genug, das bindende Elektronenpaar zum Chloratom hin zu verschieben.

In einem solchen Molekül liegen die Schwerpunkte der positiven und negativen Ladungen nicht mehr am gleichen Ort. Die Seite mit dem stärker elektronegativen Atom ist negativ geladen, die andere Seite positiv. Die Atombindung ist **polar**.
Da diese Ladungen nur durch eine Verschiebung, nicht durch eine gänzliche Übertragung von Elektronen entstanden sind, ist ihre Größe geringer als die Ladung eines Elektrons. Sie werden **Partialladungen** genannt und durch die Zeichen δ⁺ und δ⁻ neben den Elementsymbolen angedeutet.

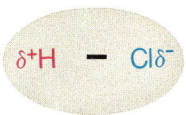

Die Ladungsverteilung im HCl-Dipol
δ = griech. Buchstabe delta

Nach außen hin ist das Molekül elektrisch neutral, im Inneren jedoch ist die Ladung nicht gleichmäßig verteilt. Das Molekül besitzt zwei elektrische Pole, es ist ein **Dipol**.

Die **Polarität der Bindung** (die Größe der Partialladungen) hängt vom **Elektronegativitätsunterschied** der beteiligten Atome ab. Je größer dieser Unterschied ist, desto größer ist die Polarität der Bindung. Die Stärke des Dipols, das **Dipolmoment**, wird von der Größe der Partialladungen und von deren Entfernung bestimmt.

Atombindungen zwischen verschiedenen Atomen sind mehr oder weniger stark polar.
Zweiatomige polare Moleküle sind immer Dipole.

Die Grenzen dieses Bindungsmodells zeigen sich bei Molekülen, die aus mehreren Atomen bestehen, z. B. Wasser:

Die Summenformel H_2O läßt sich zwar mit der Oktettregel erklären, nicht aber die **räumliche Anordnung der Atome** im Molekül und die daraus folgenden **physikalischen Eigenschaften** des Wassers.
Wäre das Molekül, wie oben dargestellt, gestreckt aufgebaut, so wäre es zwar polar, aber kein Dipol, da die Schwerpunkte der Partialladungen zusammenfallen.

Ein einfacher Versuch zeigt, daß das nicht stimmen kann:
Ein dünner Wasserstrahl wird von einem elektrisch geladenen Körper angezogen.

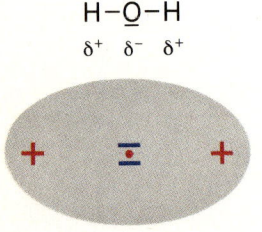

In einem gestreckt aufgebauten Wassermolekül würden die Schwerpunkte der positiven und negativen Partialladungen zusammenfallen (• : Schwerpunkt der positiven Partialladungen).

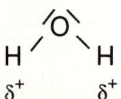

Das gewinkelt aufgebaute Wassermolekül ist ein Dipol.

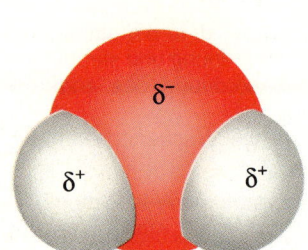

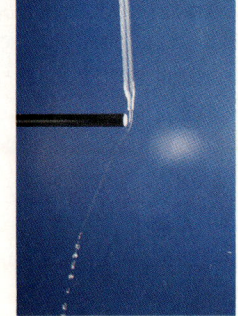

Daraus folgt zwingend, daß die Wassermoleküle **Dipole** sein müssen. In der Nähe des geladenen Körpers orientieren sie sich entsprechend und werden angezogen.
Die Wassermoleküle können aber nur dann Dipole sein, wenn sie gewinkelt aufgebaut sind. Nur dann fallen die Schwerpunkte der Partialladungen nicht zusammen. Messungen zeigen, daß der **Bindungswinkel** im Wassermolekül 104,5° beträgt.

Das bisher verwendete einfache Bindungsmodell ergibt in vielen Fällen richtige Summenformeln, es versagt aber bei der Vorhersage der räumlichen Anordnung der Atome und muß daher ergänzt werden:

In der äußersten Elektronenhülle eines Atoms befinden sich bindende und nichtbindende **Elektronenpaare**, die sich, da sie elektrisch gleich geladen sind, **abstoßen**. Sie ordnen sich daher so an, daß die Winkel zwischen ihnen so groß wie möglich sind.

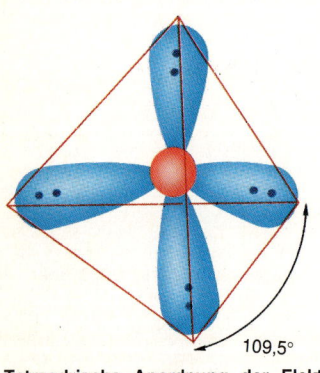

Tetraedrische Anordnung der Elektronenpaare um ein Atom

Bei vier Elektronenpaaren ergibt dies eine tetraedrische Anordnung, der Winkel zwischen den Elektronenpaaren beträgt 109,5°.

Die Anwendung dieses Modells auf die Moleküle Wasser, Ammoniak und Methan zeigt seine Leistungsfähigkeit.
Die theoretischen Vorhersagen der Molekülgeometrien stimmen gut mit den Messungen überein, geringfügige Abweichungen der Bindungswinkel lassen sich plausibel erklären.

Dieses von **Gillespie** und **Nyholm** 1957 entwickelte VSEPR-Modell (von engl. *Valence-Shell-Electron-Pair-Repulsion*) wird auch kurz **Elektronenpaar-Abstoßungsmodell** genannt.

Wasser	Ammoniak	Methan	
H_2O	NH_3	CH_4	**Summenformel**
	$H-\overset{-}{N}-H$ $\quad\ \ \|$ $\quad\ \ H$	$\quad\ \ H$ $\quad\ \ \|$ $H-C-H$ $\quad\ \ \|$ $\quad\ \ H$	**Valenzstrichformel**
  105° statt 109,5°	 107°	 109,5°	
Die nichtbindenden Elektronenpaare sind dem Zentralatom näher als die bindenden Elektronenpaare, da sie nur von diesem angezogen werden. Die stärkere Abstoßung durch die nichtbindenden Elektronenpaare bewirkt ein Zusammendrängen der Bindungen zu den Wasserstoffatomen und damit kleine Abweichungen von der idealen Tetraederform.	Die Abstoßungskräfte zwischen den Elektronenpaaren sind gleich groß, das Molekül hat die Gestalt eines Tetraeders.		
			Darstellung als Molekülmodell
Sehr starker Dipol Sehr starke zwischenmolekulare Anziehungskräfte Siedetemperatur 100 °C	Starker Dipol Starke zwischenmolekulare Anziehungskräfte Siedetemperatur − 33 °C	Kein Dipol Sehr schwache zwischenmolekulare Anziehungskräfte Siedetemperatur − 164 °C	**Eigenschaften**

Übung:

4.5 Bestimme bei den Verbindungen der folgenden Elemente den Bindungstyp und die Formel der Verbindung. Bei Ionenbindungen ist die Ladung der Ionen anzugeben, bei Atombindungen soll festgestellt werden, ob die Bindung polar ist und ob es sich um ein Dipolmolekül handelt.
Wasserstoff + Brom, Magnesium + Chlor, Natrium + Brom, Wasserstoff + Schwefel, Brom + Brom, Phosphor + Wasserstoff, Kohlenstoff + Schwefel.

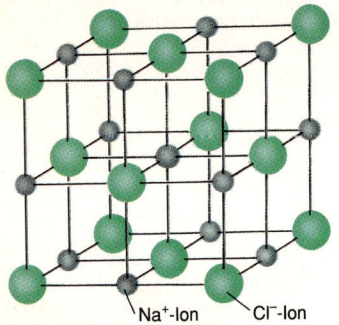

Schematische Darstellung des Natrium-chloridgitters
Die Ionen sind klein dargestellt, um die Gitterstruktur besser zu zeigen.

Na$^+$-Ion   Cl$^-$-Ion

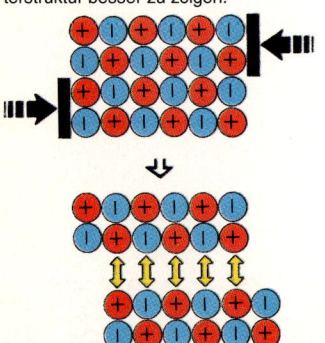

Die Verschiebung einer Gitterebene führt zu Abstoßung und Bruch.

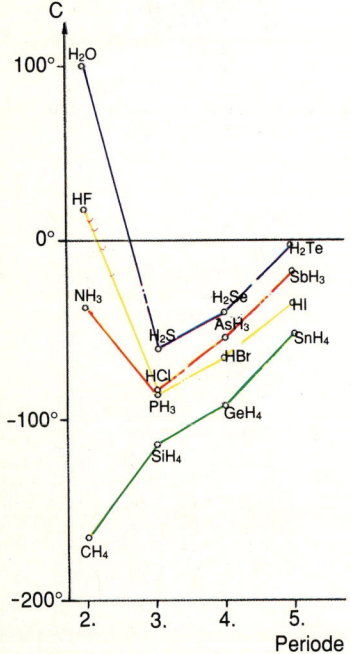

Siedetemperaturen verschiedener Wasserstoffverbindungen

4.3 Bindungstyp und Stoffeigenschaften

Die physikalischen und chemischen Eigenschaften eines Stoffes, d. h. seine Schmelz- und Siedetemperatur, seine Löslichkeit oder seine Härte, werden von den Kräften zwischen den Teilchen beeinflußt.

Bei der **Ionenbindung** führen die wechselseitigen **Anziehungs- und Abstoßungskräfte** der Ionen zu einem regelmäßig aufgebauten **Ionengitter**.

Die **Gitterstruktur** hängt nicht nur von der Ladung der Ionen ab, sondern auch von ihrem Größen- und Zahlenverhältnis. Daher gibt es verschiedene Gitterstrukturen und folglich auch verschiedene **Kristallformen**.

Ionenkristalle sind **spröde** und **hart**. Bei einer Verschiebung der Gitterebene werden gleichgeladene Ionen übereinandergelagert. Das bedeutet Abstoßung – der Kristall bricht.

Stoffe mit einem Ionengitter haben generell **hohe Schmelz- und Siedetemperaturen**. Die Anziehungskräfte zwischen den Ionen sind so stark, daß sie erst bei sehr hohen Temperaturen von der Wärmebewegung überwunden werden können.

Im festen Zustand leiten Salze den Strom nicht, da die Ionen an ihre Plätze gebunden sind.
Im gelösten oder geschmolzenen Zustand hingegen sind die Ionen frei beweglich und bewirken die **elektrische Leitfähigkeit**.

Lösungen oder Salzschmelzen, deren elektrische Leitfähigkeit durch Ionen bedingt ist, werden auch **Elektrolyte** genannt.

Stoffe, die aus kleinen Molekülen mit unpolaren **Atombindungen** aufgebaut sind (wie H_2, O_2, oder N_2), haben niedrige Schmelz- und Siedetemperaturen.
Zwischen diesen Molekülen herrschen nur schwache Anziehungskräfte, die schon bei tiefen Temperaturen von der Wärmebewegung überwunden werden.

Diese, als **Van-der-Waals-Kräfte** bezeichneten Wechselwirkungen kommen durch zeitweilige Dipole zustande. Sie entstehen durch die Bewegung der Elektronen im Molekül, wodurch für sehr kurze Zeit eine ungleiche Ladungsverteilung auftreten kann.

Die Stärke dieser Kräfte nimmt mit der Zahl der Bindungen und daher mit der Molekülgröße zu. Stoffe mit größeren Molekülen haben folglich höhere Siedetemperaturen:

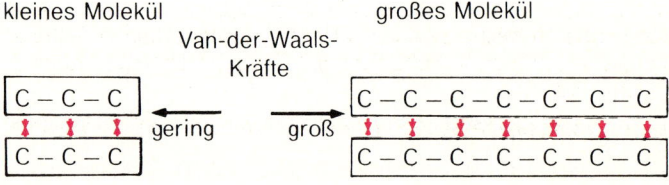

Van-der-Waals-Kräfte zwischen kleinen und großen Molekülen

Beispiele: Die Siedetemperatur steigt mit der Molekülgröße an

F_2: – 187 °C, Cl_2: – 35 °C, Br_2: + 59 °C, I_2: +183 °C;

CH_4: – 164 °C, C_3H_8: – 42 °C, C_7H_{16}: + 98 °C

Besteht hingegen ein Stoff aus **Dipolmolekülen**, so sind die **elektrostatischen Anziehungskräfte** wesentlich größer als die Van-der-Waals-Kräfte, seine Schmelz- und Siedetemperaturen liegen bedeutend höher.

Besonders ausgeprägt ist dieser Effekt bei Wasser. Seine Molekülgröße ließe eine Siedetemperatur von ungefähr – 70 °C erwarten, tatsächlich siedet es jedoch bei +100 °C!

Denn die positiv geladenen Wasserstoffatome ziehen die negativ geladenen Sauerstoffatome der anderen Moleküle so stark an, daß es zur Ausbildung ganzer Molekülschwärme kommt. Diese werden durch sogenannte **Wasserstoffbrückenbindungen** zusammengehalten. Zu ihrer Trennung ist eine große Wärmezufuhr nötig.

Der Dipolcharakter der Wassermoleküle bestimmt auch die Lösungseigenschaften entscheidend (siehe Seite 66).

JOHANNES VAN DER WAALS (1837 – 1923); holländischer Physiker.

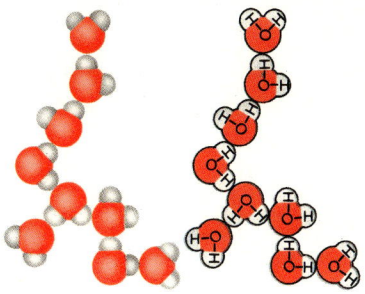

Wasserstoffbrücken bei Wassermolekülen

Übung:

4.6 Wie aus der Siedetemperatur von CH_4 zu erkennen ist, bestehen zwischen diesen Molekülen, im Gegensatz zu HF, H_2O und NH_3, keine Wasserstoffbrückenbindungen. Warum?

Molekülgitter und Atomgitter

In der Regel bilden Nichtmetalle und Stoffe mit Atombindungen im festen Zustand **Molekülgitter**, d. h. im Kristall sind die einzelnen Moleküle abgrenzbar.

Manche Stoffe bilden jedoch ein **Atomgitter**. Dabei sind die Atome durch Atombindungen miteinander verbunden, im Kristall lassen sich keine einzelnen Moleküle abgrenzen, er bildet ein Riesenmolekül.
Die Verknüpfung der Atome im Kristall kann auf unterschiedliche Art erfolgen.

Elementarer Kohlenstoff beispielsweise kommt in der Natur als Diamant oder Graphit vor. Die unterschiedlichen Bindungsverhältnisse sind der Grund für die völlig verschiedenen Eigenschaften.

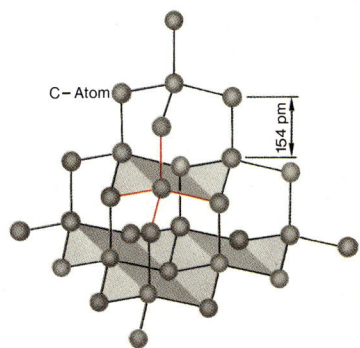

C – Atom

154 pm

Ausschnitt aus einem Diamantgitter

Diamant:

Ein Kohlenstoffatom hat vier Außenelektronen und kann daher vier weitere C-Atome binden, die ihrerseits wiederum Atome binden.
Dadurch ergibt sich eine dreidimensionale Verknüpfung und ein außerordentlich fester Zusammenhalt.

Diese Anordnung wird als **Diamantgitter** bezeichnet. Jedes Atom ist von vier anderen Atomen tetraedrisch umgeben; die Atome werden durch starke Atombindungen zusammengehalten. Solche Stoffe sind daher sehr hart, haben hohe Schmelz- und Siedetemperaturen und sind reaktionsträge.

Auch im Quarz (siehe Seite 81) und im Siliciumcarbid liegen Diamantgitter vor.

Graphit:

Im Graphit hingegen bilden die Kohlenstoffatome Ebenen, in denen ein Atom mit drei weiteren Atomen verbunden ist. Für die dazu nötigen drei bindenden Elektronenpaare werden pro Kohlenstoffatom drei Elektronen benötigt, das vierte Elektron ist nur locker gebunden und innerhalb der Schicht beweglich, was die Ursache der elektrischen Leitfähigkeit des Graphits ist.

Da die Bindungskräfte zwischen den Schichten wesentlich schwächer sind als innerhalb einer Schicht, ist Graphit weich und blättrig.

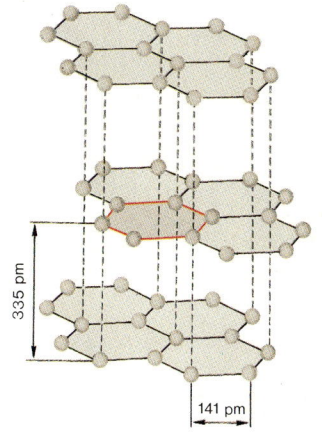

335 pm

141 pm

Graphitgitter von der Seite gesehen (Schichtgitter)

5. Der Ablauf chemischer Reaktionen

Der Energieumsatz bei chemischen Reaktionen

Energie ist die Fähigkeit, Arbeit zu verrichten. Einheit der Arbeit und der Energie ist das Joule (J).

exo (griech.) = heraus
endo (griech.) = hinein
therme (griech.) = Wärme
thalpein (griech.) = erwärmen

Standard-Enthalpien (kJ/mol)

$H_2O_{(g)}$	− 241,8	$CH_{4(g)}$	− 74,9
$H_2O_{(l)}$	− 286,0	$CH_3OH_{(l)}$	− 238,6
$H_2S_{(g)}$	− 20,1	$C_2H_5OH_{(l)}$	− 277,6
$HF_{(g)}$	− 286,6	$C_6H_{12}O_{6(s)}$	− 1260,2
$HCl_{(g)}$	− 92,3	$C_8H_{18(l)}$	− 250,0
$HBr_{(g)}$	− 36,2	$SiO_{2(s)}$	− 878,2
$HI_{(g)}$	+ 25,9	$NO_{(g)}$	+ 90,4
$MgO_{(s)}$	− 610,0	$NO_{2(g)}$	+ 33,8
$CaO_{(s)}$	− 635,1	$NH_{3(g)}$	− 45,8
$CaCO_{3(s)}$	− 1260,7	$O_{3(g)}$	+ 142,3
$Al_2O_{3(s)}$	− 1669,8	$SO_{2(g)}$	− 296,9
$CO_{(g)}$	− 110,5	$SO_{3(g)}$	− 395,2
$CO_{2(g)}$	− 393,5	$Fe_2O_{3(s)}$	− 821,7
		$HgO_{(s)}$	− 45,4

(s) = fest (lat. = solidus)
(l) = flüssig (lat. = liquidus)
(g) = gasförmig

Δ (Delta) bedeutet „Änderung von …" bzw. „Differenz von …".

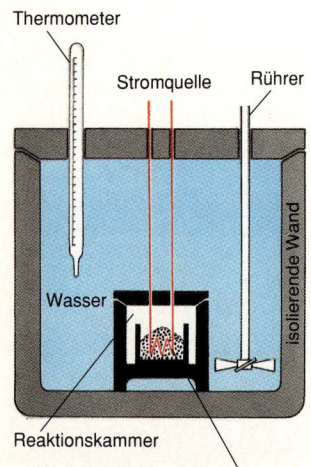

Kalorimeter zur Bestimmung des Energieumsatzes.
Aus der Erwärmung des Wassers kann die freigesetzte Energiemenge berechnet werden.

Bei chemischen Reaktionen wird stets Energie (meist in Form von Wärme, seltener als elektrische Energie oder Licht) abgegeben oder aufgenommen.

Betrachten wir zunächst eine Energie liefernde (exotherme) Reaktion wie die Verbrennung von Kohlenstoff genauer. Im Brennstoff „steckt" Energie, die bei der Verbrennung freigesetzt wird. Das Verbrennungsprodukt Kohlendioxid ist daher energieärmer als die Ausgangsstoffe. Einmal in Gang gesetzt, läuft die Reaktion von selbst weiter ab.

Bei einer Energie verbrauchenden (endothermen) Reaktion, wie zum Beispiel der Elektrolyse von Wasser, wird Energie in die Reaktionsprodukte „investiert", sie sind energiereicher als der Ausgangsstoff. Wird die Energiezufuhr beendet, so kommt die Reaktion zum Stillstand.

Die bei chemischen Reaktionen auftretende Energie wird **Enthalpie** genannt und mit **H** symbolisiert. Sie wird in kJ pro Mol angegeben und folgt aus dem Energieinhalt (der Enthalpie) der Ausgangsstoffe und dem Energieinhalt (der Enthalpie) der Produkte.

ΔH = Enthalpie der Produkte − Enthalpie der Ausgangsstoffe

- Bei **exothermen Reaktionen** ist die Enthalpie der Produkte kleiner als die Enthalpie der Ausgangsstoffe, es wird Energie abgegeben, **ΔH** hat ein **negatives Vorzeichen**.

  Beispiel: Verbrennung von Kohlenstoff:
  $$C + O_2 \rightarrow CO_2 \qquad \Delta H = − 393,5 \text{ kJ}$$
  Bei der Verbrennung von 1 Mol C mit 1 Mol O_2 entsteht 1 Mol CO_2. Dabei wird eine Wärmeenergie von 393,5 kJ frei.

- Bei **endothermen Reaktionen** wird Energie aufgenommen, die Enthalpie der Produkte ist größer als die Enthalpie der Ausgangsstoffe, **ΔH** hat **ein positives Vorzeichen**.

  Beispiel: Elektrolyse von Wasser:
  $$H_2O_{(l)} \rightarrow H_2 + \tfrac{1}{2} O_2 \qquad \Delta H = + 286,0 \text{ kJ}$$

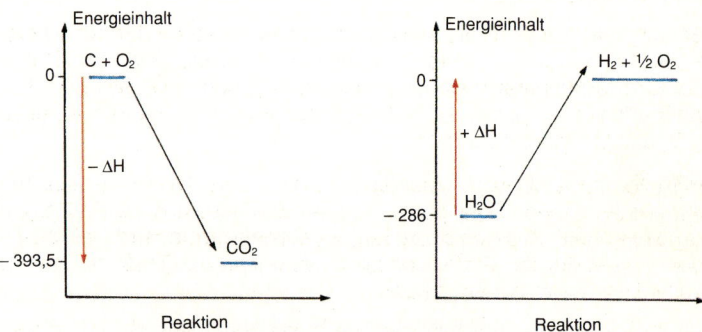

Energiediagramme der Reaktionen

Die Energieabgabe oder -aufnahme eines Stoffes zeigt, daß in ihm eine bestimmte Energiemenge (Enthalpie) steckt.

Auch der **Energieinhalt** der **Nahrungsmittel**, ihr **Nährwert**, wird in kJ/kg angegeben.

Bei leichter körperlicher Arbeit benötigt der Mensch 10 000 bis 13 000 kJ pro Tag.

Übung:

5.1 Informiere Dich im Brennstoffhandel über die Preise von Holz, Steinkohle und Heizöl und berechne, welcher Brennstoff der wirtschaftlichste ist. Welche anderen Faktoren wird man sinnvollerweise vor der Entscheidung über eine bestimmte Heizungsart in Erwägung ziehen?

Die Aktivierungsenergie

Viele an sich freiwillig und exotherm ablaufende Reaktionen benötigen zu ihrem Start einen „zündenden Funken".

Ein gutes Beispiel dafür ist die Reaktion von Wasserstoff mit Sauerstoff (Knallgasreaktion). Obwohl sie zweifellos unter heftiger Energieabgabe verläuft, können die Ausgangsstoffe bei Raumtemperatur gemischt werden, ohne daß selbst nach sehr langer Zeit irgendeine Reaktion feststellbar ist. Um die in den Ausgangsstoffen steckende Energie freizusetzen, ist eine kleine Energiezufuhr in Form einer Flamme oder eines Funkens notwendig.

Die Ursache ist leicht zu erkennen, wenn man die an der Reaktion beteiligten Teilchen betrachtet:

$$2\,H_2 + O_2 \rightarrow 2\,H_2O$$

Damit es zu einer chemischen Reaktion – einer Umgruppierung der Atome – kommen kann, müssen die Teilchen zusammenstoßen. Da Wasserstoff und Sauerstoff jedoch als stabile Moleküle vorliegen, muß die Wucht des Zusammenstoßes groß genug sein, um die Bindung zu spalten und die Atome so in einen reaktionsfähigen Zustand zu versetzen.

Bei einer bestimmten Temperatur haben nicht alle Teilchen eines Stoffes die gleiche kinetische Energie.
Nur Teilchen, die mindestens die Aktivierungsenergie besitzen, sind reaktionsfähig.

Besitzt kein Teilchen die Aktivierungsenergie, so erfolgt auch keine Reaktion. Das ist in der Praxis häufig der Fall. Daher verbrennt Papier bei Zimmertemperatur nicht spontan zu CO_2 und H_2O, läßt sich Benzin im Tank transportieren, ohne sich sofort in die stabileren Moleküle CO_2 und H_2O umzuwandeln.

Wird von außen Energie zugeführt, so nimmt die Anzahl der Teilchen mit ausreichender Bewegungsenergie zu: Es kommt zu den ersten „erfolgreichen" Zusammenstößen, Reaktionswärme wird frei, erhöht die Temperatur der Stoffe und beschleunigt so die Reaktion, die nun von selbst weiter ablaufen kann.

Im Energiediagramm stellt sich die Aktivierungsenergie als „Hürde" dar, die überwunden werden muß, ehe (bei einer exothermen Reaktion) die in den Ausgangsstoffen enthaltene Energie freigesetzt werden kann.

In der Technik wird der **Energieinhalt** von **Brennstoffen** (ihr **Heizwert**) nicht in kJ pro Mol, sondern in kJ pro Kilogramm oder Kubikmeter angegeben.

Heizwert einiger Brennstoffe in kJ/kg (Mittelwerte):

Holz	16 000
Braunkohle	25 000
Koks	30 000
Steinkohle	32 000
Heizöl	41 000

Nährwert einiger Nahrungsmittel in kJ/kg (Mittelwerte):

Fett und Öl (wasserfrei)	38 000
Kohlenhydrate (wasserfrei)	17 000
Proteine (wasserfrei)	17 000
Obst und Gemüse	600 – 1 800
Brot	10 000
Käse	10 000 – 17 000
Wurst, Fleisch	7 000 – 20 000

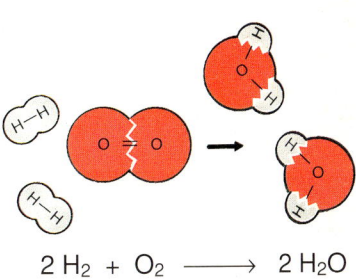

$$2\,H_2 + O_2 \longrightarrow 2\,H_2O$$

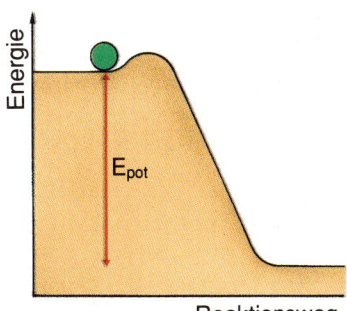

Ein Vergleich aus der Physik:
Um die (potentielle) Energie der Kugel nutzen zu können, muß sie zunächst unter Aufwand von Aktivierungsenergie auf den „Berg" gehoben werden.

Die Reaktionsgeschwindigkeit

Chemische Reaktionen können mit sehr unterschiedlichen Geschwindigkeiten ablaufen. Manche, so zum Beispiel die Neutralisation einer Säure mit einer Base, erfolgen „sofort", d. h. extrem rasch. Andere, wie das Rosten von Eisen, benötigen hingegen Jahre.

Prinzipiell kann eine Reaktion zwischen zwei Teilchen nur dann erfolgen, wenn sie zusammenstoßen und ihre Energie mindestens so groß wie die Aktivierungsenergie ist. Die Reaktionsgeschwindigkeit hängt daher direkt von der **Zahl dieser Zusammenstöße** ab, die wiederum von mehreren Faktoren bestimmt wird:

- Von der **Konzentration** der beteiligten Stoffe. Je mehr Teilchen sich in einem bestimmten Volumen befinden, desto größer ist die Wahrscheinlichkeit, daß sie zusammenstoßen.
  Für eine Reaktion vom Typ A + B → Produkt läßt sich der Zusammenhang leicht herleiten:

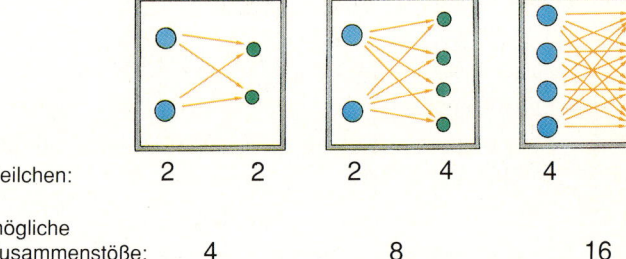

Teilchen:	2	2	2	4	4	4
mögliche Zusammenstöße:		4		8		16

Wird die Konzentration eines Stoffes verdoppelt, so verdoppelt sich damit die Zahl der Zusammenstöße pro Zeiteinheit und somit auch die Reaktionsgeschwindigkeit.

- Von der **Temperatur**: Bei höherer Temperatur bewegen sich die Teilchen heftiger, es erfolgen mehr Zusammenstöße. Zusätzlich ist der Prozentsatz der wirksamen Zusammenstöße größer, da mehr Teilchen die notwendige Aktivierungsenergie besitzen.
  Beide Faktoren zusammen bewirken, daß die Reaktionsgeschwindigkeit bei Erwärmung sehr stark ansteigt. Häufig führt schon eine Temperaturerhöhung um 10 Grad zu einer Verdoppelung der Reaktionsgeschwindigkeit.

- **Von einem Katalysator**: Dieser **verringert** die notwendige **Aktivierungsenergie**, es gibt daher mehr Teilchen mit der geringeren Aktivierungsenergie und mehr erfolgreiche Zusammenstöße.

- Haben die Ausgangsstoffe verschiedene Aggregatzustände (z. B. fest – flüssig), so hängt die Reaktionsgeschwindigkeit zusätzlich von der Größe der **Berührungsfläche** der Stoffe ab.

  Beispiel:
  Holzwolle verbrennt viel rascher als ein gleich schwerer Holzwürfel.

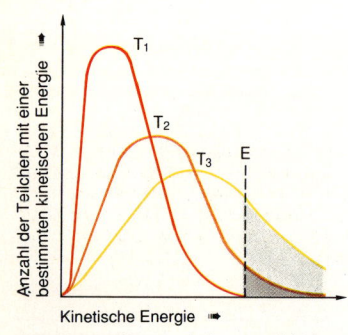

Energieverteilung bei verschiedenen Temperaturen
Schon eine geringe Temperaturerhöhung bewirkt eine starke Zunahme des Anteils an reaktionsfähigen Teilchen (vergleiche die Flächenanteile rechts von E für T_1, T_2 und T_3).

Katalysatoren

Für viele Reaktionen, die eine sehr hohen Aktivierungsenergie erfordern, also erst bei hohen Temperaturen mit merkbarer Geschwindigkeit ablaufen, gibt es Substanzen, die sich mit einem der Ausgangsstoffe verbinden und ein energetisch günstigeres, reaktionsfähiges Zwischenprodukt (Katalysatorkomplex) bilden. Die Reaktion kann dann bereits bei viel tieferen Temperaturen erfolgen.

Solche Stoffe werden Katalysatoren genannt. Sie setzen die Aktivierungsenergie einer Reaktion herab und erhöhen dadurch die Reaktionsgeschwindigkeit.

Katalysatoren sind meist nur in kleinen Mengen erforderlich. Sie bilden mit einem der Ausgangsstoffe den reaktionsfähigen Katalysatorkomplex, der dann mit dem anderen Stoff zum Produkt weiterreagiert, wobei der Katalysator wieder freigesetzt wird. Er kann nun die nächsten Ausgangsstoffe aktivieren. Der Katalysator wird dabei nicht verbraucht.

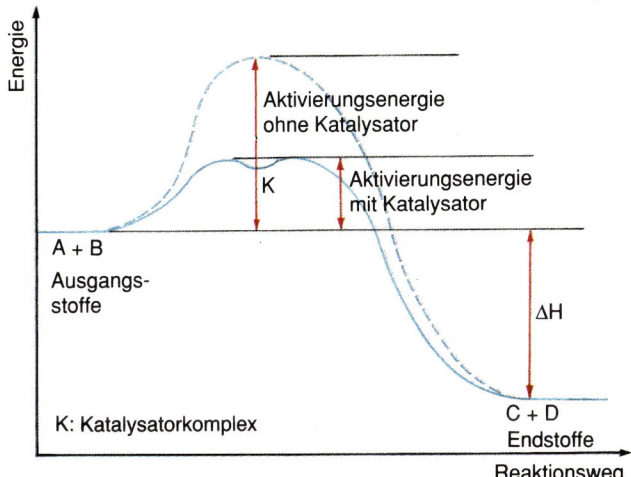

Katalysatoren können Stoffe von unterschiedlichem Charakter sein: Metalle, Metalloxide, Nichtmetalloxide, Basen, Säuren und organische Stoffe. Ohne sie ließen sich in der chemischen Industrie viele Produkte nicht oder nur bei höheren Temperaturen und damit höheren Energiekosten herstellen.

Katalysatoren können meist nicht unbegrenzt lange eingesetzt werden, da ihre Wirksamkeit nachläßt. Ursache kann z. B. eine Änderung der Struktur des Katalysators (Altern) oder eine „Vergiftung" durch Verunreinigungen sein. Die meisten Katalysatoren müssen daher von Zeit zu Zeit regeneriert werden.

Auch bei Stoffwechselvorgängen im lebenden Organismus spielen Katalysatoren eine wichtige Rolle, die **Enzyme**.
Das sind Eiweißmoleküle mit einer bevorzugten Bindungsstelle für das zu verändernde Molekül. Bei der Anlagerung an diese Bindungsstelle erfolgt eine Lockerung von Bindungen und dadurch eine Herabsetzung der Aktivierungsenergie.

Die Wirkung vieler Gifte, wie z. B. Arsen(III)oxid (Arsenik), Schwefelwasserstoff oder Cyanwasserstoff (Blausäure, HCN) beruht darauf, daß sie diese für den Körper wichtigen Katalysatoren unwirksam machen.

6. Säure-Base-Reaktionen

	Definition	
	Säuren	**Basen**
Lavoisier 1777	enthalten Sauerstoff	
Davy 1816	enthalten Wasserstoff	
Liebig 1838	enthalten Wasserstoff, der durch Metall ersetzbar ist	
Arrhenius 1884	geben in Wasser H⁺-Ionen ab	geben in Wasser OH⁻-Ionen ab
Brönsted 1923	geben H⁺-Ionen ab	nehmen H⁺-Ionen auf

Durch diese Reaktionen gelangte Lavoisier zu der irrigen Annahme, das Element *Sauer*stoff bewirke die sauren Eigenschaften.

Die Oxide werden auch als **Anhydride** der entsprechenden Säuren bezeichnet.
an hydros (griech.) = ohne Wasser

Reaktionen von Säuren mit Metallen
Links Magnesium mit Schwefelsäure, rechts Zink mit Salzsäure.

Die große Zahl der anorganischen Reaktionen läßt sich in zwei Hauptgruppen einteilen:

- **Säure-Base-Reaktionen**, bei denen H^+-Ionen übertragen werden.
- **Redoxreaktionen**, bei denen eine Übertragung von Elektronen erfolgt (siehe Kapitel 7, Seite 51 ff.).

6.1 Wichtige Säuren und Basen

Die Begriffe „Säure" und „Base" spielen seit den Anfängen der Chemie eine große Rolle. Die Alchemisten kannten schon einige starke Säuren, so die Schwefelsäure, Salpetersäure und Salzsäure. Als Säuren bezeichneten sie sauer schmeckende Lösungen, während sie andere, die seifig schmeckten, alkalisch nannten, da sie durch Auflösen von Pflanzenasche (arab. = al kalja) erhalten werden konnten. Sie entdeckten auch, daß alkalische Lösungen die Wirkung einer Säure aufheben können und dabei Salze entstehen. Diese Lösungen wurden daher auch Basen genannt, weil sie für die Grundlage (griech. = basis) von Salzen gehalten wurden.

Eine Reihe von Säuren entsteht bei der Reaktion der Oxide von Nichtmetallen mit Wasser.

Beispiele:

$$SO_2 + H_2O \rightarrow H_2SO_3 \quad \text{Schweflige Säure}$$
$$SO_3 + H_2O \rightarrow H_2SO_4 \quad \text{Schwefelsäure}$$
$$CO_2 + H_2O \rightarrow H_2CO_3 \quad \text{Kohlensäure}$$
$$P_4O_{10} + 6\,H_2O \rightarrow 4\,H_3PO_4 \quad \text{Phosphorsäure}$$

Andere Säuren stammen nicht von Oxiden ab, so die Salzsäure HCl oder die Essigsäure CH_3COOH.

Allen Säuren ist gemeinsam, daß sie mit unedlen Metallen unter Bildung von Wasserstoff und der entsprechenden Salze reagieren, was darauf hindeutet, daß Wasserstoff das wesentliche Element der Säuren ist.

Beispiele:

$$Mg + H_2SO_4 \rightarrow H_2 + MgSO_4 \quad \text{Magnesiumsulfat}$$
$$Zn + HCl \rightarrow H_2 + ZnCl_2 \quad \text{Zinkchlorid}$$

Weiters sind die Lösungen der Säuren in Wasser gute elektrische Leiter, daher müssen frei bewegliche, elektrisch geladene Teilchen (Ionen) vorhanden sein.

Wichtige Säuren und ihre Salze

Name	Formel	Namen der Salze	Beispiele von Salzen	
Schweflige Säure	H_2SO_3	Hydrogensulfite Sulfite	$NaHSO_3$ Na_2SO_3	Natriumhydrogensulfit Natriumsulfit
Schwefelsäure	H_2SO_4	Hydrogensulfate Sulfate	$NaHSO_4$ Na_2SO_4	Natriumhydrogensulfat Natriumsulfat
Kohlensäure	H_2CO_3	Hydrogencarbonate Carbonate	$Ca(HCO_3)_2$ $CaCO_3$	Calciumhydrogencarbonat Calciumcarbonat
Phosphorsäure	H_3PO_4	Dihydrogenphosphate Hydrogenphosphate Phosphate	NaH_2PO_4 Na_2HPO_4 Na_3PO_4	Natriumdihydrogenphosphat Dinatriumhydrogenphosphat Trinatriumphosphat
Salpetersäure	HNO_3	Nitrate	KNO_3	Kaliumnitrat
Salpetrige Säure	HNO_2	Nitrite	$NaNO_2$	Natriumnitrit
Salzsäure	HCl	Chloride	$NaCl$	Natriumchlorid
Essigsäure	CH_3COOH	Acetate	CH_3COONa	Natriumacetat

Auch manche **Metalloxide** können mit Wasser reagieren. Dabei entstehen Stoffe, die außer dem Metall und Sauerstoff auch Wasserstoff enthalten, die **Hydroxide**.

Beispiel:

$$MgO \;+\; H_2O \;\rightarrow\; Mg(OH)_2 \quad \text{Magnesiumhydroxid}$$

Deren Lösungen sind, wie mit einem Indikator leicht gezeigt werden kann, basisch.
Geschmolzene oder in Wasser gelöste Hydroxide leiten den Strom. In der Schmelze bzw. Lösung sind einfach negativ geladene Hydroxid-Ionen und positiv geladene Metallionen vorhanden. Magnesiumhydroxid besteht beispielsweise aus Mg^{2+}- und je zwei OH^-- Ionen.

Wichtige Hydroxide

Metall	Hydroxid Formel	Chemische Bezeichnung	Trivialname	
			des Feststoffes	der Lösung
Na	NaOH	Natriumhydroxid	Ätznatron	Natronlauge
K	KOH	Kaliumhydroxid	Ätzkali	Kalilauge
Ca	$Ca(OH)_2$	Calciumhydroxid	Gelöschter Kalk	Kalkwasser
Mg	$Mg(OH)_2$	Magnesiumhydroxid	–	–

Aber auch Substanzen, die nicht von einem Metalloxid abstammen, können basische Lösungen bilden, wie z. B. in Wasser gelöster Ammoniak (Salmiakgeist).

Übungen:

6.1 Ergänze die folgenden Reaktionsgleichungen:
    a) $Li_2O \;+\; H_2O \;\rightarrow$
    b) $1\,x \;+\; 1\,H_2O \;\rightarrow\; 2\,HNO_3, \quad x = ?$
    c) $Zn \;+\; H_2SO_4 \;\rightarrow$

6.2 Säure-Base-Reaktionen

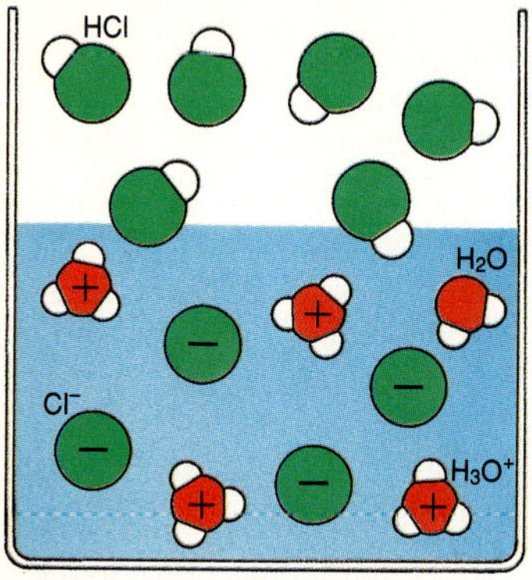

Um zu verstehen, was den **sauren Charakter** einer Lösung ausmacht, betrachten wir den Chlorwasserstoff und seine wäßrige Lösung – die Salzsäure.

Leitfähigkeitsmessungen ergeben, daß wasserfreier Chlorwasserstoff
den Strom nicht leitet, also nicht aus Ionen besteht, während die Salzsäure den Strom leitet. Aus dem Elektronegativitätsunterschied der
Atome ist zu erkennen, daß die H – Cl - Bindung stark polar ist, das
Chloratom bildet das negative Ende des Dipols (siehe Seite 25).

Beim Auflösen von Chlorwasserstoff in Wasser erfolgt eine chemische Reaktion:

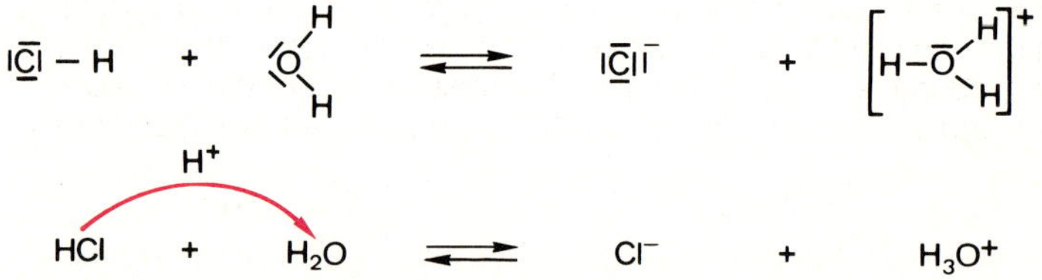

$$I\overline{C}l - H \quad + \quad \overset{H}{\underset{H}{O}} \quad \rightleftharpoons \quad I\overline{C}lI^- \quad + \quad \left[H - \overset{H}{\underset{H}{O}} \right]^+$$

$$HCl \quad + \quad H_2O \quad \rightleftharpoons \quad Cl^- \quad + \quad H_3O^+$$

Das stark elektronegative Sauerstoffatom des Wassermoleküls kann
mit einem seiner freien Elektronenpaare das Wasserstoffatom des
Chlorwasserstoffs ohne dessen Bindungselektron aufnehmen. Dadurch entsteht ein **Hydronium-Ion** H_3O^+.
Das Bindungselektron bleibt beim Chloratom, das dadurch zu einem
negativ geladenen Cl^--Ion wird. Es bildet den **Säurerest** der Salzsäure. Das HCl-Molekül wurde gespalten, es ist **dissoziiert**.
Das H^+-Ion ist nichts anderes als ein **Proton**, da Wasserstoffatome
nur ein Elektron enthalten.
Die entstehenden Ionen sind die Ursache der elektrischen Leifähigkeit
der Salzsäure.

Um den **basischen Charakter** einer Lösung zu verstehen, betrachten
wir Ammoniak und seine wäßrige Lösung:

Ammoniak ist ein Gas mit der Formel NH_3. Beim Auflösen in Wasser
entsteht eine stromleitende Flüssigkeit. Es hat also wieder eine ionen-
bildende Reaktion stattgefunden. Die Lösung reagiert alkalisch, was
auf OH^--Ionen hinweist.

$$H - \overset{H}{\underset{H}{N}}I \quad + \quad H - \overset{O}{\underset{H}{}} \quad \rightleftharpoons \quad \left[H - \overset{H}{\underset{H}{N}} - H \right]^+ \quad + \quad \left[\overset{O}{\underset{H}{}} \right]^-$$

$$NH_3 \quad + \quad H_2O \quad \rightleftharpoons \quad NH_4^+ \quad + \quad OH^-$$

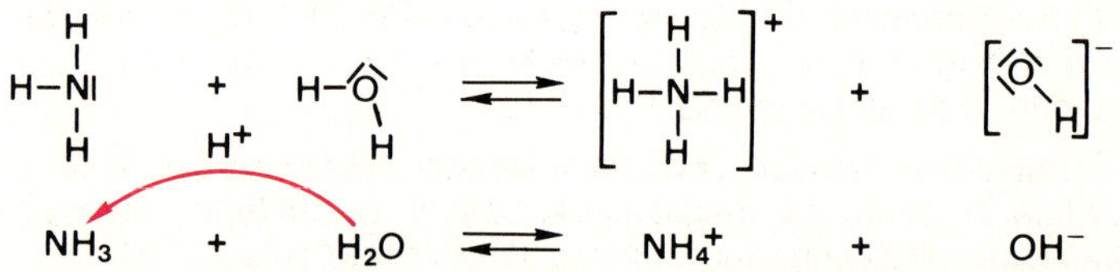

Das Ammoniakmolekül ist tetraedrisch gebaut. Die drei Atombindungen sind polar, das Stickstoffatom mit dem nichtbindenden Elektronenpaar bildet den negativen Pol des Dipols (siehe Seite 27).

Dies bewirkt, daß manche Wasserstoffatome der H_2O-Moleküle als
H^+-Ionen zu dem freien Elektronenpaar überwechseln. Das bindende
Elektronenpaar bleibt beim stärker elektronegativen Sauerstoffatom
zurück, wodurch OH^--Ionen entstehen.

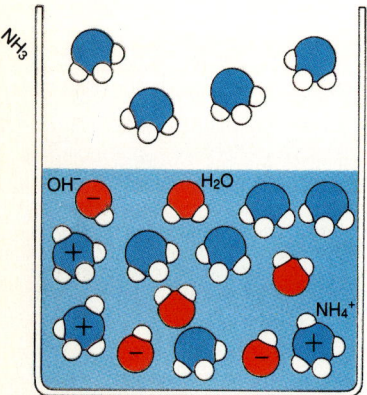

$$HCl + H_2O \longrightarrow Cl^- + H_3O^+$$
Lösung von Chlorwasserstoff in Wasser

Dissoziation: Spaltung eines Moleküls
dissociatio (lat.) = Trennung

Reaktionen, bei denen H^+- Ionen abgespalten werden, nennt man auch **Protolysen**.

$$NH_3 + H_2O \longrightarrow NH_4^+ + OH^-$$
Protonenübertragung bei Ammoniak

Auf Grund dieser Überlegungen gelangte **Brönsted** 1923 zu der auch heute noch gültigen **Definition** von **Säuren** und **Basen**:

JOHANNES NIKOLAUS BRÖNSTED (1879 – 1947); dänischer Physikochemiker

- **Säuren** sind Teilchen, die **Protonen abgeben**. (Protonenspender, Protonendonatoren).
- **Basen** sind Teilchen, die **Protonen aufnehmen**. (Protonenempfänger, Protonenakzeptoren).
- Bei allen **Säure-Base-Reaktionen** werden **Protonen übertragen**.

donator (lat.) = Geber
acceptor (lat.) = Empfänger

6.3 Der pH-Wert

Die Untersuchung von sorgfältig mehrmals destilliertem Wasser zeigt, daß seine elektrische Leitfähigkeit nicht, wie bei einer reinen Molekülverbindung, auf Null zurückgeht. Es müssen also im Wasser stets Ionen vorhanden sein, die von den Wassermolekülen selbst stammen.

$$\overset{|}{\underset{H}{\overline{O}}} - H \ + \ H - \overset{|}{\underset{H}{\overline{O}}} \ \rightleftharpoons \ H - \overset{|}{\underset{H}{\overset{\oplus}{O}}} - H \ + \ OH^-$$

$$2\,H_2O \ \rightleftharpoons \ H_3O^+ + OH^-$$

Die H$_3$O$^+$- und OH$^-$ Ionen liegen nicht in einer beständigen Form vor. Es findet ein ständiger Protonenaustausch zwischen den H$_3$O$^+$- und OH$^-$ Ionen und den Wassermolekülen statt, der in nur 10^{-13} Sekunden abläuft.

Die Konzentration der H$_3$O$^+$- und OH$^-$ Ionen ist in reinem Wasser gleich groß und beträgt, wie aus Messungen der Leitfähigkeit berechnet werden kann, je 10^{-7} mol/l.

$$K_W \ = \ c_{(H_3O^+)} \cdot c_{(OH^-)} \ = \ 10^{-14} \ (\text{mol/l})^2$$

Die Konstante K$_W$ wird auch als „Ionenprodukt des Wassers" bezeichnet.

Kennt man eine der Konzentrationen, so ergibt sich die andere aus der Gleichung.

- In einer **neutralen** Lösung ist die Anzahl der H$_3$O$^+$-Ionen gleich der Anzahl der OH$^-$-Ionen:

$$c_{(H_3O^+)} \ = \ c_{(OH^-)} \ = \ \sqrt{10^{-14}} \ = \ 10^{-7} \ \text{mol/l}$$

In einem Liter Wasser befinden sich daher $6 \cdot 10^{(23-7)} = 6 \cdot 10^{16}$ H$_3$O$^+$- und OH$^-$-Ionen, d. h. auf rund 555 Millionen Wassermoleküle kommt je ein H$_3$O$^+$- und ein OH$^-$ Ion.

- In einer **sauren** Lösung überwiegen die H$_3$O$^+$-Ionen, ihre Konzentration ist größer als 10^{-7} mol/l.

- In einer **alkalischen** Lösung überwiegen die OH$^-$-Ionen. Ihre Konzentration ist größer als 10^{-7} mol/l, die Konzentration der H$_3$O$^+$-Ionen ist daher kleiner als 10^{-7} mol/l.

Als praktische Maßzahl für den sauren oder basischen Charakter einer Lösung wurde der negative dekadische Logarithmus der H$_3$O$^+$-Ionenkonzentration gewählt, der als **pH-Wert** bezeichnet wird.

Für die Herleitung der Bezeichnung „pH" gibt es verschiedene Deutungen. Sie könnte vom lateinischen potentia oder pondus hydrogenii oder von der französischen Bezeichnung puissance hydrogene stammen. Die Übersetzung lautet in allen Fällen gleich: „Kraft des Wasserstoffs".

Beispiel:
Eine Lösung mit einer H$_3$O$^+$-Ionen-Konzentration von 10^{-3} mol/l hat pH 3.

Allgemein formuliert:

Saure Lösungen:	$c_{(H_3O^+)}$	$>$	10^{-7} mol/l	$\Rightarrow$	pH < 7
Neutrale Lösungen:	$c_{(H_3O^+)}$	$=$	10^{-7} mol/l	$\Rightarrow$	pH $= 7$
Basische Lösungen:	$c_{(H_3O^+)}$	$<$	10^{-7} mol/l	$\Rightarrow$	pH > 7

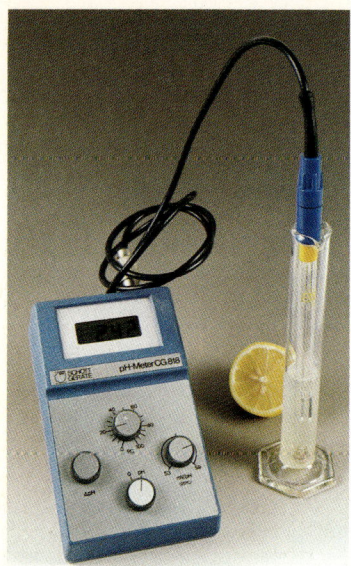

pH-Meter mit Glaselektrode

Übungen:

6.2 Welche Säure und welche Base entsteht bei der Protonenübertragung zwischen Wassermolekülen?

6.3 Um welchen Faktor ändert sich die Konzentration der H_3O^+-Ionen, wenn sich der pH-Wert um eine Einheit verändert?

Messung und Bedeutung des pH-Wertes

Die genaueste Messung des pH-Wertes einer Lösung erfolgt mit einem **pH-Meter**. Bei diesem Gerät entsteht in einer Glaselektrode eine von der Konzentration der H_3O^+-Ionen abhängige (geringe) Gleichspannung, die gemessen und in den pH-Wert umgerechnet wird.

Zur **Abschätzung des pH-Wertes** genügt die Verwendung von **Indikatoren**. Das sind Farbstoffe, die ihre Farbe je nach dem pH-Wert der Lösung verändern.

Die Farbänderung eines Indikators erfolgt meist innerhalb eines Bereichs von 1 bis 2 pH-Einheiten (Umschlagbereich).

Häufig werden sogenannte **Universalindikatoren** verwendet. Das sind Gemische mehrerer Indikatoren mit verschiedenen Umschlagbereichen, die unterschiedliche, je nach pH-Wert wechselnde Farben zeigen.

Zur pH-Bestimmung bringt man einige Tropfen der Lösung auf das Indikatorpapier. Es stellt sich ein bestimmter Farbton ein, der mit einer Farbskala verglichen wird; jeder Farbton entspricht einem bestimmten pH-Wert.

Der pH-Wert ist für den Ablauf vieler chemischer und biochemischer Reaktionen wesentlich:

Im Alltag kommen vielfach die Oberflächen von Metallen mit wäßrigen Lösungen in Berührung (Dachrinne/Regenwasser, Leitungsrohre/Trinkwasser, Waschmaschine/Waschlauge usw.) Je nach dem pH-Wert der Lösungen tritt eine Korrosion (Zersetzung) der Metalle ein.

Das Wachstum der Pflanzen hängt vom pH-Wert des Bodens ab. Kartoffeln benötigen beispielsweise schwach saure, Gerste neutrale bis schwach basische Böden. Zu saure Böden werden durch Streuen von Kalk neutralisiert.
Auch die Entwicklung der im Boden lebenden Mikroorganismen hängt vom pH-Wert ab. In sauren Böden kommen bevorzugt Pilze, in neutralen und schwach basischen Böden dagegen fast nur Bakterien zur Entwicklung.
Für den Landwirt ist daher die Kenntnis des pH-Wertes von großer Bedeutung.

Die in Schwimmbädern zur Desinfektion verwendeten Chemikalien sind nur in einem bestimmten pH-Bereich wirksam. Daher muß der pH-Wert des Beckenwassers von Zeit zu Zeit gemessen und gegebenenfalls durch Zugabe von Säuren oder Basen korrigiert werden.

Auch der pH-Wert des Wassers in Aquarien verändert sich und muß in dem für die Fische optimalen Bereich gehalten werden.

Durch Verbrennung fossiler Brennstoffe gelangen laufend große Mengen an Gasen (CO_2, SO_2, Stickoxide) in die Atmosphäre, die mit Wasser Säuren bilden. So entsteht der „saure Regen", der neben verstärkter Korrosion und Schäden an Bauwerken vor allem zu einer Übersäuerung der Gewässer und des Bodens führt, mit allen damit verbundenen negativen Auswirkungen (Absterben des Fischlaichs, Freisetzung giftiger Schwermetalle aus dem Boden, Schädigung der Vegetation, siehe auch Seite 62 f.).

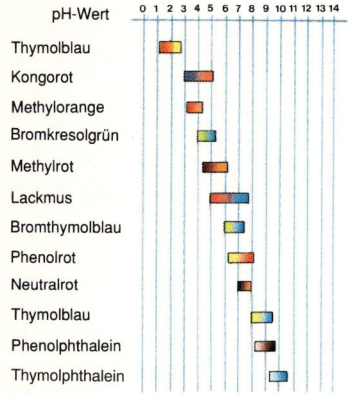

pH-Wert 0 1 2 3 4 5 6 7 8 9 10 11 12 13 14

Thymolblau
Kongorot
Methylorange
Bromkresolgrün
Methylrot
Lackmus
Bromthymolblau
Phenolrot
Neutralrot
Thymolblau
Phenolphthalein
Thymolphthalein

Umschlagbereiche und Farbänderungen verschiedener Indikatoren

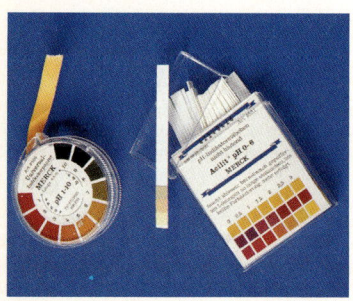

Verschiedene Universalindikatoren

Auch die chemischen Vorgänge im menschlichen Organismus sind vom pH-Wert abhängig, da die verschiedenen Enzyme nur bei einem bestimmten pH-Wert optimal wirksam sind.

Daher wird der pH-Wert in den einzelnen Organen weitgehend konstant gehalten, im Blut z. B. auf 7,4.

Übung:

6.4 Auch in Gebieten mit sauberer Luft hat Regenwasser nicht pH 7, sondern ist schwach sauer (pH 5,6). Was könnte die natürliche Ursache dafür sein?

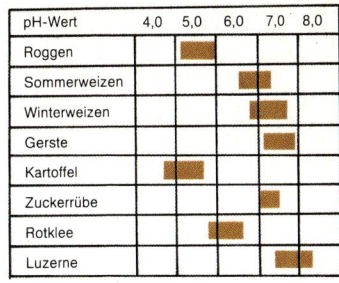

pH-Wert	4,0	5,0	6,0	7,0	8,0
Roggen					
Sommerweizen					
Winterweizen					
Gerste					
Kartoffel					
Zuckerrübe					
Rotklee					
Luzerne					

Wünschenswerter pH-Wert des Bodens bei einigen wichtigen Feldfrüchten

pH-Wert in verschiedenen Verdauungsabschnitten des Menschen

Weg der Nahrung	pH-Wert
Mund	6,8 – 7,0
Speiseröhre	7,0
Magen	2,0
Zwölffingerdarm	8,4
Darm	8,0

6.4 Die Neutralisation

Werden gleiche Mengen einer starken Säure und einer starken Base gemischt, so erfolgt eine exotherme Reaktion. Säure und Base heben einander in ihrer Wirkung auf, die entstehende Lösung ist neutral.

Beispiel:

Bei Zugabe von Salzsäure zu einer Natriumhydroxid-Lösung ist eine deutliche Erwärmung festzustellen. Wird die Salzsäure unter Verwendung eines Indikators (z. B. Phenolphthalein) gerade bis zum Erreichen des Farbumschlages zugegeben, so erhält man nach dem Eindampfen der Lösung einen weißen Feststoff, der hier ausnahmsweise durch vorsichtiges Kosten als Kochsalz (NaCl) identifiziert werden kann.

Die **Neutralisation** von Natriumhydroxid mit Salzsäure ist eine Säure-Base-Reaktion:

$$H_3O^+ + Cl^- + Na^+ + OH^- \rightarrow 2\,H_2O + Na^+ + Cl^-$$
$$\text{Salzsäure} \qquad \text{Natriumhydroxid} \qquad\qquad \text{Natriumchlorid}$$

Die Säurerest-Ionen und die Metall-Ionen sind an der Reaktion nicht beteiligt. Nach dem Verdampfen des Wassers bilden sie ein Ionengitter.

Die Neutralisation ist also eine Reaktion zwischen Hydronium-Ionen und Hydroxid-Ionen:

$$H_3O^+ + OH^- \rightarrow H_2O + H_2O$$

Das Hydronium-Ion ist hier der Protonenspender (Säure), das Hydroxid-Ion der Protonenempfänger (Base).

Die Neutralisation ist eine Säure-Base-Reaktion, bei der Hydronium-Ionen mit Hydroxid-Ionen unter Bildung von Wasser reagieren. Die Säurerestionen und die Metallionen bilden ein Salz.

Lösungen mehrprotoniger Säuren (z. B. Schwefelsäure H_2SO_4, Phosphorsäure H_3PO_4) enthalten verschiedene Säurerestionen, die Art des entstehenden Salzes hängt von der zugegebenen Menge der Base ab.

Beispiele:

Neutralisation von Schwefelsäure:

$$H_3O^+ + HSO_4^- + Na^+ + OH^- \rightarrow 2\,H_2O + Na^+ + HSO_4^-$$
$$\text{Schwefelsäure} \qquad \text{Natriumhydroxid} \qquad\qquad \text{Natriumhydrogensulfat}$$

Das Hydrogensulfat-Ion HSO_4^- kann jedoch ebenfalls noch als Säure wirken, indem es sein Proton abgibt:

$$Na^+ + HSO_4^- + Na^+ + OH^- \rightarrow H_2O + 2\,Na^+ + SO_4^{2-}$$
$$\text{Natriumhydrogensulfat} \quad \text{Natriumhydroxid} \qquad\qquad \text{Natriumsulfat}$$

49

Auch die **Neutralisation von Phosphorsäure** läuft stufenweise ab:

$$H_3O^+ + H_2PO_4^- + Na^+ + OH^- \rightleftharpoons 2\ H_2O + Na^+ + H_2PO_4^-$$
Natriumdihydrogenphosphat

$$Na^+ + H_2PO_4^- + Na^+ + OH^- \rightleftharpoons H_2O + 2\ Na^+ + HPO_4^{2-}$$
Dinatriumhydrogenphosphat

$$2\ Na^+ + HPO_4^{2-} + Na^+ + OH^- \rightleftharpoons H_2O + 3\ Na^+ + PO_4^{3-}$$
Natriumphosphat

Salzlösungen können **unterschiedliche pH-Werte** aufweisen:

Eine Lösung von Natriumchlorid NaCl (dem Salz einer starken Säure und einer starken Base) ist **neutral**.
Natriumcarbonat Na_2CO_3 (das Salz einer schwachen Säure mit einer starken Base) hingegen ergibt eine **basische** Lösung.
Ammoniumchlorid NH_4Cl (das Salz einer starken Säure mit einer schwachen Base) wiederum ergibt eine **saure** Lösung.

Aus weiteren, ähnlichen Versuchen läßt sich eine Regel ableiten:

Salze starker Säuren und starker Basen reagieren neutral.

Salze starker Basen und schwacher Säuren reagieren alkalisch.

Salze schwacher Basen und starker Säuren reagieren sauer.

Schwache Säuren werden oft aus ihren **Salzen** gewonnen. Da die Salze schwacher Säuren basische Säurerest-Ionen enthalten, die Protonen aufnehmen, kann durch Zugabe einer starken Säure die schwächere Säure freigesetzt werden.

Beispiel:
Herstellung von Kohlendioxid aus Kalk durch Übergießen mit Salzsäure.
$$CaCO_3 + 2\ HCl \rightarrow H_2CO_3 + CaCl_2$$
$$\downarrow$$
$$H_2O + CO_2 \quad \text{Zerfall der Kohlensäure}$$

Kalk reagiert mit Salzsäure

Die starke Säure verdrängt die schwache Säure aus ihrem Salz.

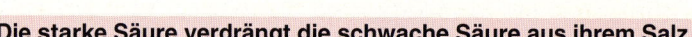

Übungen:

6.5 Die Entschwefelung der Abgase von Kraftwerken erfolgt durch Reaktion des „sauren" Schwefeldioxides mit Kalklauge $Ca(OH)_2$.
Formuliere die Reaktionsgleichung und benenne das Produkt.

6.6 Ergänze die folgenden Reaktionsgleichungen und benenne alle Stoffe:
a) $KOH + HNO_3 \rightarrow$
b) $2\ NaOH + H_2SO_4 \rightarrow$
c) $... + ... \rightarrow Na_2CO_3 + 2\ H_2O$
d) $Ca(OH)_2 + 2\ HCl \rightarrow$
e) $... + ... \rightarrow KHCO_3 + H_2O$
f) $2\ NaOH + H_3PO_4 \rightarrow$
g) $NaHCO_3 + HNO_3 \rightarrow$

6.7 Natriumhydrogencarbonat (auch „Speisesoda" genannt) kann als Gegenmittel bei Sodbrennen (Überschuß an Magensäure HCl) genommen werden. Erkläre die Wirkung. Welche lästige „Nebenwirkung" kann auftreten?

6.8 Der saure Regen verdankt seinen niedrigen pH-Wert vor allem der aus den Abgasen gebildeten Schwefelsäure und Salpetersäure (siehe Seite 52). In Skandinavien (Urgestein) hat er zu einer Übersäuerung vieler Gewässer und in der Folge davon zu einem Aussterben der Fische geführt. In Österreich (häufig kalkhaltiges Gestein) ist seine Wirkung glücklicherweise nicht so verheerend. Warum? Durch welche Reaktion wird bei uns ein Übersäuern der Gewässer weitgehend verhindert?

7. Oxidations- und Reduktionsreaktionen

7.1 Oxidation und Reduktion

Im Jahre 1783 gelang es dem Franzosen Antoine **Lavoisier**, den Verbrennungsvorgang aufzuklären. Er erkannte, daß die Verbrennung von Stoffen eine Reaktion mit Sauerstoff ist. Entsprechend dem französichen Namen *oxygène* für Sauerstoff wurden der Vorgang als **Oxidation** und die Verbrennungsprodukte als **Oxide** bezeichnet.

oxys (griech.) = sauer
geneo (griech.) = bilden
reducere (lat.) = zurückführen

Beispiele:

Verbrennung von Magnesium:

$$2\,Mg + O_2 \rightarrow 2\,MgO$$

Magnesium   Sauerstoff   Magnesiumoxid

Oxidation (Verbrennung) von Eisen:

$$4\,Fe + 3\,O_2 \rightarrow 2\,Fe_2O_3$$

Eisen   Sauerstoff   Eisenoxid

Wird hingegen einem Oxid Sauerstoff entzogen, so nennt man dies eine **Reduktion**. Das Element, um dessen Oxid es sich handelt, wird in den elementaren Zustand zurückgeführt.

Beispiel: Reduktion von Eisenerz (Eisenoxid) im Hochofen

$$Fe_2O_3 + 3\,CO \rightarrow 2\,Fe + 3\,CO_2$$

Eisenoxid   Kohlenmonoxid   Eisen   Kohlendioxid

Das Kohlenmonoxid übernimmt bei dieser Reaktion den Sauerstoff, es wirkt als **Reduktionsmittel**.

Die Reaktion des Magnesiums mit Sauerstoff führt zu einer Ionenbindung (siehe Seite 22). Die beiden Außenelektronen des Magnesiumatoms wechseln zum Sauerstoffatom über.

$$\overset{2e^-}{Mg} + \ddot{O} \longrightarrow Mg^{2+} + \ddot{O}^{\,2-}$$

Es gibt nun eine Reihe von Reaktionen, die Verbrennungen sehr ähnlich sehen, an denen aber kein Sauerstoff beteiligt ist. So reagieren zum Beispiel Eisen oder Magnesium mit Chlor unter Feuererscheinungen und auch eine Kerze brennt in Chlorgas weiter.

Beispiel:

$$Mg + Cl_2 \rightarrow MgCl_2$$

Magnesium   Chlor   Magnesiumchlorid

Auch bei diesen Reaktionen werden Elektronen übertragen:

$$|\overline{Cl}|\cdot + \cdot Mg\cdot + \cdot\overline{Cl}| \longrightarrow Mg^{2+} + 2\,|\overline{Cl}|^-$$

Es hat sich daher als sinnvoll erwiesen, die Begriffe Oxidation und Reduktion zu erweitern und sie auf die an der Reaktion beteiligten Elektronen zu beziehen.

Als **Oxidation** bezeichnet man daher heute jede Reaktion, bei der einem Teilchen **Elektronen entzogen** werden.
Umgekehrt versteht man unter einer **Reduktion** einen Vorgang, bei dem **Elektronen aufgenommen** werden.

Jede Oxidation ist mit einer Reduktion verbunden, denn die Elektronen, die ein Atom abgibt, werden von einem anderen aufgenommen. Daher wird der gesamte Vorgang als **Redoxreaktion** bezeichnet.

Bei einer Redoxreaktion werden Elektronen von einem Reaktionspartner zum anderen übertragen.

Eisenwolle reagiert mit Chlorgas

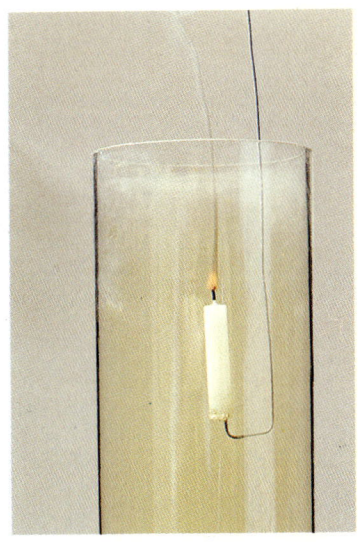

Eine Kerze brennt in Chlorgas mit rußender Flamme weiter.

Stark elektronegative Elemente wie Sauerstoff und die Halogene haben ein großes Bestreben, Elektronen aufzunehmen. Sie sind deshalb gute **Oxidationsmittel**.

Zur Abgabe von Elektronen neigen Elemente mit wenigen Außenelektronen und geringer Elektronegativität, vor allem die Alkali- und Erdalkalimetalle, Wasserstoff, aber auch Kohlenstoff. Sie sind deshalb gute **Reduktionsmittel**.

Oxidationsmittel sind Substanzen, die Elektronen aufnehmen; sie oxidieren andere Stoffe, wobei sie selbst reduziert werden. Reduktionsmittel sind Stoffe, die Elektronen abgeben; sie werden dabei selbst oxidiert.

Auch Elektrolysen sind Redoxreaktionen. Dabei wirkt eine Elektrode (der Minuspol) als „Reduktionsmittel", indem sie Elektronen abgibt, die andere Elektrode als „Oxidationsmittel", sie nimmt Elektronen auf (siehe Kap. 7.6, Seite 60 ff.).

7.2 Oxidationszahlen und Redoxgleichungen

Ein wertvolles Hilfsmittel bei der Untersuchung chemischer Reaktionen sind die **Oxidationszahlen**. Sie geben an, welche (fiktive) Ladung die Atome einer Verbindung infolge der Aufnahme oder Abgabe von Elektronen haben.

Beispiele:

NaCl ist eine aus Ionen aufgebaute Verbindung. Ein Elektron ist vom Natrium zum Chlor übergewechselt, die Natriumionen sind daher einfach positiv, die Chloridionen einfach negativ geladen.

$$\text{Na.} \quad + \quad \text{.}\overline{\text{Cl}}| \quad \longrightarrow \quad \text{Na}^+ \quad + \quad |\overline{\text{Cl}}|^-$$

Natriumatom + Chloratom   Natriumion + Chloridion

Natrium hat daher in dieser Verbindung die Oxidationszahl plus Eins, Chlor die Oxidationszahl minus Eins.

$$H \longrightarrow \overline{\underline{C}l}|$$

Im HCl-Molekül hingegen tritt eine polare Atombindung auf, das Chloratom zieht das Elektron des Wasserstoffatoms etwas, aber nicht vollständig an sich (siehe Seite 25). Das Wasserstoffatom hat daher eine positive, das Chloratom eine negative Partialladung.

Um die Oxidationszahlen zu erhalten, nimmt man vereinfachend an, daß das stärker elektronegative Chloratom die Bindungselektronen zur Gänze an sich zieht. Es wäre dann einfach negativ geladen, das Wasserstoffatom einfach positiv.
Daher hat in dieser Verbindung Wasserstoff die Oxidationszahl plus Eins, Chlor die Oxidationszahl minus Eins.
Um die nur als Hilfsmittel in Reaktionsgleichungen dienenden Oxidationszahlen von den tatsächlich existierenden Ladungen der Ionen zu unterscheiden, ist es üblich, die Oxidationszahlen in römischen Ziffern direkt über das Elementsymbol zu schreiben.

z. B.: $\overset{+I}{H}\ \overset{-I}{Cl}$

Die **Oxidationszahlen** können mit Hilfe einfacher Regeln bestimmt werden:

- Bei einatomigen Ionen ist die Oxidationszahl gleich der Ladung des Ions.

  Beispiel: Aluminiumoxid Al_2O_3 besteht aus Al^{3+}- und O^{2-}-Ionen.

  Oxidationszahlen daher: $\overset{+III}{Al_2}\ \overset{-II}{O_3}$
  (Die Oxidationszahl bezieht sich immer auf ein einzelnes Atom.)

- Die Atome der freien Elemente haben die Oxidationszahl Null.

  Beispiele: $\quad \overset{0}{Fe} \qquad \overset{0}{Cl_2} \qquad \overset{0}{O_2}$

  Es handelt sich entweder um elektrisch neutrale Atome (Fe) oder um Moleküle mit unpolaren Atombindungen (Cl_2, O_2), in denen wegen der identischen Elektronegativität beider Bindungspartner kein Atom die Bindungselektronen an sich ziehen kann. Jedem Atom werden daher die Bindungselektronen zur Hälfte zugeordnet, es ist elektrisch ungeladen und hat daher die Oxidationszahl Null.

- Bei polaren Atombindungen wird dem stärker elektronegativen Element das bindende Elektronenpaar zur Gänze zugeordnet.

  Beispiele:

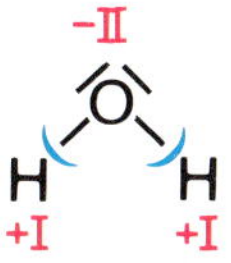

  Da **Fluor** das am stärksten elektronegative Element ist und das Bestreben hat, noch ein Elektron aufzunehmen, hat es in seinen Verbindungen stets die Oxidationszahl **– I**.
  Sauerstoff ist das am zweitstärksten elektronegative Element, ihm fehlen noch zwei Elektronen auf die Edelgasanordnung, es hat daher fast immer die Oxidationszahl **– II**.
  Auch die **Halogene** (Chlor, Brom, Iod) sind stark elektronegativ. Da ihnen noch ein Elektron auf die Edelgasanordnung fehlt, haben sie meist die Oxidationszahl **– I**.
  Wasserstoff ist in Verbindungen mit Nichtmetallen stets das schwächer elektronegative Element und hat dann die Oxidationszahl **+ I**.
  Die **Metalle** sind nur sehr schwach elektronegativ und haben daher stets **positive** Oxidationszahlen (1. Gruppe immer + I, 2. Gruppe immer + II).

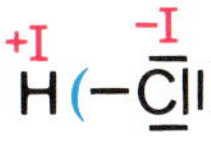

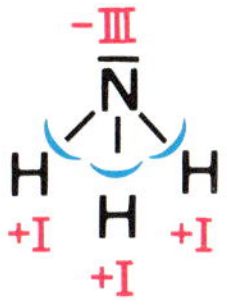

- Die Summe aller Oxidationszahlen in einer Verbindung muß stets Null ergeben.
  Die Verbindung ist elektrisch neutral, die Oxidationszahlen geben nur die Verschiebung der Elektronen innerhalb des Moleküls an, ihre Summe ist daher Null.
  Die Summe der Oxidationszahlen eines mehratomigen Ions (SO_4^{2-}, CO_3^{2-}, …) ist gleich seiner Ladung.

  Beim Berechnen der Summen der Oxidationszahlen ist zu beachten, daß die über den Symbolen der Elemente stehenden Oxidationszahlen mit einer gegebenenfalls vorhandenen tiefgestellten Zahl (Index) nach dem Elementsymbol zu multiplizieren sind.

Beispiele:

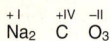

a) Welche Oxidationszahlen haben die Atome im Natriumcarbonat Na_2CO_3 ?
Natrium ist ein Element der ersten Gruppe und hat daher die Oxidationszahl
+ I, Sauerstoff hat die Oxidationszahl –II. Die Summe der Oxidationszahlen der
Natrium- und der Sauerstoffatome ergibt –IV. Da die Summe aller Oxidations-
zahlen Null ergeben muß, kann der Kohlenstoff nur die Oxidationszahl + IV
haben.

b) Welche Oxidationszahlen haben die Atome im Sulfat-Ion SO_4^{2-}?
Die vier Sauerstoffatome haben zusammen eine Oxidationszahl von – VIII. Da
die Summe aller Oxidatonszahlen – II betragen muß (Ladung des Ions), kann
das Schwefelatom nur die Oxidationszahl + VI besitzen.

Die meisten Elemente liegen in ihren verschiedenen Verbindungen in
unterschiedlichen **Oxidationsstufen** (gekennzeichnet durch verschiedene Oxidationszahlen) vor.

Beispiel:
Das Element Kohlenstoff tritt in mehreren Oxidationsstufen auf:

Name des Stoffes	Methan	Kohlen-stoff	Kohlen-monoxid	Kohlen-dioxid
Chemisches Zeichen bzw. Formel	CH_4	C	CO	CO_2
Oxidationszahl des C	– IV	0	+ II	+ IV

Ein Vergleich der **Oxidationszahlen** der Elemente mit ihrer **Stellung
im Periodensystem** zeigt einen Zusammenhang:

- Bei den **Hauptgruppenelementen** entspricht die **Einerstelle der
  Gruppennummer** der **höchstmöglichen positiven Oxidationszahl**. Sie wird in Verbindungen mit stärker elektronegativen Elementen erreicht.

- Die **Differenz der Einerstelle der Gruppennummer auf die Zahl
  Acht** gibt die **höchstmögliche negative Oxidationszahl** des Elements an. Sie wird in Verbindungen mit schwächer elektronegativen Elementen erreicht.

- Elemente mit großer Elektronegativität sind gute Oxidationsmittel.
  Elemente mit geringer Elektronegativität sind gute Reduktionsmittel.

Nebengruppenelemente treten häufig in verschiedenen Oxidationszahlen auf. Die jeweils vorliegende Oxidationszahl wird im Namen
ausgedrückt.

Beispiele:

$FeCl_2$: $\overset{+II}{Fe}\ \overset{-I}{Cl_2}$ Eisen(II)chlorid (gelesen: Eisen-zwei-chlorid)

$FeCl_3$: $\overset{+III}{Fe}\ \overset{-I}{Cl_3}$ Eisen(III)chlorid (gelesen: Eisen-drei-chlorid)

Fe_2O_3: $\overset{+III}{Fe_2}\ \overset{-II}{O_3}$ Eisen(III)oxid

Fe_3O_4: $\overset{+II}{Fe}\ \overset{-II}{O} \cdot \overset{+III}{Fe_2}\ \overset{-II}{O_3}$ Eisen(II,III)oxid

Ändern sich die **Oxidationszahlen** der an einer Reaktion beteiligten
Atome, so liegt eine **Redoxreaktion** vor.

Beispiele:

a) Herstellung von Wasserstoff aus Zink und Schwefelsäure:

$$\overset{0}{Zn} + \overset{+I}{H_2}\overset{+VI}{S}\overset{-II}{O_4} \rightarrow \overset{0}{H_2} + \overset{+II}{Zn}\overset{+VI}{S}\overset{-II}{O_4}$$

54

Die Oxidationszahl von Zink ändert sich von 0 auf +II, d. h. das Atom gibt zwei Elektronen ab, es wird oxidiert.
Die Wasserstoffatome ändern ihre Oxidationszahl von +I auf 0, d. h. sie nehmen je ein Elektron auf, sie werden reduziert.

b) Reaktion von Natriumcarbonat mit Salzsäure:

$$\overset{+I}{Na_2}\ \overset{+IV}{C}\ \overset{-II}{O_3}\ +\ 2\ \overset{+I}{H}\ \overset{-I}{Cl}\ \rightarrow\ 2\ \overset{+I}{Na}\ \overset{-I}{Cl}\ +\ \overset{+I}{H_2}\ \overset{-II}{O}\ +\ \overset{+IV}{C}\ \overset{-II}{O_2}$$

Bei keinem Atom ändert sich die Oxidationszahl – keine Redoxreaktion.

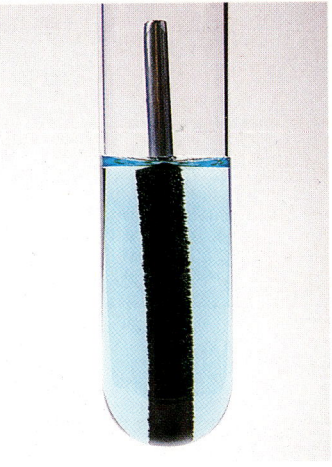
Ein Zinkstab taucht in eine CuSO₄-Lösung

$$Cu^{2+}\ +\ Zn\ \overset{2e^-}{\longrightarrow}\ Cu\ +\ Zn^{2+}$$

Übungen:

7.1 Bestimme die Oxidationszahlen aller Atome in den Verbindungen:
KF, Br₂, HNO₃, Na₂SO₄, H₂S, SO₂, NH₄⁺NO₃⁻, K₂Cr₂O₇, CaCO₃
7.2 Welche Reaktion ist ein Redox-Vorgang?
a) $2\ KOH\ +\ H_2SO_4\ \rightarrow\ K_2SO_4\ +\ 2\ H_2O$
b) $2\ Al\ +\ 3\ Br_2\ \rightarrow\ 2\ AlBr_3$
c) $FeS\ +\ 2\ HCl\ \rightarrow\ H_2S\ +\ FeCl_2$
d) $CuO\ +\ H_2\ \rightarrow\ Cu\ +\ H_2O$
e) $CaCO_3\ \rightarrow\ CaO\ +\ CO_2$

7.3 Die Stärke von Oxidations- und Reduktionsmitteln

Um den Ablauf von Redoxreaktionen vorhersagen zu können, benötigt man ein Maß für die Stärke der oxidierenden oder reduzierenden Wirkung eines Stoffes.

Eine **Reihung** der Stoffe nach ihrer oxidierenden oder reduzierenden Wirkung ist einfach zu erstellen:
Wird beispielsweise ein Zinkstab in eine Lösung von Cu²⁺-Ionen getaucht, so überzieht er sich rasch mit einer Kupferschicht. Die Cu²⁺-Ionen werden zu metallischem Kupfer reduziert, die dafür benötigten Elektronen können nur vom Zink stammen.

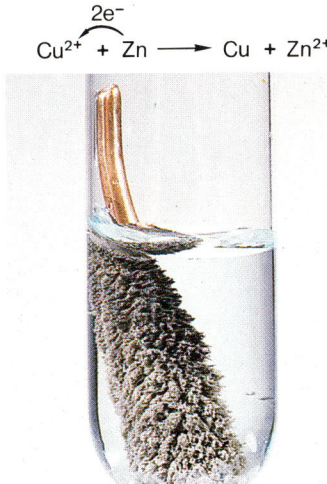
Kupfer taucht in eine AgNO₃-Lösung

Die Kupfer-Ionen sind also in der Lage, Zink zu oxidieren. Umgekehrt tritt keine Reaktion ein: ein Stück Kupfer in einer Lösung von Zn²⁺-Ionen bleibt unverändert.

Taucht jedoch das Kupferstück in eine Lösung von Silber-Ionen ein, so scheidet sich Silber ab und Cu²⁺-Ionen gehen in Lösung.

$$2Ag^+\ +\ Cu\ \overset{2e^-}{\longrightarrow}\ 2Ag\ +\ Cu^{2+}$$

Analoge Versuche mit anderen Metallen und deren Ionen zeigen, daß die **Ionen** umso stärkere Oxidationsmittel sind, je edler das entsprechende Metall ist ($Ag^+ > Cu^{2+} > Zn^{2+}$).
Das **Metall** gibt umso leichter Elektronen ab, je unedler es ist. Die Elektronenübertragung findet an der Oberfläche des Metalls statt.

Um das Bestreben der Teilchen, Elektronen abzugeben oder aufzunehmen, als elektrische Spannung messen zu können, ist es notwendig, Oxidation und Reduktion räumlich zu trennen.

Dazu wird eine Anordnung verwendet, bei der ein Kupfer- und ein Zinkblech in eine Lösung von Kupfer- bzw. Zinksulfat eintaucht. Die Lösungen sind durch eine poröse Wand getrennt.

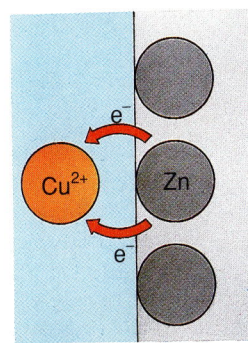
Elektronenübergang an der Metalloberfläche

55

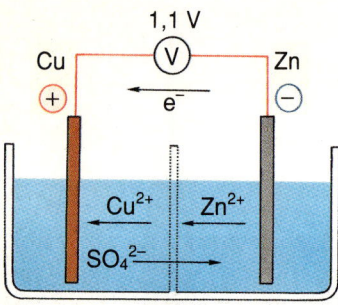

Kupfer und Zink bilden ein galvanisches Element

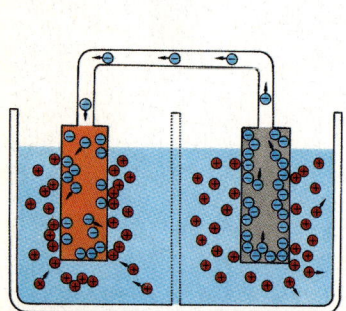

Edleres Metall   Unedleres Metall

Die Entstehung einer Spannung zwischen den Metallplatten

LUIGI GALVANI (1737 – 1798); italienischer Naturforscher. Er glaubte, die „tierische Elektrizität" entdeckt zu haben, als frisch präparierte Froschschenkel bei der Berührung mit verschiedenen, miteinander verbundenen Metallen zusammenzuckten.

corrodere (lat.) = zerfressen

Rost auf Autoblech

Ein angeschlossenes Voltmeter zeigt eine Spannung von 1,1 Volt; Zink bildet den Minuspol, Kupfer den Pluspol, d. h. die Elektronen fließen vom Zink zum Kupfer.

Die Stromstärke kann ausreichen, einen kleinen Elektromotor anzutreiben – die chemische Energie wird hier nicht in Form von Wärme, sondern als Elektrizität frei. Eine solche Anordnung wird **galvanisches Element** genannt. Aus der Richtung des Elektronenflusses läßt sich auf die an den Elektroden ablaufenden Reaktionen schließen:

Zink   (– Pol): Zn $\rightarrow$ Zn^{2+} + $2e^-$
Kupfer (+ Pol): Cu^{2+} + $2\ e^-$ $\rightarrow$ Cu

$$Zn\ +\ Cu^{2+}\ \rightarrow\ Zn^{2+}\ +\ Cu$$

In Summe ergibt sich dieselbe Reaktionsgleichung wie beim vorhergehenden Versuch, nur sind hier die Elektronen zu einem „Umweg" durch den Draht gezwungen.

Das Entstehen einer Spannung läßt sich verstehen, wenn man die Vorgänge an den einzelnen Elektroden näher betrachtet:

Auf der Seite des Zinks verlassen einige Ionen das Metall, Elektronen bleiben zurück und verhindern durch ihre Anziehungskräfte, daß sich die Ionen vom Metall entfernen.

Auf der Seite des Kupfers geschieht Ähnliches, nur gehen hier weniger Ionen in Lösung, da das edlere Kupfer ein geringeres Bestreben hat, Elektronen abzugeben. Im Zink herrscht daher ein größerer „Elektronendruck" als im Kupfer. Werden die beiden Metalle verbunden, so erfolgt ein „Druckausgleich" – die Elektronen fließen vom Zink zum Kupfer.

Zahlreiche ähnliche Versuche kommen zum gleichen Ergebnis:

Zwei leitend verbundene Metalle, die in einen gemeinsamen Elektrolyten eintauchen, bilden ein galvanisches Element. Dabei bildet das unedlere Metall den Minuspol und löst sich auf.

Die entstehende Spannung ist ein Maß für die oxidierende bzw. reduzierende Wirkung der Stoffe, man nennt sie das **Redoxpotential**.

7.4   Korrosion und Korrosionsschutz

Durch Korrosion, der Zerstörung eines Metalls durch chemische Einflüsse, entstehen jährlich Schäden in Milliardenhöhe. Man schätzt, daß jährlich rund 2% des gesamten in Gebrauch befindlichen Eisens durch Rost wieder verlorengeht.

Die Erkennung der Ursachen der Korrosion und deren Beseitigung ist daher von großer wirtschaftlicher Bedeutung.

Erwartungsgemäß sind unedle Metalle chemischen Angriffen besonders ausgesetzt. Manche dieser Metalle (z. B. Aluminium, Chrom, …) überziehen sich aber an Luft mit einer Oxidschicht, die so dicht und fest ist, daß sie das Metall vor weiteren Reaktionen schützt (Passivierung).

Die Oxidschicht des Eisens dagegen ist porös, Sauerstoff kann weiter eindringen, der Rost zerstört das Eisen.

Bei Metallkonstruktionen, die der Witterung ausgesetzt sind, muß darauf geachtet werden, daß nicht zwei verschiedene Metalle in unmittelbaren Kontakt geraten. Das Regenwasser (saurer Regen) reicht als Elektrolyt aus, um mit den beiden Metallen ein (kurzgeschlossenes) galvanisches Element zu bilden – das unedlere Metall löst sich rasch auf.

Bei allen Metallen ist zu beobachten, daß sie in sehr reinem Zustand korrosionsbeständiger sind als in der technisch verwendeten, verunreinigten Form.

Diese Verunreinigungen (die bei großtechnischen Produktionsverfahren unvermeidlich sind) bilden an der Oberfläche des Metalls „edlere" Stellen, bei Zutritt von Wasser entsteht ein kurzgeschlossenes galvanisches Element (Lokalelement), wodurch die Korrosion stark gefördert wird.

Beispiel:

Eisen enthält stets Kohlenstoff. Befindet sich auf der Oberfläche eines Eisenstücks eine Elektrolytlösung, so bildet der Kohlenstoff den Pluspol, das Eisen den Minuspol des Lokalelementes – das Eisen löst sich auf.

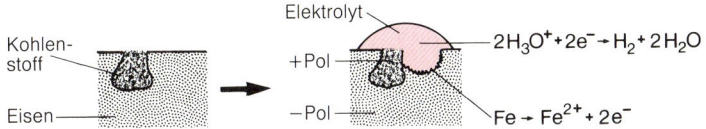

Als Korrosionsschutz sind alle Maßnahmen geeignet, mit denen die Voraussetzungen der Korrosion beseitigt werden:

- Schon bei der Gewinnung der Metalle muß auf die **Reinheit** geachtet werden. Metallverbindungen (Lötstellen, Schweißnähte, Schrauben) bedürfen eines besonders sorgfältigen Schutzes.

- **Ausschluß von Wasser und Sauerstoff** unterbindet die Korrosion. Das kann durch nichtmetallische Überzüge (Email, Lack), durch Verstärken der schützenden Oxidschichte (Eloxal-Verfahren bei Aluminium) oder durch Überzüge aus edleren Metallen (Zinn, Chrom, Nickel, …) erfolgen.

Überzug mit einem **edleren** Metall:
An einem verzinnten Eisenblech bildet sich ein Lokalelement, wenn ein Elektrolyt durch einen Haarriß im Zinn an das Eisen vordringt: Zinn ist das edlere, Eisen das unedlere Metall, das Eisen löst sich auf.
Daraus folgt, daß der Schutz durch einen Überzug aus einem edleren Metall nur besteht, solange die Schicht völlig intakt ist.

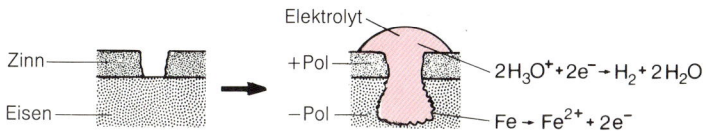

- Beim **aktiven Korrosionsschutz** wird das zu schützende Metall (meist Eisen) mit einem unedleren Metall (z. B. Zink) in Kontakt gebracht. Tritt Korrosion auf, so geht das unedlere Metall in Lösung, das edlere Eisen bleibt erhalten. Kleinere Gegenstände aus Eisen werden dazu durch Eintauchen in geschmolzenes Zink mit einer dünnen Schicht dieses Metalls überzogen (Verzinken), Schiffe, Tanklager oder Pipelines werden durch eine leitende Verbindung mit einem Stück Zink oder Magnesium (Opferelektrode) geschützt.

Überzug mit einem **unedleren** Metall:
An einem Riß im verzinkten Eisenblech bildet sich ein Lokalelement. Zink ist das unedlere, Eisen das edlere Metall; das Eisen löst sich nicht auf.

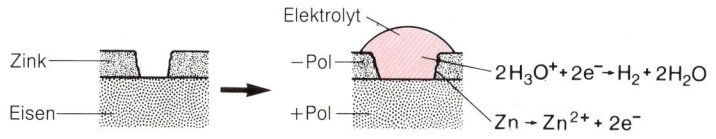

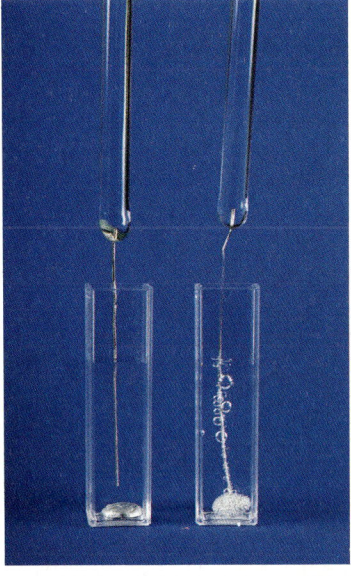

Modell eines Lokalelementes
Links: Sehr reines Zink wird, obwohl unedel, von Salzsäure nur langsam angegriffen, die Wasserstoffentwicklung ist gering.
Rechts: Sobald der Platindraht das Zink berührt, beginnt eine rasche Korrosion. Beachte, daß der Wasserstoff am Platin entsteht!

Korrosionsschutz eines Eisenrohres mit einer Opferelektrode aus Magnesium.

7.5   Batterien, Akkumulatoren, Brennstoffzellen

Batterien sind galvanische Elemente, bei denen die den Stromfluß auslösenden Reaktionen nicht mehr rückgängig gemacht werden können. Nach einiger Zeit ist die Batterie erschöpft und muß ausgetauscht werden.

Der Ausdruck „Batterie" wird allerdings manchmal auch für Akkumulatoren verwendet, z. B. wenn man von der „Autobatterie" spricht.

An eine Batterie werden hohe technische Anforderungen gestellt: sie soll eine hohe Spannung und einen großen Energieinhalt (Kapazität) besitzen, auslaufsicher sein, keine Gase abgeben und über eine große Lagerfähigkeit (geringe Selbstentladung) verfügen. Daher beschränken sich die praktisch verwendeten Batterien auf einige wenige Typen.

Trockenbatterie

Sie ist der für Taschenlampen und ähnliche Zwecke meistverwendete Batterietyp. Die Spannung einer Zelle beträgt 1,5 V, durch Hintereinanderschalten mehrerer Zellen kann ein Vielfaches davon erreicht werden.
Ein Becher aus Zinkblech dient als Elektrode und Gefäß, ein mit Braunsteinpulver (MnO_2) umgebener Kohlestab bildet die andere Elektrode, als Elektrolyt dient eine eingedickte Ammoniumchlorid-Lösung (NH_4Cl).

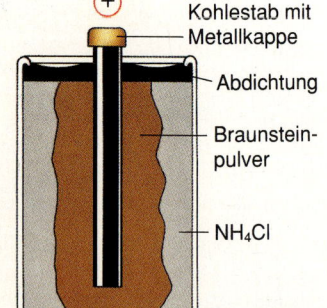

Kohlestab mit Metallkappe

Abdichtung

Braunsteinpulver

NH_4Cl

Zinkbecher

Querschnitt durch eine Monozelle

Das Zink gibt Elektronen ab, der Braunstein nimmt sie auf:
$$Zn \rightarrow Zn^{2+} + 2e^- \qquad \text{Minuspol}$$
$$2\,MnO_2 + 4\,NH_4^+ + 2\,e^- \rightarrow 2\,Mn^{3+} + 4\,NH_3 + 4\,OH^- \quad \text{Pluspol}$$

Bei Stromentnahme sammeln sich die Reaktionsprodukte bei den Elektroden an, die Spannung sinkt. Nach dem Abschalten diffundieren die Reaktionsprodukte von den Elektroden weg, die Batterie „erholt" sich wieder.
Nach längerem Gebrauch hat sich der Zinkmantel soweit aufgelöst, daß er löchrig wird und der Elektrolyt ausläuft – die Batterie muß ausgetauscht werden. Um eine Beschädigung des Gerätes zu vermeiden, werden die Zellen daher mit einem Mantel aus Kunststoff oder Blech umgeben.

Die Trockenbatterie wird nach ihrem Erfinder, der sie 1866 patentieren ließ, auch **Leclanché-Element** genannt.

Die **Alkali-Mangan-Batterie** ist ähnlich der normalen Trockenbatterie aufgebaut, besitzt aber einen alkalischen Elektrolyten (KOH). Sie hat bei gleicher Spannung eine höhere Kapazität und geringere Selbstentladung.

Quecksilberbatterien verwenden Zink als elektronenabgebende und Quecksilberoxid (HgO) als elektronenaufnehmende Substanz, es entsteht Zn^{2+} und Hg. Die Zellen haben eine Spannung von 1,2 V, große Kapazität und sehr geringe Selbstentladung. Meist in Knopfform hergestellt, werden sie zur Stromversorgung von Uhren, Taschenrechnern und Photoapparaten eingesetzt. Wegen ihres Quecksilbergehaltes sollten sie nicht in den Müll gelangen, sondern wiederverwertet werden.

Die **Lithiumbatterien** nutzen das Potential des sehr unedlen Lithiums und haben eine Zellspannung von 3,4 V, allerdings muß ein wasserfreier Elektrolyt verwendet werden ($SOCl_2$). Kapazität und Lebensdauer sind außergewöhnlich hoch.

accumulare (lat.) = sammeln

Bei **Akkumulatoren** läßt sich die stromliefernde Reaktion rückgängig machen, sie können wieder geladen werden. Meistverwendeter Typ ist der

Bleiakkumulator

Der Bleiakkumulator besitzt zwei engmaschige Bleigitter als Elektroden. Im geladenen Zustand ist das eine Gitter mit schwammigem Blei, das andere mit Blei(IV)oxid gefüllt. Als Elektrolyt dient verdünnte Schwefelsäure. Die Spannung beträgt 2,06 V pro Zelle.

Beim Entladevorgang gibt das Blei Elektronen ab, Blei(IV)oxid nimmt sie auf:

$$\overset{0}{\text{Minuspol:}} \quad \overset{0}{Pb} \;+\; SO_4^{2-} \qquad\qquad \rightarrow \quad \overset{+II}{PbSO_4} \;+\; 2\ e^-$$

$$\text{Pluspol:} \quad \overset{+IV}{PbO_2} + 4\ H_3O^+ + SO_4^{2-} + 2e^- \rightarrow \quad \overset{+II}{PbSO_4} \;+\; 6\ H_2O$$

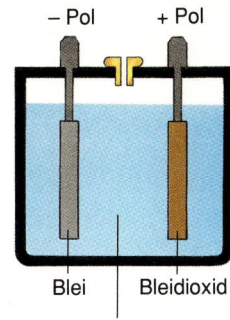

Im entladenen Zustand befindet sich an beiden Elektroden Bleisulfat. Bei Stromzufuhr (Laden) laufen die Reaktionen in umgekehrter Richtung ab, an den Elektroden bildet sich wiederum Blei und Blei(IV)oxid.

Der Bleiakkumulator wird als Stromquelle zum Starten des Automotors verwendet, da er sehr hohe Stromstärken abgeben kann. Da bei der Stromentnahme Schwefelsäure zur Bildung von Bleisulfat verbraucht wird, kann die Messung der Dichte der Säure zur Kontrolle des Ladezustandes dienen. In der Endphase des Ladevorganges wird als unerwünschte Nebenreaktion Wasser elektrolysiert, daher muß jede Zelle eine Öffnung zum Entweichen der Gase und zum Nachfüllen von Wasser haben. Moderne Konstruktionen vermeiden diese Nebenreaktion durch die Verwendung spezieller Bleilegierungen und können daher gasdicht hergestellt werden (wartungsfreie Akkumulatoren).

Der allmähliche Kapazitätsverlust des Bleiakkumulators hat seine Ursache in einer Umwandlung des Bleisulfats in eine andere, weniger reaktionsfähige Kristallform. Aus diesem Grund soll der Akku nicht im ungeladenen Zustand aufbewahrt werden.

Der **Nickel-Cadmium-Akkumulator** (NC-Akku) wird hauptsächlich für kleinere elektrische Geräte verwendet. Er hat zwar eine geringere Kapazität und nur eine Zellspannung von 1,2 V, kann aber auslaufsicher und gasdicht hergestellt werden. Der geladene Akku enthält Cadmium, Ni(OH)$_3$ und Kalilauge als Elektrolyten.

Reaktionen beim Entladen:

$$\text{Minuspol:} \quad \overset{0}{Cd} \;+\; 2\ OH^- \qquad \rightarrow \quad \overset{+II}{Cd(OH)_2} \;+\; 2\ e^-$$

$$\text{Pluspol:} \quad 2\ \overset{+III}{Ni(OH)_3} + 2\ e^- \quad \rightarrow \quad 2\ \overset{+II}{Ni(OH)_2} \;+\; 2\ OH^-$$

Die Verbesserung bekannter und die Erforschung neuer Akkumulatorentypen ist wegen der technischen Verwertbarkeit (Elektroauto) ein intensiv bearbeitetes Gebiet.

Brennstoffzellen

In einer Brennstoffzelle wird die bei der Oxidation eines Brennstoffes freiwerdende chemische Energie direkt in elektrische Energie umgewandelt. Dabei kann mehr Energie in nutzbare Arbeit umgewandelt werden als mit einem Verbrennungsmotor, bei dem Energie als Abwärme verlorengeht.

Die technischen Schwierigkeiten sind wegen der hohen Aktivierungsenergie der Reaktionen sehr groß und bis heute nur für die **Knallgaszelle** gelöst. Sie findet u.a. in der bemannten Raumfahrt Verwendung. Dabei wird die bei der Reaktion von Wasserstoff und Sauerstoff zu Wasser freiwerdende Energie genutzt.

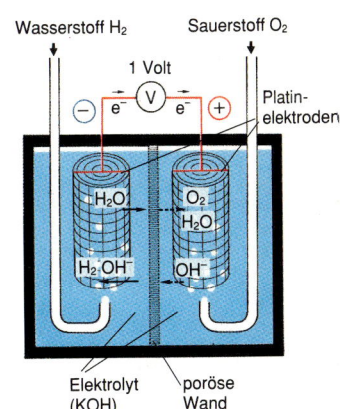

Folgende Reaktionen laufen ab:

Am negativen Pol gibt Wasserstoff Elektronen ab:

$$2\ \overset{0}{H_2} \;+\; 4\ OH^- \qquad \rightarrow \quad 4\ \overset{+I}{H_2O} \;+\; 4e^-$$

Am positiven Pol nimmt der Sauerstoff die Elektronen auf:

$$\overset{0}{O_2} \;+\; 2\ H_2O \;+\; 4\ e^- \quad \rightarrow \quad 4\ \overset{-II}{OH^-}$$

Gesamtreaktion: $\quad 2\ H_2 \;+\; O_2 \quad \rightarrow \quad 2\ H_2O$

Mit flüssigen Brennstoffen (z. B. Alkohol) arbeitende Zellen wären die ideale Grundlage für einen umweltfreundlichen Autoantrieb. Ihre Realisierung ist Ziel weltweiter Anstrengungen.

Aufbau einer Zelle eines Bleiakkumulators

– Pol   + Pol

Blei   Bleidioxid

verdünnte Schwefelsäure

Wasserstoff H$_2$ Sauerstoff O$_2$

1 Volt

Platinelektroden

Elektrolyt (KOH)   poröse Wand

Schematische Darstellung einer Brennstoffzelle

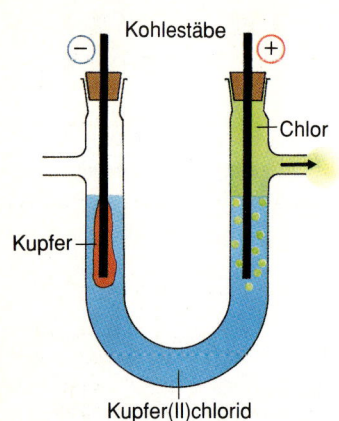

Kupfer(II)chlorid-Lösung wird elektrolysiert. Als Elektroden dienen zwei Kohlestäbe, die mit einer Gleichstromquelle verbunden sind.

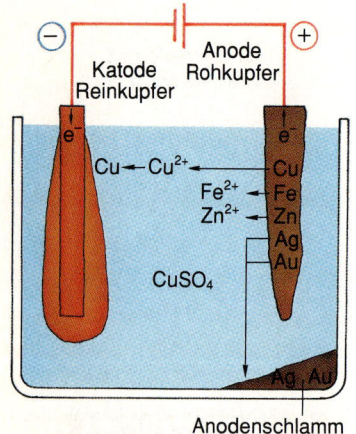

Elektrolytische Kupferraffination: Bei der Abscheidungsspannung des Kupfers bleiben die Ionen der unedleren Metalle in Lösung, die edleren Metalle lösen sich erst gar nicht auf. Sie fallen als „Anodenschlamm" zu Boden.

7.6 Die Elektrolyse

Elektrolysen sind Redoxreaktionen, bei denen eine Elektrode als „Reduktionsmittel" wirkt, indem sie Elektronen abgibt, die andere Elektrode nimmt Elektronen auf, an ihr finden Oxidationen statt.

Beispiel:
Bei der Elektrolyse einer Kupfer(II)chlorid-Lösung verschwindet die blaue Farbe der Lösung nach einiger Zeit, die Leitfähigkeit der Lösung nimmt ab. An der einen Elektrode scheidet sich Kupfer ab, an der anderen entsteht Chlorgas.

Eine Kupfer(II)chlorid-Lösung enthält Cu^{2+}- und Cl^--Ionen.
Die positiv geladenen Kupferionen werden von der negativ geladenen Elektrode (der Katode) angezogen, wandern dorthin und nehmen je zwei Elektronen auf. Die Kupferionen werden so zu elementarem Kupfer reduziert, das sich abscheidet.
Die negativ geladenen Chloridionen wandern zur positiv geladenen Elektrode (der Anode), geben je ein Elektron ab und werden zu Chloratomen oxidiert, die sich sofort zu Cl_2-Molekülen verbinden.

Katodenreaktion:	Cu^{2+}	$+\ 2e^-$	$\rightarrow$	Cu	Reduktion
Anodenreaktion:	$2\ Cl^-$		$\rightarrow$	$Cl_2\ +\ 2\ e^-$	Oxidation
Gesamtreaktion:	Cu^{2+}	$+\ 2\ Cl^-$	$\rightarrow$	$Cu\ +\ Cl_2$	Redoxreaktion

Anwendung der Elektrolyse

Elektrolysen werden in der Technik und im Labor zur Gewinnung und Veredelung zahlreicher Stoffe eingesetzt:

- **Gewinnung von Chlor und Natronlauge** durch Elektrolyse von Kochsalz-Lösung.

- **Gewinnung sehr reiner Metalle** (z. B. Kupfer, Blei, Zinn).

- **Gewinnung sehr unedler Metalle** (Natrium, Kalium, Magnesium, Aluminium) durch Elektrolyse ihrer geschmolzener Salze (NaCl, KOH, $MgCl_2$, Al_2O_3), siehe Seite 83.

- **Herstellung von Metallüberzügen** (Versilbern, Vergolden, Verchromen, Vernickeln, …)
  Bei diesem Verfahren, dem **Galvanisieren**, wird der zu überziehende Gegenstand in eine Salzlösung des Überzugsmetalls getaucht und als Katode geschaltet. Als Anode dient ein Stück des Überzugsmetalls, das sich langsam auflöst. Dadurch bleibt die Ionenkonzentration in der Lösung konstant.
  Eine besondere Anwendung des Galvanisierens ist die **Galvanoplastik**. Sie ermöglicht die exakte Nachbildung von Gegenständen (Büsten, Münzen usw.).

8.   Die Luft

8.1   Zusammensetzung der Luft

Aufschlüsse über die beiden Hauptbestandteile der Luft geben Untersuchungen von Verbrennungsvorgängen:
Brennt eine Kerze in einem abgeschlossenen Luftvolumen, so erlischt sie nach dem Verbrauch eines Teiles der Luft. Für exakte Bestimmungen ist dieser Versuch allerdings nicht geeignet, da die Kerze einerseits nicht den gesamten Sauerstoff verbraucht und andererseits selbst gasförmige Verbrennungsprodukte (CO_2) abgibt.
Genauere Werte ergibt die Verbrennung von Phosphor. Am Anstieg des Wassers ist dann erkennbar, daß ein Fünftel der Luft verbraucht wurde.

Die Luft besteht rund zu einem Fünftel aus Sauerstoff und zu vier Fünftel aus Stickstoff.

Die Gewinnung der einzelnen Bestandteile erfolgt durch **Verflüssigung der Luft** und anschließender fraktionierter Destillation im **Linde-Verfahren**.

8.2   Die Luftverschmutzung

Ein Mensch benötigt täglich mindestens 6 m³ Luft, bei schwerer körperlicher Arbeit sogar ein Vielfaches davon. Es ist daher möglich, daß sich Schadstoffe auch bei niedrigen Konzentrationen in der Luft im Körper anreichern können.

Man unterscheidet **Emissionen** und **Immissionen**.
Unter Emission versteht man in die Außenluft entweichende feste, flüssige oder gasförmige luftverunreinigende Stoffe jeder Art und Herkunft. Nach ihrer Emission werden die Luftschadstoffe während ihres Transportes in der Atmosphäre umso stärker verdünnt, je höher die Emissionsquelle liegt. Autoabgase sind daher in Atemhöhe viel weniger verdünnt als die Abgase aus hohen Schornsteinen.
Immissionen sind auf Menschen, Tiere, Pflanzen oder Gegenstände einwirkende Schadstoffe.

Zur Vermeidung gesundheitlicher Schäden am Arbeitsplatz dient die Festlegung der **maximalen Arbeitsplatz-Konzentration** (MAK-Wert), die den Grenzwert für Luftverunreinigungen am Arbeitsplatz während achtstündiger Arbeit angibt (siehe auch Kap. 22).
Die Schadstoffkonzentrationen werden in Milligramm pro Kubikmeter Luft angegeben (mg/m³). Auch die Angabe in mg/kg ist gebräuchlich. Statt 1 mg/kg schreibt man auch 1 ppm (part per million, ein Teil pro eine Million, = 1 mg in 1 kg). Für noch geringere Spuren ist die Bezeichnung ppb (part per billion, ein Teil pro eine Milliarde, = 1 mg in 1 000 kg) gebräuchlich.

Für die Ausbreitung von **Luftverunreinigungen** sind meteorologische Einflüsse von großer Bedeutung. Im Normalfall nimmt die Lufttemperatur mit zunehmender Höhe ab, wodurch es zu einem Austausch der wärmeren und spezifisch leichteren Bodenluft mit der darüber befindlichen Luftmassen kommt. Bei **Inversionswetterlagen**, wie sie besonders im Winter auftreten, liegen dagegen über einer kalten Bodenschicht wärmere Luftmassen, sodaß ein Aufsteigen von Schadstoffen verhindert wird.

Doch nicht nur wegen ihrer direkten Auswirkungen auf den Menschen sind die verschiedenen Schadstoffe in den Mittelpunkt des Interesses gerückt. Schon

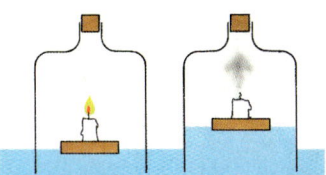

Verbrennung in einem abgeschlossenen Luftvolumen

Die Zusammensetzung trockener Luft

Bestandteil	Symbol (Formel)	Volums- prozente
Stickstoff	N_2	78,10
Sauerstoff	O_2	20,93
Argon	Ar	0,9325
Kohlendioxid	CO_2	0,035
Neon	Ne	0,0018
Helium	He	0,0005
Krypton	Kr	0,0001
Xenon	Xe	0,000009

Luftverflüssigung nach Linde

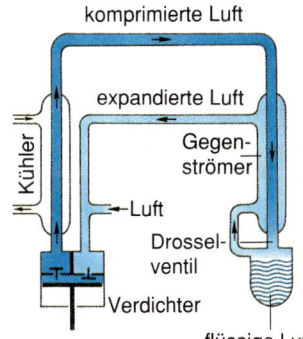

flüssige Luft

Gase erwärmen sich beim Komprimieren und kühlen sich beim Expandieren ab (Joule-Thomson-Effekt). Die beim Komprimieren entstandene Wärme wird in einem Gegenstrom-Wärmeaustauscher durch vorgekühlte Luft abgeführt und die Luft darauf durch Expandieren weiter abgekühlt. Dieser Vorgang wird mehrmals wiederholt.
Das Verfahren wird im großtechnischen Maßstab eingesetzt.

emittere (lat.) = aussenden
immittere (lat.) = hineinschicken

in sehr geringen, für den Menschen zunächst ungefährlichen Konzentrationen können sie biologische Gleichgewichte stören und zu katastrophalen Entwicklungen führen.

Die extrem empfindlichen Untersuchungsmethoden der modernen analytischen Chemie ermöglichen das Auffinden winzigster Spuren dieser Schadstoffe. Durch Modellrechnungen mit Großcomputern wird dann versucht, ihre wechselseitigen und längerfristigen Auswirkungen vorherzusagen, um vor gefährlichen Entwicklungen rechtzeitig warnen zu können.

Die wichtigsten Problemkreise in diesem Zusammenhang sind:

Kohlendioxid CO_2

Trotz seines geringen Anteils in der Luft beeinflußt es das Klima wesentlich. Kohlendioxid läßt die kurzwelligen Wärmestrahlen der Sonne auf die Erde durch, nicht aber die von der Erde ins Weltall abgegebenen langwelligen Wärmestrahlen (Treibhauseffekt). Eine Erhöhung des CO_2-Gehaltes kann daher zu einer weltweiten Erwärmung mit dramatischen Auswirkungen führen (Ausbreitung der Wüstenregionen, Abschmelzen des Polareises, Ansteigen des Meeresspiegels).

Der natürliche Kreislauf – Entstehung von CO_2 (Atmung, biologische Abbauvorgänge) – Verbrauch von CO_2 (Photosynthese), wurde durch den Einsatz fossiler Brennstoffe (Kohle, Erdölprodukte) und durch das Abholzen von Wäldern in tropischen und subtropischen Gebieten empfindlich gestört. Dies führte zu einem Anstieg des CO_2-Gehaltes von 0,028% auf 0,035% in den letzten hundertfünfzig Jahren und einem jährlichen Anstieg von zur Zeit über 0,0015%. Die Vorhersagen über den Zeitpunkt und das Ausmaß der klimatischen Effekte weichen zum Teil noch voneinander ab, da für Klimaprognosen die Wechselwirkungen sehr vieler, zum Teil nicht exakt erfaßbarer Faktoren berücksichtigt werden müssen. Unbestritten ist jedoch, daß die Menschheit die Fähigkeit erlangt hat, über die Veränderung des CO_2-Gehalts der Atmosphäre das Klima drastisch zu beeinflussen.

Auch Methangas, das bei Gärungsvorgängen (Sümpfe, Reisfelder, Verdauungstrakt der Wiederkäuer) gebildet wird und in der Luft in Spuren von 1,2 – 1,5 ppm vorhanden ist, bewirkt einen Treibhauseffekt.

Kohlenmonoxid CO

Kohlenmonoxid entsteht bei jeder Verbrennung kohlenstoffhaltiger Substanzen in unterschiedlichen Mengen. Trotz seiner extremen Giftigkeit (siehe Seite 66) stellt es außer an stark befahrenen Straßen und bei Inversionswetterlagen kein Umweltproblem dar, weil es in der Atmosphäre rasch in CO_2 umgewandelt wird und sich daher nicht ansammelt.

Durch die Einführung der Auspuffkatalysatoren ist bereits eine deutliche Verbesserung eingetreten.

Schwefeldioxid SO_2

Natürliche Quellen für Schwefeldioxid sind die Vulkangase, daneben wird es in großen Mengen bei der Verbrennung von Kohle und Erdölprodukten abgegeben. Mit der Feuchtigkeit der Luft reagiert es zu H_2SO_3 (Schweflige Säure), die rasch zu H_2SO_4 (Schwefelsäure) weiteroxidiert wird und den Hauptbestandteil des sauren Regens bildet. Dieser verursacht Materialschäden (verstärkte Korrosion von Metallen, Zerstörung von historischen Bauwerken aus Kalkstein), eine Übersäuerung des Bodens (vermehrte Freisetzung giftiger Schwermetalle) und der Gewässer (Absterben des Fischlaiches) und ist eine der Ursachen für das Waldsterben.

Daher ist man bestrebt, den Schwefeldioxidausstoß zu verringern.

Bei gasförmigen (Erdgas) und flüssigen Brennstoffen (Benzin, Diesel, Heizöl) kann die Entschwefelung in der Raffinerie durchgeführt werden, wobei elementarer Schwefel gewonnen wird. Diese Produkte gelangen daher weitgehend schwefelfrei zum Endverbraucher.

Bei festen Brennstoffen (Braun- und Steinkohle) ist nur eine Entschwefelung der Rauchgase technisch möglich.

Die heute meist verwendeten Verfahren benötigen dazu Kalk oder Calciumhydroxid, wobei der Kalk bereits im Verbrennungsraum zugesetzt wird und/oder die Rauchgase mit einer Calciumhydroxidlösung zur Reaktion gebracht werden.

$$SO_2 \quad + \quad \begin{matrix} CaCO_3 \\ Ca(OH)_2 \end{matrix} \quad \rightarrow \quad CaSO_3 \quad + \quad \begin{matrix} CO_2 \\ H_2O \end{matrix}$$

Das entstehende Calciumsulfit $CaSO_3$ reagiert zum Großteil mit Sauerstoff weiter zu Calciumsulfat ($CaSO_4$, Gips), das Endprodukt kann von der Baustoffindustrie verwendet werden.

Oxide des Stickstoffs

Stickstoffmonoxid NO ist ein farbloses, giftiges Gas, das sich an der Luft zu NO_2 umwandelt,
Stickstoffdioxid NO_2 ist ein rotbraunes, giftiges Gas.

NO und NO_2 enstehen bei vielen Reaktionen gemeinsam und werden unter der Bezeichnung **Stickoxide**, allgemeine Formel NO_x, zusammengefaßt.

Stickstoff reagiert mit Sauerstoff im Lichtbogen
Es bildet sich rotbraunes Stickstoffdioxid, mit Wasser entsteht Salpetersäure. In der Natur findet die gleiche Reaktion bei Blitzentladungen statt.

Sie werden bei der Reaktion von Salpetersäure mit Metallen und bei allen Reaktionen gebildet, in denen Stickstoff und Sauerstoff bei hohen Temperaturen zusammentreffen (elektrischer Lichtbogen, Verbrennungsvorgänge).

Natürliche Quellen sind Gewitter (Blitzschlag) und Waldbrände, die Hauptmenge wird aber bei technischen Verbrennungsvorgängen gebildet (Wärmekraftwerke, Öfen, Auspuffgase).

In kleinen Mengen bilden sie den natürlichen Stickstoffdünger der Planzen, in größeren Mengen sind sie ein Bestandteil des sauren Regens und werden als eine der Ursachen des Waldsterbens vermutet.

Unter dem Einfluß ultravioletter Strahlung nimmt ihre schädigende Wirkung noch zu, da sich Ozon bildet, das sowohl für den Menschen als auch für Pflanzen schädlich ist.

$$NO_2 + O_2 \rightarrow NO + O_3$$

Besonders im Sommer und während längerer Schönwetterperioden können gesundheitsschädliche Ozonwerte auftreten. Ozon kann seinerseits mit unverbrannten Kohlenwasserstoffen zu anderen, ebenfalls gesundheitsschädlichen Verbindungen weiterreagieren (photochemischer Smog).

Die Emission von Stickoxiden durch Verbrennungsanlagen und Kraftfahrzeuge stellt daher eine große Umweltbelastung dar. Sie kann durch entsprechende Konstruktion der Verbrennungsanlage (niedrige Flammentemperatur – weniger Stickoxide) und durch Reinigung (Entstickung) der Abgase verringert werden.

In Wärmekraftwerken erfolgt die Reinigung durch Reaktion der Rauchgase mit zugesetztem Ammoniak:

$$6\ NO \quad + \quad 4\ NH_3 \quad \xrightarrow{\text{Katalysator}} \quad 5\ N_2 \quad + \quad 6\ H_2O$$

Aus den Auspuffgasen können sie durch Reaktion mit dem darin ebenfalls vorhandenen Kohlenmonoxid entfernt werden. Auch für diese Reaktion ist ein Katalysator (Platin) erforderlich.

$$2\ NO \quad + \quad 2\ CO \quad \xrightarrow{\text{Katalysator}} \quad N_2 \quad + \quad 2\ CO_2$$

Unverbrannte Kohlenwasserstoffe

Diese Stoffgruppe gelangt teils durch Autoabgase, teils in der Erdöl-industrie in die Atmosphäre und trägt dort, in Verbindung mit Ozon, zum Smog bei.

Staubförmige Verunreinigungen

In der Nähe großer Industriezentren (Stahlwerke, Zementfabriken, Wärmekraftwerke) und in Ballungszentren mit starkem Autoverkehr nehmen die Immissionen sprunghaft zu. So fallen beispielsweise in Wien auf einen Quadratmeter Bodenfläche im Jahr bis zu 140 g Staub. Enthält der Staub Metalloxide (z. B. CaO), so kann es in Ballungszentren auch zu einem „basischen Regen" kommen.

Die Staubteilchen bilden Kondensationskeime und führen so zu einer verstärkten Dunst- und Wolkenbildung. Bei Industrieanlagen läßt sich die Staubabgabe durch elektrostatische Filter wirkungsvoll verhindern (Reinigungsgrad 99,5%).

Durch bessere Entstaubungsanlagen der Industrie und durch die Verdrängung der Kohle als Brennstoff zur Wohnraumheizung hat sich die Staubbelastung bereits deutlich vermindert.

Smog

Smog: Kunstwort, gebildet aus *sm*oke (Rauch) und f*og* (Nebel).
1952 starben in London über 4000 Menschen an den Auswirkungen des Smogs.

Luftverschmutzung
Vor allem bei Industrieanlagen und Kraftwerken erfolgten jedoch inzwischen beachtliche Verbesserungen der Abgasreinigungsanlagen.
Allerdings kann es immer noch, besonders in Beckenlagen und bei Inversionswetter, durch die Emissionen von Straßenverkehr und Heizungsanlagen zu problematischen Schadstoffkonzentrationen kommen, wie der tieferstehende Zeitungsausschnitt dokumentiert.

Da zur Zeit die Grenzwerte für Luftschadstoffe in Ballungszentren vor allem bei Inversionswetterlagen nicht immer eingehalten werden, gibt es Smogalarmpläne, um kurzfristig gesundheitsgefährdende Schadstoffkonzentrationen zu vermeiden.

Bei **Alarmstufe 1** ist die Schadstoffkonzentration so hoch, daß eine Gefährdung für Kinder sowie ältere und kranke Menschen nicht mehr auszuschließen ist (SO_2 oder NO_x über 0,4 mg/m^3 oder CO über 25 mg/m^3).
Die Bevölkerung wird über die Gefahr informiert und aufgefordert, zu einer Verbesserung der Situation beizutragen, d. h. Heizungsanlagen zu drosseln und unnötige Fahrten mit dem Auto zu unterlassen, die Heizanlagen in Amtsgebäuden werden auf 18 °C Raumtemperatur gedrosselt und Wärmekraftwerke und Heizanlagen auf Erdgas oder schadstoffärmere Brennstoffe umgestellt.

Bei **Alarmstufe 2** (SO_2 oder NO_x über 0,6 mg/m^3 oder CO über 30 mg/m^3) sind die Heizanlagen auf 18 °C Raumtemperatur zu drosseln (Amtsgebäude auf 16 °C).

Alarmstufe 3 (SO$_2$ oder NO$_x$ über 0,8 mg/m^3 oder CO über 60 mg/m^3) hat ein generelles Fahrverbot für Autos (ausgenommen Katalysator- und Einsatzfahrzeuge), die Sperre von Schulen und Kindergärten, eine Drosselung aller Heizungen auf 16 °C und die Einstellung bzw. Drosselung von luftverschmutzenden Industrieanlagen zur Folge.

Der Ozonschild der Erde

Ozon wird in den höheren Schichten der Atmosphäre durch die kurzwellige und sehr energiereiche UV-Strahlung der Sonne gebildet. Da Ozon diese Strahlung absorbiert, schützt die in 20 – 50 km Höhe befindliche Zone erhöhten Ozongehalts die Erdoberfläche vor schädlichen Auswirkungen.

Seit Modellrechnungen auf eine Gefährdung des Ozonschildes durch Stickstoffoxide und die Treibgase von Spraydosen (Freone) hinweisen (beide Stoffe katalysieren den Zerfall des Ozons) und über den Polargebieten jahreszeitlich auftretende „Ozonlöcher" bereits festgestellt wurden, ist er Gegenstand intensiver Untersuchungen.

In zahlreichen Industriestaaten wurde die Verwendung von Freonen für Spraydosen daher bereits verboten oder stark eingeschränkt.

Übungen:

8.1 Warum können auch sehr strenge österreichische Abgasvorschriften nur zu einem Teilerfolg bei der Luftreinhaltung führen?

8.2 Welche Luftschadstoffe wirken sich eher auf die gesamte Erde aus, welche sind in ihrer Wirkung eher auf einzelne Regionen begrenzt?

8.3 Ozon ist in der Atmosphäre sowohl erwünscht wie unerwünscht. Erkläre diesen scheinbaren Widerspruch.

8.4 Welche Brennstoffe belasten die Luft kaum mit Schwefeldioxid?

9. Wasser

Wasser unterscheidet sich in einigen Punkten von anderen Flüssigkeiten. Es besitzt seine größte Dichte bei 4 °C, also einige Grade oberhalb der Schmelztemperatur; es dehnt sich beim Gefrieren aus, Eis hat daher eine geringere Dichte. Die spezifische Wärme von Wasser ist besonders hoch (um 1 kg um 1 °C zu erwärmen sind 4,18 kJ notwendig), wodurch das Klima der Erde entscheidend geprägt wird.

Der Aufbau des Wassermoleküls

Bei der Elektrolyse des Wassers (siehe Seite 5) entstehen zwei Volumsteile Wasserstoff und ein Teil Sauerstoff. Es sind daher doppelt so viele Wasserstoffatome wie Sauerstoffatome entstanden, die Formel des Wassers lautet H_2O.

Auf Grund der Bindungsverhältnisse folgt, daß die O – H -Bindung stark polar ist (siehe Seite 26). Das gewinkelt aufgebaute Wassermolekül ist daher ein starker Dipol. Dies bestimmt die Eigenschaften des Wassers wesentlich (siehe Seite 39).

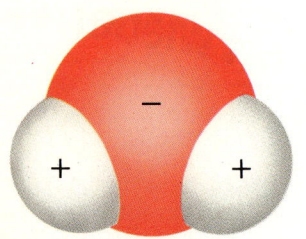

Das Wassermolekül als Dipol

9.1   Wasser als Lösungsmittel

Wegen seiner Dipolmoleküle ist Wasser ein gutes Lösungsmittel für viele Stoffe.

Betrachten wir die Vorgänge beim **Lösen** am Beispiel eines Kochsalzkristalls:
Die Wassermolekül-Dipole lagern sich zunächst an die Ionen der Kristalloberfläche an und orientieren sich dabei so, daß dem Ion der jeweils entgegengesetzt geladene Teil des Dipols zugekehrt ist. Die Schwingungen der Ionen infolge der Wärmebewegung ermöglichen es den Wassermolekülen, an der Oberfläche und den Kanten zwischen die Ionen des Gitters einzudringen, sie ganz zu umhüllen (hydratisieren) und so aus dem Gitter herauszulösen.

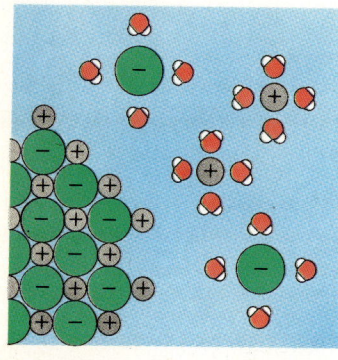

Die Auflösung eines Salzkristalles in Wasser

Manche Ionen geben die anhaftenden Wassermoleküle beim Verdampfen nicht frei, sondern bauen sie in das Kristallgitter ein. Man spricht von **Kristallwasser**. Durch Erhitzen der Kristalle kann es entfernt werden. Dieser Vorgang ist umkehrbar, was bei der Verwendung von Gips ausgenutzt wird (siehe Seite 71).

Beispiele für Verbindungen mit Kristallwasser:
Calciumsulfat (Gips) $CaSO_4 \cdot 2\ H_2O$
Kupfersulfat $CuSO_4 \cdot 5\ H_2O$
Die Zahl der Wassermoleküle pro Formeleinheit wird nach der Formel des Salzes, getrennt durch einen Punkt, angegeben.

Wird genügend Substanz ins Wasser gegeben, so bleibt ein Teil ungelöst. Einerseits werden Ionen von Wassermolekülen umhüllt und verlassen die Kristalloberfläche, andererseits stoßen hydratisierte Ionen gegen die Oberfläche und werden wieder festgehalten. Sind beide Vorgänge gleich stark, so gehen in Summe keine Ionen mehr in die Flüssigkeit über, die Lösung ist gesättigt.
Beim Erwärmen einer gesättigten Lösung gehen in der Regel wegen der stärkeren Wärmebewegung noch mehr Ionen in Lösung – die Löslichkeit steigt also mit zunehmender Temperatur. Beim Erkalten scheidet sich die entsprechende Menge wieder in Form von Kristallen ab.

Der Lösungsvorgang kann beschleunigt werden durch:

- **Zerkleinern** des zu lösenden Stoffes: Die dem Angriff des Wassers ausgesetzte Oberfläche wird vergrößert.
- **Umrühren:** Die hydratisierten Ionen an der Oberfläche des Kristalls werden weggeschafft und verteilt.
- **Erwärmen:** Die Wärmebewegung unterstützt den Lösungsvorgang. Ausnahmen sind die Gase, ihre Löslichkeit nimmt bei höheren Temperaturen ab.

Wegen seines großen Lösungsvermögens gibt es in der Natur kein chemisch reines Wasser. Schon im Kontakt mit der Luft werden Gase gelöst, wobei sich der Sauerstoff etwas besser löst als der Stickstoff. Am leichtesten lösen sich säurebildende Gase wie Kohlendioxid und Schwefeldioxid.

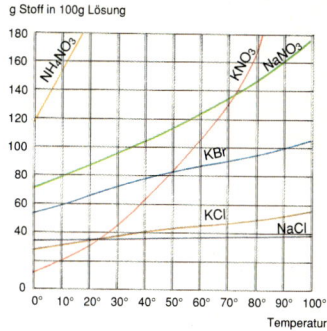

Die Löslichkeit von Salzen in Wasser ist von der Temperatur abhängig.

Osmose

Wird ein Gefäß, das mit einem Steigrohr versehen und mit einer halbdurchlässigen Membrane verschlossen ist, mit einer konzentrierten Salz- oder Zuckerlösung gefüllt und in reines Wasser gestellt, so ist nach einiger Zeit ein Ansteigen der Flüssigkeit im Rohr zu beobachten. Schließlich wird ein Gleichgewichtszustand erreicht, der von der Konzentration der gelösten Stoffe abhängt.

Die halbdurchlässige (semipermeable) Membrane ist nur für die Lösungsmittelmoleküle, nicht aber für die Teilchen des gelösten Stoffes durchlässig. Auf Grund der Wärmebewegung stoßen auf beiden Seiten Teilchen gegen die Membrane, die Gesamtzahl der Stöße pro Zeiteinheit ist auf beiden Seiten gleich. Da jedoch auf der Seite der Lösung die Konzentration der Wassermoleküle geringer ist, können dort nur weniger Wassermoleküle gegen die Membrane prallen und sie durchdringen als auf der Seite des reinen Wassers. Das hat zur Folge, daß in Summe Wassermoleküle vom reinen Wasser zur Lösung überwechseln und dort der Druck so lange ansteigt, bis ein Gleichgewichtszustand erreicht ist, in dem pro Zeiteinheit gleich viele Wassermoleküle in jeder Richtung durch die Membrane treten.

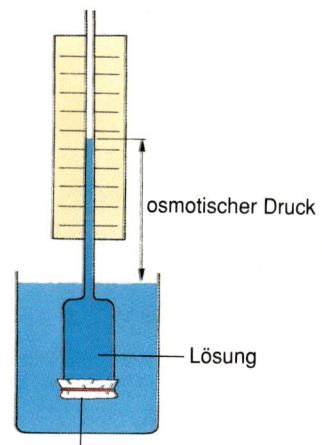

osmotischer Druck

Lösung

halbdurchlässige Wand

Die Osmose spielt in der **Biologie** eine überragende Rolle. Zellen erhalten ihre Form dadurch, daß der Raum außerhalb der Zelle mit einer Flüssigkeit niedrigerer Konzentration gefüllt ist. Da die Zellwände semipermeabel sind, kommt es zur Ausbildung des osmotischen Zelldruckes. Wird die Konzentration der extrazellulären Flüssigkeit erniedrigt, so können die Zellen zum Platzen gebracht werden; erhöht man die Konzentration, so schrumpfen die Zellen.

Meerwasser ist zum Trinken ungeeignet, da sein Salzgehalt größer ist als die Salzkonzentration in den Zellen der Magenschleimhaut. Es kann daher nicht nur von diesen nicht aufgenommen werden, sondern entzieht ihnen im Gegenteil noch Wasser.

Destilliertes Wasser hingegen ist ebenfalls gesundheitsschädlich. Werden größere Mengen getrunken, so steigt der Druck in den Zellen der Magenwände so stark an, daß sie platzen und Magenbluten verursachen können.

Hat eine Flüssigkeit hingegen den gleichen osmotischen Druck wie die Zellflüssigkeit, so wird sie vom Körper besonders rasch aufgenommen. Dies nutzt man im Leistungssport bei den **isotonischen Getränken** aus.

Durch die Entwicklung druckfester Kunststoffmembranen ist es gelungen, die Osmose auch technisch nutzbar zu machen. Bei der **umgekehrten Osmose** wird auf der Seite der Lösung ein Druck ausgeübt, der größer ist als der osmotische Druck. Daher wechseln die Wassermoleküle in der umgekehrten Richtung durch die Membrane, von der Lösung zum reinen Wasser. Das Verfahren wird unter anderem zur Gewinnung von reinem („destilliertem") Wasser und zur Meerwasserentsalzung angewandt.

membrana (lat.) = Häutchen
semi (lat.) = halb
permeare (lat.) = durchwandern

9.2 Wasser als Rohstoff

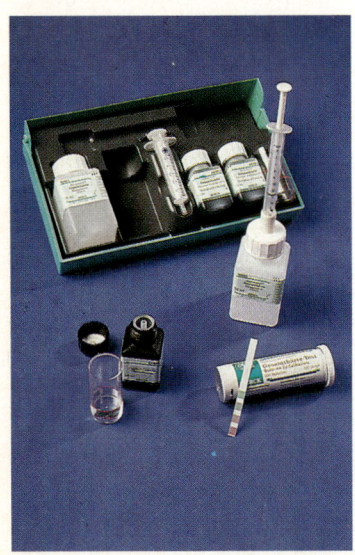

Alpengletscher sind mögliche Trinkwasser-reserven für den mitteleuropäischen Raum.

Die Sonne unterhält den Wasserkreislauf unserer Erde. Täglich läßt die Sonnenenergie fast 1 000 Kubikkilometer Wasser verdunsten. Der größte Teil fällt als Regen wieder ins Meer, ein kleiner Teil verteilt sich über das Land und füllt Seen und Grundwasserbestände.

Mit der stärkeren Nutzung unserer Wasservorräte für die verschiedensten Zwecke, aber auch mit der intensiven Bodennutzung und dem Zurückdrängen des Waldes tritt Wasserknappheit auf. Ein Mensch in den Entwicklungsländern verbraucht durchschnittlich 40 l Wasser pro Tag, in Deutschland sind es 320 l und in den USA bereits 900 l.

Der Ausdruck Wasser*verbrauch* ist dabei irreführend, da diese Wassermenge nicht verbraucht, sondern als Schmutzwasser wieder an die Umwelt abgegeben wird.

Die Härte des Wassers

1 Mol CaO entspricht 1 Mol $Ca(HCO_3)_2$
oder 1 Mol $Mg(HCO_3)_2$
oder 1 Mol $CaSO_4$

Das Niederschlagswasser sickert in den Boden und löst dabei eine Reihe von Stoffen, hauptsächlich Calcium- und Magnesiumsalze, bis es schließlich entweder von selbst wieder bei einer Quelle zutage tritt oder als Grundwasser hochgepumpt wird. Quell- und Grundwasser ist daher niemals „chemisch rein".

Die Calcium- und Magnesiumsalze bewirken die **Härte des Wassers**.

Härtegrade (d)	Wasser
bis 4	sehr weich
4 – 8	weich
8 – 12	mittelhart
12 – 18	ziemlich hart
18 – 30	hart
über 30	sehr hart

- Das gelöste Calcium- und Magnesiumhydrogencarbonat bildet die **temporäre Härte** (Carbonathärte), die beim Erhitzen des Wassers verschwindet, da sich diese Stoffe in Form ihrer wasserunlöslichen Carbonate („Kesselstein") abscheiden:

$$Ca(HCO_3)_2 \rightarrow CaCO_3 + H_2O + CO_2$$
$$Mg(HCO_3)_2 \rightarrow MgCO_3 + H_2O + CO_2$$

Der Begriff Wasser*härte* wurde etwas unglücklich gewählt, da er nichts mit einer „Härte" im Sinn von „Festigkeit" zu tun hat.

- Die **permanente Härte** (Nichtcarbonathärte) wird von Calcium- und Magnesiumsulfat bzw. -chlorid verursacht. Sie läßt sich durch Erhitzen nicht entfernen.

Temporäre und permanente Härte bilden die **Gesamthärte**.

Die Wasserhärte wird in mmol/l Calcium oder in deutschen Härtegraden angegeben.

Ein deutscher Grad (1 °d) entspricht 10 mg CaO in 1 l Wasser.
1 mmol/l Calcium = 5,60 °d

Calciumoxid selbst ist im Wasser nicht enthalten. Die Einheit stammt aus den Anfängen der Chemie, als zur Härtebestimmung das Wasser verdampft, die Feststoffe weiter geglüht und der schließlich hauptsächlich aus CaO bestehende Rückstand gewogen wurde.
Heute werden die Calcium- und Magnesiumsalze auf einfachere Weise bestimmt und die Werte dann auf mg CaO als einheitliches Vergleichsmaß umgerechnet.

Üblicherweise bildet die temporäre Härte den weitaus größeren Anteil (ca. 90%) an der Gesamthärte. Der Anteil der Magnesiumverbindungen liegt bei ca. 20%.

Die Wasserhärte ist kein biologisches, sondern ein technisches Gütekriterium des Wassers. Während aus biologischer Sicht ein Gehalt von ca. 75 mg Calcium (= 10 °d) wünschenswert ist und auch wesentlich höhere Werte unbedenklich sind, ist die Härte überall dort störend, wo Wasser erhitzt oder für Waschzwecke verwendet wird.

Wegen der großen praktischen Bedeutung der Wasserhärte sind verschiedene Chemikaliensätze im Handel, mit denen sie leicht bestimmt werden kann.

Auswirkungen der Wasserhärte

Beim Erhitzen über ca. 60 °C scheidet sich die temporäre Härte in Form von unlöslichem Calcium- und Magnesiumcarbonat ab, wodurch die Geräte (Heißwasserspeicher, Durchlauferhitzer, Waschmaschinen, Geschirrspüler, Kaffeemaschinen) rasch verkalken und ihre Heizelemente durchbrennen würden.

Auf der Wäsche führt die Ablagerung winziger scharfkantiger Kalkkristalle zu einem rascheren Durchscheuern der Fasern.

Die Gesamthärte wirkt sich vor allem beim Waschen mit Seife aus, da die Ca^{2+}- und Mg^{2+}-Ionen mit der Seife einen unlöslichen, nicht waschwirksamen Niederschlag („Kalkseife") bilden, wodurch mehr Seife verbraucht und die Wäsche verschmutzt wird.

Wasser aus Gebieten mit wenig Kalkgestein weist nur eine sehr geringe Härte auf (0° – 4°), es ist „weich". Quellwasser aus Kalkgebirgen liegt meist im Bereich von 6° – 15°, während Grundwasser aus Kalkschotter oft Werte über 30° erreicht.

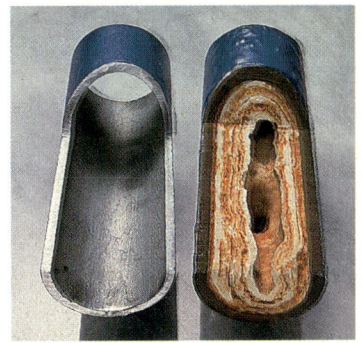

Durch hartes Wasser verkalktes Leitungsrohr.

Zum Enthärten des Wassers werden verschiedene Methoden angewandt:

- Enthärten mit **Natrium-Aluminium-Silicat**:
  Natrium-Aluminium-Silicat hat die Fähigkeit, Calcium- und Magnesiumionen aufzunehmen und dafür die bisher von ihm gebundenen Natriumionen abzugeben. Es wird in Waschmitteln eingesetzt (bis zu 40%).

- **Enthärten durch Ionenaustauscher**:
  Eine nahezu vollständige Entfernung aller gelösten Ionen kann durch Ionenaustauscher erreicht werden. Dazu dienen (meist in Form kleiner gelbbrauner Kügelchen hergestellte) Kunstharze, an deren Riesenmoleküle entweder saure ($-SO_3^-H^+$) oder basische Atomgruppen ($-NH_3^+OH^-$) gebunden sind.
  Fließt nun das Wasser zuerst durch den sauren Austauscher, so werden dort alle positiv geladenen Ionen (Ca^{2+}, Mg^{2+}, Na^+, ...) gegen H_3O^+-Ionen ausgetauscht. Im darauf folgenden basischen Austauscher werden alle negativ geladenen Ionen (HCO_3^-, SO_4^{2-}, Cl^-, ...) gegen OH^--Ionen ausgetauscht. Da die H_3O^+- und OH^--Ionen sofort zu H_2O reagieren, enthält das Wasser nun praktisch keine Ionen mehr, es wurde entionisiert.
  Der Austauscher ist erschöpft, wenn alle seine H^+- und OH^--Ionen ausgetauscht wurden. Er muß dann mit verdünnter Säure (H_3O^+ verdrängt die Metallionen) bzw. mit verdünnter Natronlauge (OH^- verdrängt die negativ geladenen Ionen) regeneriert werden.
  In manchen Fällen, z. B. bei Geschirrspülern, genügt es, nur die härtebildenden Ionen (Ca^{2+} und Mg^{2+}) gegen Na^+-Ionen auszutauschen. Es findet dann nur ein Ionenaustauscher Verwendung, der mit Kochsalzlösung regeneriert wird.

Die Struktur von Sasil im Modell
Der Hohlraum in der Mitte nimmt ein Ca^{2+}-Ion auf.
Sasil von engl. *s*odium (= Natrium)-*a*lumini-um-*sil*icate

Die Abwasserreinigung

Je nach Herkunft des Abwassers ist eine grobe Unterscheidung möglich:
Haushaltsabwässer setzen sich aus dem Gebrauchswasser der Wohnungen, aus dem Schmutzwasser durch Niederschläge und den Abwässern von Gewerbebetrieben zusammen.
Industrielle Abwässer fallen als Kühl- und Waschwässer an und sind in der Regel mit Schadstoffen belastet, die für die jeweilige Industrie charakteristisch sind.

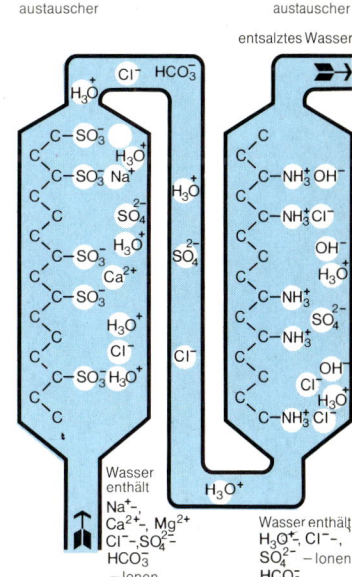

Die Wasserenthärtung durch Ionenaustauscher.

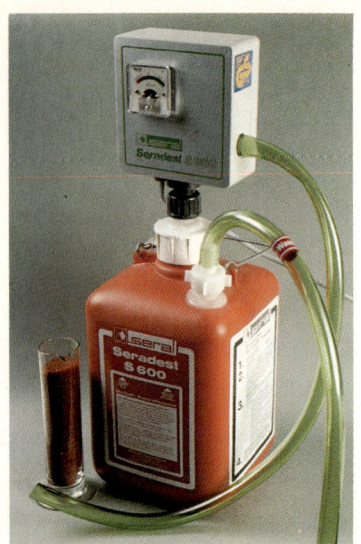

Laboranlage mit Ionenaustauscher zur Herstellung von reinem Wasser.
Der Kanister enthält das Ionenaustauscher-Harz, eine Probe davon befindet sich im Glaszylinder. Mit dem Leitfähigkeitsmeßgerät auf dem Kanister wird die Wasserqualität überprüft.

Abgesehen von der Schadstoffbelastung kann auch die durch Abwässer verursachte Erwärmung eines Flusses zum Problem werden, da die erhöhte Wassertemperatur zu einer Verringerung des Sauerstoffgehaltes im Wasser und zu einer Störung biologischer Abläufe führen kann.

Bei fließenden Gewässern, die nur gering durch Abwässer belastet sind, tritt eine **natürliche Selbstreinigung** ein. Die im Wasser vorhandenen Mikroorganismen oxidieren die organischen Verbindungen unter Sauerstoffverbrauch und bilden phosphat- und stickstoffreiche Verbindungen. Diese sind meist wasserlöslich und in geringer Konzentration unschädlich.

Gelangen Phosphate aus Düngemitteln in Flüsse und Seen, so fördern sie das Wachstum von Pflanzen, vor allem von Grünalgen (Überdüngung = Eutrophierung). Diese Pflanzen, die einen Teil des Planktons bilden, werden nach ihrem Absterben durch Mikroorganismen oxidiert; dabei wird Sauerstoff verbraucht.
Ist das Wachstum der Algen zu üppig, so reicht der im Wasser gelöste Sauerstoff zum vollständigen Abbau nicht aus. Nun können anaerobe Fäulnisbakterien wirksam werden, durch deren Tätigkeit Kohlenwasserstoffe – wie Methan – entstehen. Der Abbau von Eiweiß führt unter anderem zur Bildung von Schwefelwasserstoff und Ammoniak. Die natürliche Selbstreinigung des Wassers geht verloren, das Gewässer „kippt um".

Weitere Verschmutzungsfaktoren sind Treibstoffe, Motor- und Heizöle, die durch Unfälle und Sorglosigkeit in den Boden oder in Gewässer gelangen. Schon geringe Mengen dieser Stoffe führen zu einer bedrohlichen Verseuchung des Grundwassers. (1 l Heizöl macht 1 000 m³ Wasser für den menschlichen Genuß unbrauchbar!)

Abwasserreinigung in Kläranlagen:

Kläranlagen für Haushaltsabwässer bestehen aus bis zu drei Stufen.

Zuerst werden in der **mechanische Stufe** Feststoffe durch Rechen und Absetzbecken, Öl durch einen Ölabscheider zurückgehalten.

In der darauf folgenden **biologischen Stufe** werden organische Schmutzstoffe durch Mikroorganismen abgebaut. Dafür sind verschiedene Verfahren im Einsatz.

Bei dem häufig verwendeten Belebtschlammverfahren erfolgt die Klärung in gut durchlüfteten Becken mittels eines belebten Schlamms. Der anfallende Klärschlamm wird entweder verbrannt oder in Faultürmen zu Biogas (Methan) und Dünger umgewandelt oder direkt als Dünger verwendet.

Die Verwendung von Klärschlamm als Dünger ist allerdings nicht unbedingt eine „biologische" Alternative, da er je nach Herkunft problematische Mengen an Schwermetallen (Pb, Cd, Hg) enthalten kann.

Enthält das Abwasser spezielle Verunreinigungen, so können diese noch in einer dritten, **chemischen Stufe** durch Zusatz geeigneter Chemikalien beseitigt werden, z. B. die Polyphosphate durch Ausfällen mit Eisensalzen.

Das Reinigungsvermögen einer zweistufigen Kläranlage

Organische Stoffe	85%
Stickstoffverbindungen	30%
Phosphorverbindungen	30%
Chlorid	0%

Kläranlage
Reinigungskapazität über 500 000 m³
Abwasser pro Tag.

Die Menge der im Wasser enthaltenen organischen Schmutzstoffe wird durch die Sauerstoffmenge, die zu ihrer Oxidation notwendig ist, angegeben.

Durch vollständige Oxidation mit starken Oxidationsmitteln erhält man den *c*hemischen *S*auerstoff*b*edarf (CSB-Wert, auch TOC-Wert genannt, von engl. *t*otal *o*rganic *c*arbon). Die im Wasser vorhandenen Mikroorganismen können den Schmutz nur relativ langsam und oft nur teilweise abbauen; man nimmt daher meist ihren *b*iologischen *S*auerstoff*b*edarf in fünf Tagen (BSB$_5$-Wert) als Vergleich. Je näher der BSB$_5$-Wert an den CSB-Wert herankommt, desto besser ist der Schmutz biologisch abbaubar.

Übungen:

9.1 Zähle einige Maßnahmen auf, durch die es möglich ist, den Wasserverbrauch eines Haushaltes ohne Komfortverlust zu verringern.

9.2 Warum ist es sinnvoll, den Heißwasserspeicher (Boiler) so zu regeln, daß die Wassertemperatur 50 °C nicht übersteigt?

9.3 Zur Finanzierung von Umweltschutzmaßnahmen wird oft das „Verursacherprinzip" herangezogen. Welche Probleme kann das für stark exportorientierte Industriezweige wie die Papierindustrie mit sich bringen?

9.4 Warum ist die Gefahr einer Sauerstoffverknappung und damit des „Umkippens" bei Seen wesentlich größer als bei Flüssen?

10. Technisch wichtige Gase

10.1 Wasserstoff

Im gesamten Weltall ist Wasserstoff das häufigste Element, sein Anteil wird auf ca. 90% geschätzt (9% Helium, 1% alle übrigen Elemente). Auf der Erde kommt er nur chemisch gebunden vor: im Wasser, in den organischen Verbindungen und in einigen Mineralien.

Die technische Gewinnung erfolgt:

- Durch Reduktion von Wasserdampf mit Methan (Erdgas) bei Temperaturen oberhalb 900 °C mit Hilfe von Katalysatoren:

$$CH_4 + H_2O \rightarrow 3\,H_2 + CO$$

- Durch Verwendung von Kohle als Reduktionsmittel. In einer endothermen Reaktion entsteht bei über 1000 °C ein Gemisch aus Wasserstoff und Kohlenmonoxid („Wassergas"):

$$C + H_2O \rightarrow H_2 + CO \qquad \Delta H = +131{,}3\ kJ$$

Durch Reaktion mit Wasserdampf bei 500 °C wird das Kohlenmonoxid in Kohlendioxid umgewandelt und mit Wasser ausgewaschen:

$$CO + H_2O \rightarrow H_2 + CO_2 \qquad \Delta H = -41{,}2\ kJ$$

Die Elektrolyse von Wasser ist wegen des hohen Strombedarfs nur in Ausnahmefällen rentabel; bei der Elektrolyse von Kochsalzlösung zur Gewinnung von Chlor und Natronlauge entsteht jedoch Wasserstoff als wertvolles Nebenprodukt (siehe Seite 50).

Eigenschaften

Wasserstoff ist ein farb-, geruch- und geschmackloses Gas. Mit einer Dichte von 0,09 g/dm³ ist er der leichteste Stoff.

Die geringe Größe und Masse seiner Moleküle und deren dadurch bedingte hohe durchschnittliche Geschwindigkeit haben zur Folge, daß er leicht durch poröse Materialien und sogar durch verschiedene Metalle dringt (diffundiert).

Wasserstoff-Luft-Gemische explodieren bei Entzündung; das Gemenge wird **Knallgas** genannt.

Die weiten Explosionsgrenzen (4 – 74% Wasserstoffanteil in der Luft bilden ein explosionsfähiges Gemisch) bedingen zusammen mit der großen Diffusionsfähigkeit die besondere Gefährlichkeit des Wasserstoffs.

Verwendung

- Zur Herstellung von **Ammoniak** aus N_2 und H_2.

- Als **Reduktionsmittel** zur Gewinnung mancher Metalle, z. B. Wolfram: $WO_3 + 3\,H_2 \rightarrow W + 3\,H_2O$

- Zum Härten von Fetten (Margarineherstellung). Der Wasserstoff reagiert dabei mit flüssigen pflanzlichen Ölen und es entstehen halbfeste, streichfähige Fette.

Eine mögliche zukünftige Verwendung von Wasserstoff als **Energieträger** ist Gegenstand intensiver Forschungen. Voraussetzung ist eine kostengünstige Gewinnung, im Idealfall durch Spaltung von Wasser mit Sonnenlicht (Photolyse). Verglichen mit Kohle oder Öl würde Wasserstoff die Umwelt wesentlich weniger belasten. Auch an die Verwendung als Autotreibstoff ist gedacht. Verbrennungsmotoren lassen sich nach kleinen Änderungen damit betreiben, Elektrofahrzeuge könnten ihre Energie aus Brennstoffzellen beziehen. Die

WASSERSTOFF

Symbol	H
Ordnungszahl	1
Atommasse	1,00797 u
Schmelztemperatur	– 259,2 °C
Siedetemperatur	– 252,77 °C
Dichte	0,08987 g/dm³
Oxidationszahl	+ I (– I)

Wasserstoff = Hydrogenium
von hydor (griech.) = Wasser
geneo (griech.) = bilden

Wasserstoff wird mit einem Druck von 200 bar in Stahlflaschen abgefüllt (rote Kennzeichnungsfarbe und Linksgewinde). Die Gasentnahme erfolgt mit einem Druckminderungsventil.

Die Explosion des Luftschiffes Hindenburg bei der Landung in den USA 1937 zeigte in dramatischer Weise die Gefährlichkeit von Wasserstoff.

SAUERSTOFF

Symbol	O
Ordnungszahl	8
Atommasse	15,9994 u
Schmelztemperatur	– 218,76 °C
Siedetemperatur	– 182,97 °C
Dichte	1,42895 g/dm^3
Oxidationszahl fast immer	– II

Sauerstoff = Oxygenium
von oxys (griech) = sauer
geneo (griech.) = bilden

Ein Eisendraht brennt in reinem Sauerstoff.

Speicherung kann durch Legierungen von Eisen mit Titan oder Magnesium erfolgen, die Wasserstoff „aufsaugen" und beim Erwärmen wieder abgeben.

Übungen:

10.1 Das Element Wasserstoff wird mangels besserer Alternativen in die erste Gruppe des Periodensystems geschrieben. Was spricht für diese Einordnung, wodurch unterscheidet sich der Wasserstoff jedoch deutlich von den unter ihm stehenden Elementen?

10.2 Warum verbinden sich H$_2$ und O$_2$ nicht schon bei Zimmertemperatur?

10.2 Sauerstoff

Vorkommen

In gebundener Form ist Sauerstoff das häufigste Element der Erdkruste (49 Massenprozent), da er in allen Gesteinen enthalten ist. In freier Form kommt er zu 21 Volumsprozent in der Luft vor.

Gewinnung

Durch Verfüssigung und Destillation der Luft im Linde-Verfahren (siehe Seite 51). Sauerstoff wird unter einem Druck von rund 200 bar in Stahlflaschen gefüllt und so transportiert (blaue Kennfarbe, Rechtsgewinde).

Eigenschaften

Sauerstoff ist ein farb-, geruch- und geschmackloses Gas. Man erkennt ihn an seiner Fähigkeit, einen glimmenden Holzspan zum Aufflammen zu bringen.

In reinem Sauerstoff verbrennen Stoffe viel lebhafter als an Luft, in der er durch Stickstoff verdünnt ist.
Beispielsweise verbrennt in reinem Sauerstoff auch Eisen.

Verwendung

Die Brennbarkeit von Eisen wird zum Trennen großer Eisenstücke genutzt (autogenes Schneiden).

- Zum autogenen Schweißen und Schneiden. Durch Verbrennen von Ethin (*Acetylen*, C$_2$H$_2$) in reinem Sauerstoff werden Temperaturen bis zu 3000 °C erreicht.

- Zur Stahlerzeugung, um die Verunreinigungen des Roheisens zu entfernen (LD-Verfahren, Seite 91).

- In Atmungsgeräten und in der Medizin.

- In flüssiger Form zur Verbrennung des Raketentreibstoffes in der Weltraumfahrt.

Übungen:

10.3 Wie kam der *Sauer*stoff zu seinem Namen?

10.4 Im Schulversuch wird Sauerstoff mit einem glimmenden Holzspan nachgewiesen. Wäre dies ein geeignetes Verfahren, um in der chemischen Industrie ein unbekanntes Gas zu identifizieren?

10.5 Beim Schweißen verbrennt Ethin (C$_2$H$_2$) mit Sauerstoff. Formuliere die Reaktionsgleichung.

10.3 Stickstoff

Bei der Untersuchung der Luft und des Sauerstoffs stießen die Chemiker des 18. Jahrhunderts auch auf den Stickstoff.

Elementarer Stickstoff ist der Hauptbestandteil der Luft (78%) und wird durch Destillation von flüssiger Luft gewonnen (siehe Seite 51). Chemisch gebunden kommt er hauptsächlich in den Nitraten und in organischen Stoffen vor (Proteine, Nukleinsäuren).
Stickstoff ist ein farbloses, sehr reaktionsträges Gas. Wegen seiner stabilen Dreifachbindung reagiert er bei gewöhnlicher Temperatur mit keinem anderen Element.
Er wird daher als Schutzgas bei Reaktionen mit feuergefährlichen oder sauerstoffempfindlichen Substanzen verwendet.

STICKSTOFF

Symbol	N
Ordnungszahl	7
Atommasse	14,0067 u
Schmelztemperatur	– 209,86 °C
Siedetemperatur	– 195,82 °C
Dichte	1,2506 g/dm^3
Oxidationszahl	+ I bis + V; – III

Symbol N, von lat.: nitrogenium = Salpeterbildner

10.4 Edelgase

Zu den Edelgasen (18. Gruppe) zählen **Helium**, **Neon**, **Argon**, **Krypton**, **Xenon** und **Radon**.

Die physikalischen Daten der Edelgase:

	Helium	Neon	Argon	Krypton	Xenon	Radon
Symbol	He	Ne	Ar	Kr	Xe	Rn
Ordnungszahl	2	10	18	36	54	86
Atommasse	4,0026 u	20,183 u	39,948 u	83,8 u	131,3 u	222 u
Schmelztemp.	– 272,2 °C	– 248,7 °C	– 189,4 °C	– 157,2 °C	– 111,9 °C	– 71 °C
Siedetemp.	– 268,9 °C	– 245,9 °C	– 185,9 °C	– 153,2 °C	– 108,1 °C	– 61,8 °C
Dichte g/dm^3	0,17845	0,9002	1,7824	3,744	5,851	9,73

argos (griech.) = untätig, träge
neos (griech.) = neu
helios (griech.) = Sonne
kryptos (griech.) = verborgen
xenos (griech.) = fremd

Mit Ausnahme des radioaktiven Radons, das in manchen Thermalquellen (z.B. Gastein) vorkommt, enthält die Luft alle Edelgase in geringen Mengen. Durch Destillation der Luft (siehe Seite 61) werden sie gewonnen.

Allerdings darf man sich von den Prozentwerten nicht täuschen lassen. In einem Raum von 40 m^2 Fläche und 3 m Höhe befinden sich immerhin 1000 l Argon, 2 l Neon, ½ l Helium, 0,1 l Krypton und 9 cm^3 Xenon.

Alle Edelgase sind farb-, geruch- und geschmacklose Gase, deren Siede- und Schmelztemperaturen wegen der schwachen Van-der-Waals-Kräfte zwischen den Atomen sehr tief liegen (siehe Seite 38).

Helium findet sich außerdem im Erdgas mancher amerikanischer Lagerstätten (bis zu 7%) und als Einschluß in den Kristallen einiger Mineralien. Es stammt vom Zerfall radioaktiver Elemente in den Gesteinen.

Große Mengen Helium sind auf der Sonne vorhanden, wo es durch Kernfusion aus Wasserstoff gebildet wird. Auf Grund seiner Spektrallinien wurde es zuerst auf der Sonne festgestellt und erst 20 Jahre später auf der Erde entdeckt.
Helium wird erst knapp über dem absoluten Nullpunkt flüssig und besitzt eine extrem gute Wärmeleitfähigkeit. Flüssiges Helium dient daher als Kühlmittel in der Tieftemperaturphysik. Bei diesen tiefen Temperaturen haben einige Metalle und Legierungen keinen elektrischen Widerstand mehr, sie sind supraleitend. Dieser Effekt wird unter ande-

Eine mit Neon gefüllte Gasentladungsröhre sendet ein intensives rotes Licht aus.

rem zur Herstellung sehr starker Elektromagnete, wie sie beispielsweise für die Kernfusion benötigt werden, genutzt.

Weiters wird Helium zum Füllen von Luftballons und – mit 20% Sauerstoff – als „Heliumluft" zum Tauchen in Tiefen bis 100 m verwendet (Vermeidung der lebensgefährlichen Taucherkrankheit bei zu raschem Auftauchen).

Neon sendet rote Spektrallinien aus, wenn man es in ein Glasrohr einschließt und eine hohe Spannung anlegt. Dieser Effekt wird in den Neonröhren für Lichtreklamen ausgenutzt.

Argon ist das am häufigsten in der Luft vorkommende und daher billigste Edelgas. Als **Schutzgas** beim Schweißen und in Glühlampen verhindert es Oxidationen. Auch als Füllgas für Leuchtstoffröhren wird es verwendet.

Krypton und **Xenon** dienen ebenfalls als Füllgas für Glühlampen. Da sie eine geringere Wärmeleitfähigkeit als das Argon haben, genügt schon eine geringere Stromstärke, um den Glühfaden zum Leuchten zu bringen; der Wirkungsgrad dieser Lampen ist daher höher. Xenon ist auch in den Röhren der Elektronenblitzgeräte enthalten.

Radon entsteht als Zwischenprodukt des radioaktiven Zerfalls von Uran und Thorium. Das langlebigste Isotop ^{222}Rn hat eine Halbwertszeit von 3,8 Tagen. Die Zerfallsprodukte sind ebenfalls stark radioaktiv und reichern sich, an Staub gebunden, in der Lunge an. Da nahezu alle Baustoffe geringe Spuren Uran oder Thorium enthalten, können sich in geschlossenen Wohnräumen kleine Mengen Radon ansammeln.

10.5 Oxide des Kohlenstoffs

Bei der Verbrennung kohlenstoffhaltiger Substanzen entsteht **Kohlendioxid** CO_2 und, je nach Sauerstoffzufuhr, ein unterschiedlich großer Anteil **Kohlenmonoxid** CO.

Kohlenmonoxid

Kohlenmonoxid (Kohlenoxid) ist sehr giftig und besonders gefährlich, da es farb- und geruchlos ist. Das Hämoglobin des Blutes bindet Kohlenmonoxid wesentlich stärker als den Sauerstoff und verliert damit die Fähigkeit zum Sauerstofftransport. Schon 0,01 % in der Luft führen zu Vergiftungserscheinungen. Es ist Bestandteil von Rauch- und Auspuffgasen und führt immer wieder zu Todesfällen. Schlecht ziehende Öfen, Durchlauferhitzer ohne eigenen Abzug und in geschlossenen Garagen laufende Automotoren sind die häufigsten Unfallursachen. Bei Bränden stellt das kohlenmonoxidhaltige Rauchgas meist eine größere Gefahr dar als die Flammen selbst.

Erste Hilfe bei Kohlenmonoxidvergiftungen:
Reichliche Frischluftzufuhr, nach Möglichkeit zusätzlich reinen Sauerstoff, sofortige ärztliche Behandlung.

In der Technik findet Kohlenmonoxid als **Reduktionsmittel** (Hochofenprozeß, Seite 89 f.) und in **Heizgasen** Verwendung.

Mit offenem Backrohr Küche geheizt: 70jährige Frau starb

Trauriger Advent: Sie starb, wie sie in den letzten Jahren gelebt hatte – allein. Die 70 jährige Anna L. hatte am Freitag in ihrer Wohnung das Backrohr des Gasherdes angezündet, um es in der Küche ein wenig warm zu haben. Sie ließ die Backrohrtür offenstehen und setzte sich auf eine Sitzbank. Dort wurde sie am späten Abend tot aufgefunden: Ermittlungen der Polizei ergaben, daß die alleinstehende Frau an einer Kohlenmonoxid-Vergiftung gestorben war.

Die Gefährlichkeit von Kohlenmonoxid:

1 % Kohlenmonoxid in der Atemluft führt zum sofortigen Tod.
0,1 % Kohlenmonoxid in der Atemluft ruft Bewußtlosigkeit hervor und führt in wenigen Stunden zum Tod.
0,01 % Kohlenmonoxid in der Atemluft bewirkt deutliche Vergiftungserscheinungen.
Die Abgase von Öfen enthalten 0,1 – 0,5 % Kohlenmonoxid, ungereinigte Auspuffgase von Motoren bis zu 3 %.
Zigarettenrauch enthält ca. 0,05 % CO, wodurch bei Rauchern ca. 5 % des Hämoglobins blockiert sind.

Technisch wichtige Heizgase:
Generatorgas: Ein Gemisch aus Kohlenmonoxid und Stickstoff. Luft wird durch schachtförmige, mit glühender Kohle oder Koks gefüllte Öfen geleitet.
Wassergas: Ein Gemisch aus Kohlenmonoxid und Wasserstoff. Überhitzter Wasserdampf wird über glühende Kohle geleitet:

$$H_2O + C \rightarrow CO + H_2$$

Kohlendioxid

Bei der vollständigen Verbrennung von Kohlenstoff und kohlenstoffhaltigen Verbindungen entsteht CO_2; es ist der Hauptbestandteil der Abgase von Feuerungsanlagen.

$$C + O_2 \rightarrow CO_2 \quad \Delta H = -393{,}5 \text{ kJ}$$

Kohlendioxid ist schwerer als Luft
Die Kerze erlischt, wenn das Kohlendioxid die Flammen erreicht.

Ebenso wird es bei der Atmung aller Lebewesen abgegeben, bei der alkoholischen Gärung und bei Fäulnisvorgängen. Es kommt als Gas in der Erdrinde vor und wird von Mineralquellen mitgeführt. An einigen Stellen der Erde entströmt es in größeren Mengen dem Boden (Todestal auf Java, Hundsgrotte bei Neapel).
Die grünen Pflanzen nehmen CO_2 aus der Luft auf und wandeln es durch Photosynthese in organische Substanzen um (Kreislauf des Kohlenstoffs).

Kohlendioxid ist schwerer als Luft, unbrennbar und erstickt die Flamme, sodaß es zur Brandbekämpfung eingesetzt wird (Handfeuerlöscher).

Ist der CO_2-Gehalt der Luft so groß wie der von ausgeatmeter Luft (ca. 5 %), so kann in der Lunge CO_2 nicht mehr gegen Sauerstoff ausgetauscht werden. Daher kommt es in Weinkellern, Brunnenschächten und Futtersilos, wo Kohlendioxid durch Gärungsvorgänge gebildet wird und sich am Boden ansammelt, immer wieder zu tödlichen Unfällen. Die Überprüfung der Atemluft durch eine in Bodennähe gehaltene brennende Kerze ist hier eine ebenso sinnvolle Sicherheitsmaßnahme wie eine Seilsicherung durch einen außerhalb stehenden Helfer.

Ein hoher Kohlendioxidgehalt der Luft wirkt erstickend.

Die Herstellung von CO_2 erfolgt im Labor am einfachsten aus Kalk:

$$CaCO_3 + 2 HCl \rightarrow CaCl_2 + H_2O + CO_2$$

Bei Raumtemperatur wird Kohlendioxid bei einem Druck von ca. 55 bar flüssig und kommt in dieser Form, in Stahlflaschen abgefüllt, in den Handel.
Unter Normaldruck wird es bei $-78\,°C$ fest und erstarrt zu einer eisartigen Masse. Dieses **Trockeneis** wird als Kühlmittel verwendet.
Kohlendioxid dient unter anderem als Schutzgas beim Elektroschweißen und zur Produktion von Erfrischungsgetränken.

Übungen:

10.6 Wieso ist der Kohlenmonoxidgehalt der Rauchgase ein Maß für die Wirtschaftlichkeit einer Feuerungsanlage?

10.7 Leistungssportler sind vor dem Start oft sehr nervös. Warum rauchen sie trotzdem keine „Beruhigungszigarette"?

10.8 Warum können ungekühlte Limonadenflaschen beim Öffnen überschäumen?

11. Düngemittel

Die Pflanzen entnehmen dem Boden eine Reihe von Nährstoffen. Während diese in einer unberührten Natur dem Boden wieder durch Verwesung zugeführt werden, ist bei einer intensiven Bewirtschaftung eine Ergänzung der mit dem Abernten entfernten Nährstoffe nötig.

Nährstoffbedarf in kg/ha

	N	P	K	Ca
Weizen	70	30	60	12
Zuckerrübe	150	60	180	120
Kartoffel	90	40	160	50

Die Hauptnährstoffe enthalten jene Elemente, die von der Pflanze in größeren Mengen benötigt werden. Es sind dies Stickstoff, Phosphor, Kalium, Calcium, Magnesium und Schwefel. Sie müssen der Pflanze in Form wasserlöslicher Verbindungen zur Verfügung stehen. Daneben sind für das Pflanzenwachstum auch noch eine Reihe von Spurenelementen nötig (Fe, Cu, Zn, ...), die aber in der Regel im Boden in ausreichenden Mengen vorhanden sind.

JUSTUS LIEBIG (1803 — 1873); deutscher Chemiker

Bei der Düngung ist darauf zu achten, daß die Feldfrüchte die Nährstoffe in der jeweils von ihnen benötigten Menge erhalten. Denn nach dem von **Liebig** 1842 entdeckten „Gesetz vom Minimum" richtet sich das Wachstum einer Pflanze nach jenem Nährstoff, der in der geringsten Menge vorhanden ist. Der Mangel eines Stoffes kann nicht durch den Überschuß eines anderen ausgeglichen werden. Daher muß vor jeder sinnvollen Düngung der Nährstoffgehalt des Bodens und der Nährstoffbedarf der jeweiligen Feldfrucht bestimmt werden, damit eine unwirtschaftliche und ökologisch schädliche Überdüngung vermieden wird.

Da in der modernen Landwirtschaft die Düngung durch **Wirtschaftsdünger** (Jauche, Stallmist) nicht ausreicht bzw. bei der weitgehenden Spezialisierung auch gar nicht möglich wäre, ist ein richtig dosierter, der Pflanzenart und den Bodenverhältnissen entsprechender Einsatz von **Handelsdünger** erforderlich.

Stickstoffdünger

Schlüsselreaktion für alle Stickstoffdünger ist die Herstellung von Ammoniak (NH_3) im Haber-Bosch-Verfahren. Verwendet werden:
Ammoniumsulfat $(NH_4)_2SO_4$
„Nitramoncal": ca. 80% NH_4NO_3, der Rest $CaCO_3$ und $MgCO_3$
Harnstoff $(H_2N)_2CO$

Phosphatdünger

Die in der Natur vorkommenden Phosphatmineralien Phosphorit $Ca_3(PO_4)_2$ und Apatit $3\ Ca_3(PO_4)_2 \cdot Ca(Cl,F,OH)_2$ sind nicht wasserlöslich und daher nicht direkt als Dünger geeignet. Erst durch Reaktion mit Säuren entstehen besser lösliche Hydrogenphosphate. Z. B.:

$$Ca_3(PO_4)_2 \ + \ 2\ H_2SO_4 \ \rightarrow \ 2\ CaSO_4 \ + \ Ca(H_2PO_4)_2$$

Dieses Gemisch aus Calciumsulfat und Calciumdihydrogenphosphat kommt als **„Superphosphat"** in den Handel.

Neben den Düngemitteln, die eine bestimmte Verbindung schwerpunktmäßig in den Boden einbringen sollen, gibt es eine Reihe von Mischdüngern mit Breitbandwirkung.

Schema der Düngemittelerzeugung

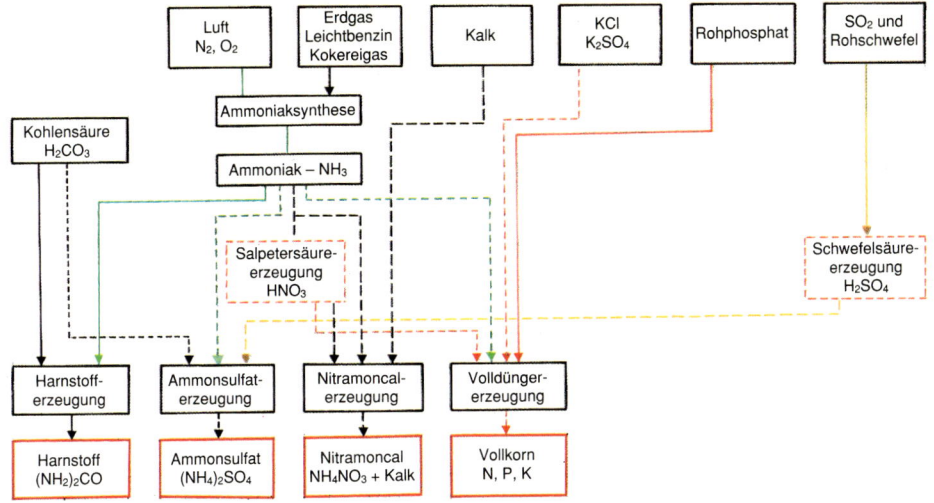

Die Verwendung von Handelsdünger ist in letzter Zeit in den Mittelpunkt von Diskussionen gerückt und, zum Teil mit Recht, kritisiert worden. Leicht lösliche Stickstoff- und Phosphordünger ziehen die wichtigen Mikroorganismen des Bodens schwer in Mitleidenschaft, sie werden auch rasch durch den Regen ausgewaschen, gelangen ins Grundwasser und machen es ungenießbar.
Dies ist in einigen landwirtschaftlich intensiv genutzten Gebieten bereits eingetreten. Dort enthält das Brunnenwasser zum Teil weit mehr als 50 mg Nitrat pro Liter und ist daher als Trinkwasser nicht mehr geeignet. Auch die Überdüngung der Flüsse und Seen wird zum Teil durch das Auswaschen von Phosphatdünger verursacht.

Ziel von Forschungsarbeiten ist es, die leicht wasserlöslichen Substanzen durch solche mit einer längerfristigen Wirkstoffabgabe (Depotdünger) zu ersetzen bzw. den Düngereinsatz durch geeignete Fruchtfolge gering zu halten (Klee z. B. führt durch die an seinen Wurzeln in Symbiose lebenden Knöllchenbakterien, die den Luftstickstoff verarbeiten können, zu einer natürlichen Düngung).

Andererseits darf nicht übersehen werden, daß die Ernährung der Weltbevölkerung mit der zur Verfügung stehenden landwirtschaftlich nutzbaren Fläche nur durch den Einsatz von Handelsdünger möglich ist. Der Umstand, daß sich die Hektarerträge in Europa seit 1800 rund verfünffacht haben, ist zu einem großen Teil auf die Verwendung von Handelsdünger zurückzuführen. Dies hat allerdings nicht nur zur Sicherung der Ernährung, sondern auch zu einer beträchtlichen Überproduktion geführt.
Damit ergibt sich die unbefriedigende Situation, daß mit Hilfe von importierten oder unter beträchtlichem Aufwand an importierten Energieträgern hergestelltem Handelsdünger, unter Belastung der Umwelt, landwirtschaftliche Produkte im Überschuß hergestellt werden, die dann nur mit hohen Subventionen exportiert werden können.

Übung:

11.1 Warum müssen fast alle Pflanzen Stickstoffverbindungen durch die Wurzeln aufnehmen und können nicht den in der Luft vorhandenen Stickstoff nutzen?

12. Baubindemittel und Silicate

Calciumcarbonat ist in der Natur auch in Form großer Kristalle zu finden (Calcit), die Doppelbrechung zeigen.

12.1 Kalk

Kalk – Calciumcarbonat – $CaCO_3$ – ist in der Natur als Kalkstein weit verbreitet. In kristalliner Form wird er als Marmor, in Form einzelner Kristalle als Kalkspat oder Calcit bezeichnet.

Kalkstein selbst wird, ebenso wie der daraus hergestellte Kalkmörtel, als **Baumaterial** verwendet.

Zur Herstellung von **Kalkmörtel** wird im ersten Schritt, dem **Kalkbrennen**, das Calciumcarbonat in Drehrohröfen durch Erhitzen auf über 900 °C in Calciumoxid und Kohlendioxid zersetzt:

$$CaCO_3 \xrightarrow{\text{Erhitzen}} CaO + CO_2$$
$$\text{Kalk} \qquad\qquad\qquad \text{gebrannter Kalk}$$

In einer stark exothermen Reaktion mit Wasser, dem **Kalklöschen**, entsteht Calciumhydroxid (Löschkalk, Kalkhydrat).

$$CaO + H_2O \rightarrow Ca(OH)_2$$

Durch Anrühren des gelöschten Kalkes mit Wasser und Sand erhält man **Mörtel**, der dann mit dem Kohlendioxid der Luft langsam erhärtet.

$$Ca(OH)_2 + CO_2 \rightarrow CaCO_3 + H_2O$$

Chemischen Angriffen widersteht Kalk bzw. ausgehärteter Kalkmörtel (Verputz) nur in begrenztem Ausmaß.

Schon unverschmutztes Regenwasser ist infolge seines CO_2-Gehaltes in der Lage, Kalk allmählich zu lösen (siehe Seite 58). Dieser Prozeß bewirkt die Verwitterung von Kalkstein in der Natur (Karsterscheinungen).

Die im sauren Regen (siehe Seite 62) enthaltene Schwefel- bzw. Salpetersäure ist chemisch wesentlich agressiver, das als Reaktionsprodukt entstehende Calciumsulfat ist deutlich besser, das Calciumnitrat sogar sehr gut wasserlöslich, sodaß die Zerstörung rasch voranschreitet.

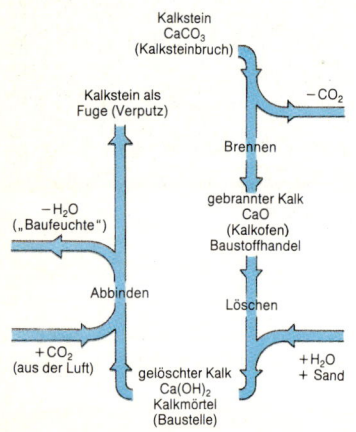

Schematische Darstellung des Kalkbrennens und der Verwendung als Mörtel

Übungen:

12.1 Beim Hantieren mit gelöschtem Kalk ist Vorsicht geboten, insbesonders die Augen müssen vor Spritzern geschützt werden. Warum?

12.2 Warum sind mit Kalkmörtel verputzte Räume noch einige Zeit hindurch feucht?

12.2 Gips

Auch Gips – Calciumsulfat – $CaSO_4$ kommt in der Natur vor. Daneben entstehen große Mengen bei der Entschwefelung von Rauchgasen (siehe Seite 63).

Das Aushärten von Gips erfolgt durch die Aufnahme von Kristallwasser (siehe Seite 66).

Der in der Natur vorkommende Gipsstein enthält in seinem Kristallgitter zwei Moleküle Wasser pro $CaSO_4$-Einheit.

Durch das Brennen bei Temperaturen von 140 – 180 °C wird das Kristallwasser zum Großteil entfernt.
Beim Anrühren mit Wasser nimmt es der gebrannte Gips wieder auf und erstarrt unter Volumsvergrößerung (1%) zu einer festen Masse.

$$CaSO_4 \cdot 2\ H_2O \xrightleftharpoons[\text{Härten}]{\text{Brennen}} CaSO_4 \cdot \tfrac{1}{2}\ H_2O\ +\ 1\tfrac{1}{2}\ H_2O$$

Da Gips in begrenztem Umfang wasserlöslich ist, eignet er sich nur als Baustoff für den Innenbereich.

12.3 Silicium und Quarz

Silicium ist das zweithäufigste Element der Erdkruste, kommt allerdings nie frei, sondern nur in Form seiner Verbindungen vor. Die meisten Gesteine und Böden bestehen aus Quarz und aus Silicaten.

Elementares **Silicium** bildet dunkelgraue, spröde Kristalle. Die Herstellung erfolgt durch Reduktion von Quarz mit Koks.

$$SiO_2\ +\ 2\ C\ \rightarrow\ Si\ +\ 2\ CO$$

Im Periodensystem findet sich Silicium an der Grenzlinie zwischen den Metallen und den Nichtmetallen und wird daher auch als Halbmetall bezeichnet.
Sein Oxid bildet zwar, wie bei einem Nichtmetall, eine Säure (Kieselsäure, siehe unten), doch ist diese Säure nur sehr schwach.

Die elektrische Leitfähigkeit von elementarem Silicium ist jedoch deutlich höher als die der Nichtmetalle. Man zählt es daher, ebenso wie Germanium, Selen oder Tellur, zu den **Halbleitern**.

Die Siliciumatome bilden ein Atomgitter, jedes der vier Außenelektronen besorgt die Bindung zu einem Nachbaratom. Mit steigender Temperatur können sich immer mehr Elektronen von „ihren" Atomen losreißen und bewirken so die zunehmende Leitfähigkeit.

Sonnenzellen

Werden in das Gitter der Siliciumatome Fremdatome mit drei (B, Ga, In) oder fünf Außenelektronen (P, As) eingelagert, so entstehen im Kristall „Fehlerstellen" mit einer „Elektronenlücke" (p-Leiter) bzw. mit je einem einzelnen ungebundenen Elektron (n-Leiter).
Daduch wird der Platzwechsel von Elektronen im Kristall erleichtert und die Leitfähigkeit erhöht.

Zur Herstellung elektronischer Halbleiter-Bauelemente (Dioden, Transistoren, Sonnenzellen, ...) wird daher zunächst extrem reines Silicium benötigt, das dann mit den erwähnten Elementen gezielt „verunreinigt" (dotiert) wird

Daneben ist Silicium ein wichtiger Legierungsbestandteil für die Stahlerzeugung und wird auch als Ausgangsstoff zur Produktion von Siliconen (temperaturbeständigen Kunststoffen) verwendet.

Siliciumdioxid – Quarz

So wie die anderen Elemente höherer Perioden hat auch Silicium keine Tendenz, Doppelbindungen auszubilden. Es gibt daher keine dem Kohlendioxid $O = C = O$ entsprechende Siliciumverbindung. Im Quarz bilden Silicium- und Sauerstoffatome ein Gitter aus tetraederförmigen SiO_4-Gruppen.

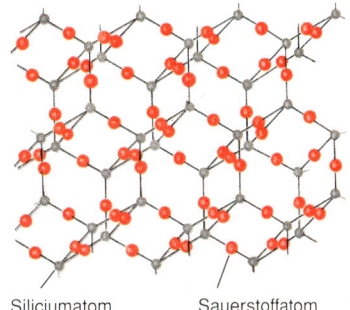

Siliciumatom   Sauerstoffatom

Das Atomgitter des Quarzes

Bergkristall

Ein Quarzkristall ist demnach praktisch ein einziges Riesenmolekül. SiO_2 ist die Verhältnisformel des Atomgitters. Jedes Siliciumatom ist tetraedrisch von vier Sauerstoffatomen umgeben, jedes Sauerstoffatom von zwei Siliciumatomen.

Das Gitter wird durch stabile, polare Atombindungen zusammengehalten, daraus resultiert die Härte, die chemische Reaktionsträgheit und die hohe Schmelztemperatur.

Quarz zählt zu den härtesten Mineralien (Härte 7 auf der Mohsschen Härteskala), ist auch chemisch sehr widerstandsfähig und bleibt daher bei der Verwitterung der Gesteine übrig (Quarzsand). Farblos durchsichtige Quarzkristalle werden Bergkristall genannt, farbige Abarten dienen als Schmucksteine, z. B. Amethyst (violett), Rauchquarz (braun), Citrin (gelb) und Rosenquarz (rosa).

Neben kristallisiertem Siliciumdioxid kommt in der Natur auch amorphes vor (Opal, Feuerstein, ...). SiO_2 ist auch in den Zellwänden von Gräsern und Schachtelhalmen sowie in den Gehäusen von Kieselalgen, Sonnentierchen und Strahlentierchen eingelagert. Deren Ablagerung heißt Kieselgur.

Kleine Plättchen aus Quarzkristallen dienen in der Elektronik zur Erzeugung konstanter elektrischer Schwingungen und werden daher unter anderem für Uhren und Funkgeräte verwendet.

Wird reiner Quarz bei etwa 1700 °C geschmolzen und rasch abgekühlt, so tritt keine Kristallisation ein, es entsteht amorphes **Quarzglas**. Dieses zeigt nur eine sehr geringe Wärmeausdehnung, ist unempfindlich gegen schroffen Temperaturwechsel und durchlässig für UV-Strahlung (Verwendung für künstliche Höhensonnen, Quecksilberdampflampen, Laborgeräte).

Granatkristalle (Fundort Zillertal)

12.4 Silicate

Silicium kann vier Hydroxidgruppen binden. Das entstehende Molekül, die **Orthokieselsäure** H_4SiO_4, ist jedoch nicht beständig und reagiert unter Abspaltung von Wasser zu **Polykieselsäuren** $(H_2SiO_3)_n$ weiter (Kondensationsreaktion).

$$HO-\underset{\underset{OH}{|}}{\overset{\overset{OH}{|}}{Si}}-OH \quad HO-\underset{\underset{OH}{|}}{\overset{\overset{OH}{|}}{Si}}-OH \rightarrow HO-\underset{\underset{OH}{|}}{\overset{\overset{OH}{|}}{Si}}-O-\underset{\underset{OH}{|}}{\overset{\overset{OH}{|}}{Si}}-OH + H_2O$$

Orthokieselsäure + Orthokieselsäure $\rightarrow$ Orthodikieselsäure + Wasser

Wasserglas ist ein Gemisch der Natrium- oder Kaliumsalze von Polykieselsäuren. Bei Zugabe einer Säure bilden sich die gallertigen Polykieselsäuren.

Natürliche Silicate

Die natürlichen Silicate sind in der Erdrinde in unzähligen Formen und Mischungen anzutreffen. Als kleine Auswahl sei hier angeführt:

Granit = Feldspat + Quarz + Glimmer (als Hauptbestandteile)

Gneis = Feldspat + Quarz + Glimmer, mit streifigem, schiefrigem Gefüge (hervorgerufen durch den Gebirgsdruck)

Biotit (Glimmer)

sowie Basalt, Porphyr, Ton, Talk, Asbest usw.

Die natürlichen Silicate enthalten kompliziert gebaute Ionen. Man unterscheidet:

- **Kettensilicate**, die „Bänder" aus SiO_4-Tetraedern enthalten, z. B. die Hornblenden. Sie bilden Mineralien mit fasriger Struktur.

a) **b)**

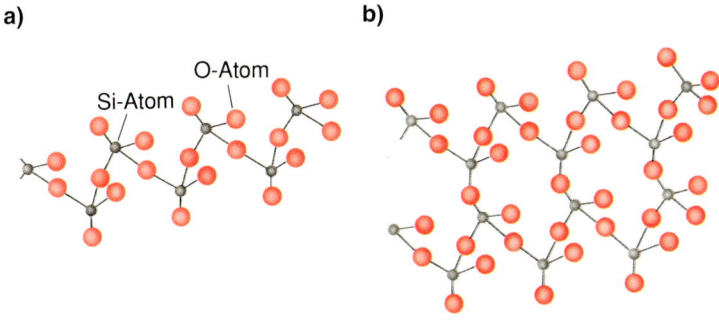

O-Atom

Si-Atom

Struktur der Silicationen
bei Kettensilicaten
a) Einfache Kette aus SiO_4-Tedraedern (z. B. in Augiten)
b) Doppelkette aus zwei miteinander verbundenen Ketten (Band), z. B. in Hornblenden.

Asbestfasern wurden für feuerfeste Gewebe (Feuerschutzanzüge) und zur Herstellung von Baumaterialien (Eternit) verwendet. Da eingeatmeter Asbeststaub Lungenkrebs verursachen kann, wurde Asbest durch ungefährlichere Stoffe ersetzt. Bei der Bearbeitung von Asbestprodukten ist große Vorsicht geboten (Atemschutz).

Hornblende (Asbest)
Schichtsilicate
a) Gerüstanionen aus SiO_4-Tetraedern
b) Schnitt bei einer Doppelschicht; positive Ionen sind zwischen die Gerüstanionen eingelagert.

- **Schichtsilicate** mit einem ebenen Netzwerk aus SiO_4-Tetraedern. Manchmal sind die Schichten leicht spaltbar, z. B. bei Glimmer.

a) **b)**

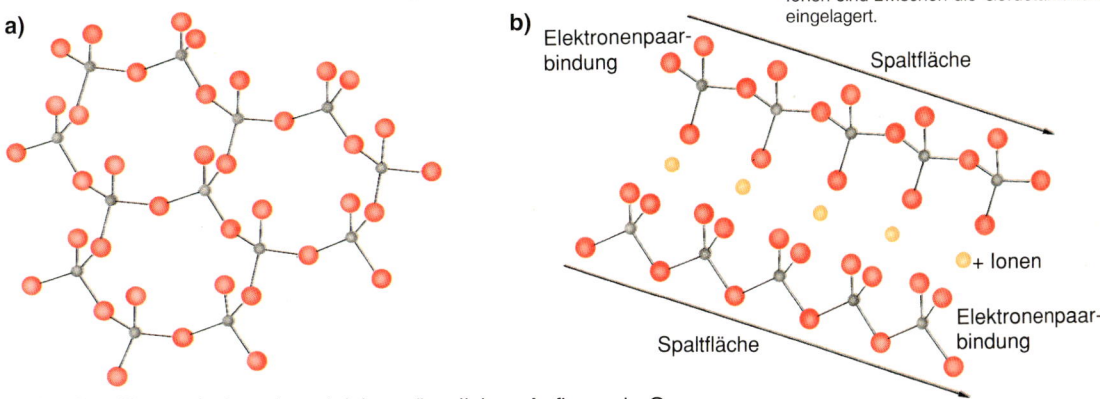

Elektronenpaarbindung

Spaltfläche

Spaltfläche

+ Ionen

Elektronenpaarbindung

- **Gerüstsilicate**, haben den gleichen räumlichen Aufbau wie Quarz. Aluminium (3 Außenelektronen) kann das Silicium (4 Außenelektronen) im Gitter teilweise ersetzen. Dies erfordert einen Ladungsausgleich durch positive Ionen wie K^+, Na^+ oder Ca^{2+}. Z. B. Kalifeldspat: $KAlSi_3O_8$.

Bei der Verwitterung der Silicate werden OH-Gruppen in das Gitter eingelagert (Tone, Lehm).
Diese Alumosilicat-Anionen enthalten die positiven Ionen locker gebunden in Gitterhohlräumen. Darauf beruht das Ionenaustauschvermögen guter Erden (Zeolithmineralien). Die Calcium-Zeolithe des Bodens binden K^+ und NH_4^+-Ionen viel stärker als Ca^{2+} und Na^+. Beim Düngen mit Kalium- oder Ammoniumsalzen werden diese Ionen in der Erde gebunden. Die Pflanzenwurzeln scheiden H_3O^+-Ionen aus, wodurch die NH_4^+- und K^+-Ionen aus den Zeolithen verdrängt und von den Wurzeln aufgenommen werden.

Künstlich hergestellte Alumosilicate werden als Ionenaustauscher (Enthärter) in Waschmitteln verwendet (Sasil, Seite 69).

Nur wertvolles Zierglas wird heute noch handwerklich hergestellt.

Künstliche Silicate

Glas

Durch Zusammenschmelzen von Quarz mit Carbonaten oder Metalloxiden entsteht Glas. Beim Abkühlen der Schmelze bildet sich kein Kristallgitter, sodaß Glas in physikalischer Hinsicht nicht als Feststoff, sondern als eine extrem zähe, unterkühlte Flüssigkeit aufzufassen ist. Glas schmilzt daher nicht bei einer bestimmten Temperatur, sondern ist in einem weiten Temperaturbereich zähflüssig und läßt sich dann durch Blasen, Gießen, Walzen oder Ziehen verarbeiten.

Einfaches **Gebrauchsglas** wird aus Quarz, Kalk und Soda hergestellt, doch gibt es zahllose Spezialgläser mit anderen Bestandteilen.

Zusammenstellung wichtiger Glassorten

Rohstoffe	Eigenschaften	Verwendung
Gebrauchsglas: Na_2CO_3, $CaCO_3$, SiO_2	Dichte 2,5 kg/dm³. Erweicht leicht, chemisch und thermisch wenig widerstandsfähig	Fensterscheiben, Flaschenglas
Jenaer Geräteglas: Na_2CO_3, $CaCO_3$, Al_2O_3, $BaCO_3$, B_2O_3, SiO_2	Dichte 2,2 bis 2,4 kg/dm³. Widerstandsfähig gegen Temperaturschwankungen und chemische Einwirkung	Küchengeräte, Thermometer, Laborgeräte
Bleiglas: K_2CO_3, $PbCO_3$, SiO_2	Dichte 2,9 kg/dm³. Bricht das Licht sehr stark	Kristallgläser, Prismen, Linsen
Sicherheitsglas: wie Gebrauchsglas	Verbundglas: mehrere Glasscheiben sind durch eine Kunststoffschicht verbunden, die Splitter werden zusammengehalten. Sekuritglas: Im Glas werden durch Erhitzen und Abkühlen Spannungen erzeugt. Daher haben die Splitter krümelige Struktur.	Verglasung von Fahrzeugen

Die Wiederverwertung von Altglas hilft mit, Rohstoffe und Energie zu sparen.

Glas kann auch durch spezielle Verfahren zu feinen Glasfasern mit nur 4 μm Durchmesser ausgezogen werden. Aus 1 g Glas entstehen bis zu 32 km Faser. Durch Verfilzung der Glasfasern entsteht ein Isolierstoff, der unbrennbar und fäulnisfest ist. Aus Glasfasern hergestellte Gewebe werden zur Verstärkung von Kunststoffen (Polyesterharze) verwendet.

Glasfaserkabel werden in zunehmendem Maße zur Nachrichtenübertragung eingesetzt, da durch Lichtwellen in einem Glasfaserkabel wesentlich mehr Informationen übertragen werden können als mit Strom durch ein gleich dickes Kupferkabel. Dazu werden Fasern aus hochreinem Quarzglas benötigt, in denen die Lichtstärke über eine Strecke von 1 km nur um 1% abnimmt.

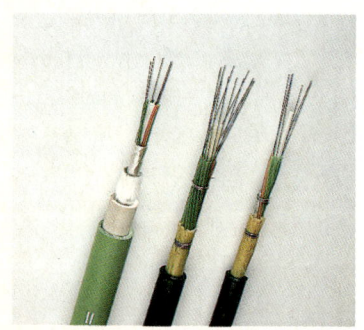

Glasfaserkabel

Keramische Erzeugnisse

Tone und Lehm enthalten OH-Gruppen. Diese können Wasser anlagern, dadurch quillt das Material und läßt sich plastisch verformen. Durch Trocknen bei Normaltemperatur wird das adsorbierte Wasser unter Beibehaltung der Form und Volumsverkleinerung („Schwinden") teilweise abgegeben. Beim Erhitzen auf 900 °C (1. Brand) entsteht dann unter Wasserabspaltung ein wasserdurchlässiger, poröser „Scherben". Erhitzt man ein zweites Mal auf 1500 °C (2. Brand), so werden die Poren durch glasartig erstarrtes Siliciumdioxid abgedichtet, die Keramik ist nun wasserundurchlässig.

Wertvolles Porzellan

Zusammenstellung wichtiger keramischer Erzeugnisse:

	Ausgangsstoffe	Vorgänge beim Brennen	Eigenschaften	Herstellung
Porzellan	Kaolin, Feldspat, Quarz	Kaolin zerfällt in Al_2O_3 und SiO_2. Diese werden vom Feldspat aufgenommen und bilden mit ihm fein verfilzte, neue Silicate	dicht, durchscheinend weiß	1. Brand bei 900 °C glasieren, 2. Brand bei 1 500 °C ev. verzieren, 3. Brand
Steinzeug (z.B. Gebrauchsgeschirr)	Ton	Abgabe von Wasser, Neubildung von Silicaten	dicht, durchscheinend weiß oder graubraun, hart	1. Brand bei 900 °C, glasieren, 2. Brand bei 1 000 °C
Töpferwaren	Ton	Abgabe von Wasser	Scherben porös, nicht durchscheinend, farbig	1. Brand bei 900 °C, glasieren. 2. Brand bei 1 000 °C
Ziegelsteine	Lehm (= Ton + Sand)	Abgabe von Wasser	porös, grobkörnig, durch Eisenoxid rot gefärbt	Einmaliges Brennen bei 900 °C
Feuerfeste Steine (Schamotte)	Ton mit Quarzsand und Silicaten	Abgabe von Wasser, Neubildung von Silicaten	porös oder dicht, schmilzt nicht unter 1 600 °C	Gebrannter, zerkleinerter, feuerfester Ton wird mit rohem Ton bei 1 450 °C gebrannt

Zement und Beton

Zement wird durch Brennen von Kalk und Ton in Drehrohröfen bei 1 500 °C hergestellt. Beim Anrühren mit Wasser bildet sich ein Brei, der nach einiger Zeit zu einer festen Masse aus feinen, verfilzten Calcium- und Aluminiumsilicatkristallen erstarrt.

Wird beim Anrühren Sand und Kies zugesetzt, so erhält man Beton, einen Baustoff mit hoher Festigkeit. Durch Einbetten von Stahlstäben und Drahtgeflechten wird die Zugfestigkeit erhöht (Stahlbeton). Im Gegensatz zu Kalkmörtel härtet Beton auch unter Wasser aus, da er kein Kohlendioxid benötigt.

Drehofenanlage eines großen Zement-werkes

Übungen:

12.3 Ist bei zunehmender Verwendung von Silicium für Sonnenzellen mit einer Rohstoffverknappung zu rechnen?

12.4 Sehr alte Glasscheiben sind immer an der Unterseite etwas dicker als an der Oberseite. Was könnte der Grund dafür sein?

13.   Metalle

Gediegenes Gold
Die Kristallstruktur eines Metalls ist jedoch nur selten so gut erkennbar wie bei diesem Fund.

Mit der kulturellen Entwicklung des Menschen ist das Wissen um die Gewinnung und Bearbeitung der Metalle eng verbunden. Das kommt auch in der Benennung der geschichtlichen Zeitabschnitte zur Geltung: auf die Steinzeit folgt die Bronzezeit und schließlich die Eisenzeit.

Allerdings kannte der Mensch schon in der Steinzeit die in der Natur gediegen vorkommenden Metalle Gold, Silber und Kupfer. Die Verwendung von Metallen für Werkzeuge und Waffen war aber erst durch die Entwicklung einfacher metallurgischer Vorgänge möglich.

Erst seit der technischen Revolution wurde die Gewinnung und Verarbeitung der Metalle so rationalisiert, daß Metallwerkzeuge heute keine Wertgegenstände, sondern selbstverständliche Gebrauchsgegenstände sind.

Die Metalle können nach verschiedenen Kriterien geordnet werden. Je nach ihrer Dichte spricht man von **Leichtmetallen** (< 5 kg/dm^3) oder **Schwermetallen** (> 5 kg/dm^3), je nach ihrer Reaktionsfähigkeit von **edlen** und **unedlen Metallen**.

13.1   Charakteristische Eigenschaften der Metalle

Rund drei Viertel aller Elemente sind Metalle. Während die wenigen Halb- und Nichtmetalle sehr unterschiedliche chemische und physikalische Eigenschaften aufweisen, verhalten sich die Metalle bemerkenswert einheitlich:

Metalle sind (ausgenommen Quecksilber) bei Raumtemperatur **fest**, **leiten** im festen und geschmolzenen Zustand den **Strom**, sind auch **gute Wärmeleiter**, weisen einen typischen **Glanz** auf und sind in der Regel **leicht verformbar**.

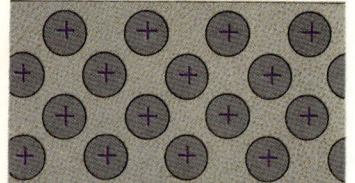

Nach dem Elektronengas-Modell wird ein regelmäßig geordnetes Gitter positiv geladener Metallionen von frei beweglichen Elektronen durchsetzt.

Grund dafür sind die Gemeinsamkeiten im Atombau. Im Periodensystem finden sich die Metalle im linken und unteren Teil. Der metallische Charakter der Elemente nimmt von rechts nach links und von oben nach unten zu. Genau entgegengesetzt verhält es sich mit der Elektronegativität der Elemente. Die Metalle haben daher nur eine geringe Elektronegativität, ihre Atome besitzen nur wenige, locker gebundene Außenelektronen. Der Zusammenhalt der Atome erfolgt durch einen einheitlichen Bindungstyp.

Die metallische Bindung

In einem Metall gibt jedes Metallatom seine Außenelektronen unter Bildung eines positv geladenen Metallions (= Atomrumpf) ab, die Metallionen bilden ein Kristallgitter.
Die von den Atomen losgelösten Elektronen können sich zwischen den Atomrümpfen weitgehend frei bewegen und bilden das sogenannte **Elektronengas**. Sie bewirken die Festigkeit des Metallgitters, da sie durch ihre Ladung wie ein „Kitt" die positiv geladenen Atomrümpfe zusammenhalten.

Alle Metalle liegen im festen Zustand kristallisiert vor, wobei die Metallionen dicht gepackt sind, da sie, im Gegensatz zum Ionengitter, alle den gleichen Radius haben. Ihre schichtweise Anordnung entspricht meist einer dichtesten Kugelpackung.

Die Kugeln ordnen sich dabei so, daß sie einen möglichst geringen Raum einnehmen. Innerhalb einer Schichtebene ist jede Kugel von sechs anderen umgeben, die Kugeln einer höheren Schicht liegen in den Vertiefungen zwischen den Kugeln der unteren Schicht.

Da die Metalle aus regellos angeordneten kleinsten Kriställchen aufgebaut sind, ist die Kristallstruktur meist nicht mit freiem Auge zu erkennen.

Die freie Beweglichkeit der Elektronen bewirkt die gute elektrische **Leitfähigkeit** der Metalle. Beim Anlegen einer Spannung bewegen sich die Elektronen des Elektronengases zum positiven Pol hin. Mit steigender Temperatur nimmt die Leitfähigkeit ab, weil die Metallionen heftiger um ihre Ruhelage schwingen und die Bewegung der Elektronen behindern.

Auch Fremdatome können die Bewegung der Elektronen stören. In der Elektrotechnik wird deshalb für Leitungen nur sehr reines Kupfer verwendet. Die Widerstandsdrähte in Elektroheizungen bestehen hingegen aus schlecht leitenden Legierungen.

Die meisten Metalle sind gut verformbar. Sie lassen sich durch Hämmern, Ziehen, Walzen usw. bearbeiten, da die dichtgepackten Schichten leicht übereinandergleiten können.
Fremdatome können das Gleiten der Schichten erschweren. Daher ist reines Eisen biegsam und relativ weich, wird aber durch die Einlagerung von Kohlenstoffatomen zu einem festen Werkstoff – dem Stahl.

Stoffe, die aus verschiedenen Metallen bestehen, werden als **Legierungen** bezeichnet. Sie haben oft deutlich andere Eigenschaften als die reinen Metalle.

Der innere Aufbau von Legierungen kann unterschiedlich sein:
Einige Legierungen sind lediglich aus kleinen Kristallen der jeweiligen Metalle zusammengesetzt. Hartblei besteht zum Beispiel zu 85 % aus reinen Blei- und zu 15 % aus reinen Antimonkriställchen.
Haben die Atome der Legierungsbestandteile ähnliche Größe, ähnliche chemische Eigenschaften und kristallisieren sie im gleichen Gitter, so sind sie in beliebigen Verhältnissen miteinander mischbar, die einzelnen Atome sind im Gitter statistisch verteilt (z. B. Gold-Kupfer-Legierungen). Bei den meisten Metallen lassen sich die Atome des Gitters jedoch nur innerhalb bestimmter Bereiche durch andere Atome ersetzen.
Haben die Atome der Metalle stark unterschiedliche Größe, so können Legierungen auch dadurch entstehen, daß sich die kleineren Atome in das Kristallgitter einlagern.
Manchmal stehen die Atome des Gitters in einem ganz bestimmten Zahlenverhältnis, sodaß die Zusammensetzung der Legierung durch eine Formel angegeben werden kann. Man spricht in diesem Fall auch von intermetallischen Verbindungen.

Dichteste Kugelpackungen

a)

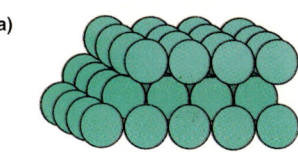

b)

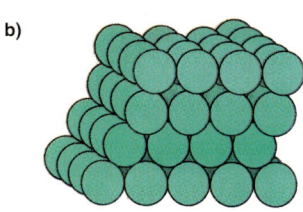

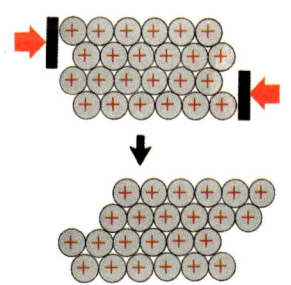

Die Schichten im Metallgitter sind gegeneinander leicht verschiebbar.

Übungen:

13.1 Sowohl Metalle als auch geschmolzene Salze leiten den Strom. Worin unterscheiden sich die beiden Vorgänge?

13.2 Salzkristalle sind spröde, Metallkristalle jedoch verformbar. Worauf ist dieses unterschiedliche Verhalten zurückzuführen?

13.3 Warum sind Legierungen in der Regel härter als die Metalle, aus denen sie hergestellt wurden?

13.4 Warum haben Legierungen in der Regel eine geringere Schmelztemperatur als die Metalle, aus denen sie hergestellt wurden?

13.2 Die Gewinnung der Metalle

Nur wenige Edelmetalle wie Gold oder Platin kommen in der Natur in elementarer Form (gediegen) vor. Die meisten Metalle müssen aus **Erzen** durch geeignete Reaktionen hergestellt werden. Als Erze bezeichnet man Mineralien, aus denen ein Metall wirtschaftlich gewonnen werden kann.

Rösten: Erhitzen sulfidischer Erze unter Luftzutritt.
Brennen: Abspalten von CO_2 aus Carbonaten durch Erhitzen.

Die meisten Erze sind Oxide, Sulfide oder Carbonate. Aus den Oxiden wird das Metall durch **Reduktion** gewonnen. Sulfide und Carbonate werden zuvor durch Rösten oder Brennen in Oxide übergeführt.

Wichtigstes weil billigstes Reduktionsmittel ist Koks (C) bzw. Kohlenmonoxid (CO). Damit wird unter anderem Eisen, Zink, Zinn, Nickel und Blei gewonnen.

Metalle, die sich leicht mit Kohlenstoff verbinden, erfordern andere Reduktionsmittel, z. B. Wasserstoff oder Aluminium:

Gewinnung von Wolfram: $WO_3 + 3 H_2 \rightarrow W + 3 H_2O$
Gewinnung von Chrom: $Cr_2O_3 + 2 Al \rightarrow 2 Cr + Al_2O_3$

Die sehr unedlen Metalle der 1. und 2. Gruppe und Aluminium werden durch Elektrolyse ihrer geschmolzenen Salze gewonnen (siehe Seite 60).

13.3 Eisen und Stahl

EISEN

Symbol	Fe
Ordnungszahl	26
Atommasse	55,847 u
Schmelztemperatur	1535 °C
Siedetemperatur	3070 °C
Dichte	7,86 kg/dm^3
Oxidationszahl	+II, +III

ferrum (lat.) = Eisen

Eisen ist zu rund 5 % am Aufbau der Erdrinde beteiligt und damit das vierthäufigste Element. In Form seiner Verbindungen ist es weit verbreitet, als Eisenerz nutzbar sind jedoch nur Mineralien, in denen es zu mindestens 30 % enthalten ist. Metallisches Eisen kommt in der Natur nur sehr selten vor und stammt von Meteoriten.

Die wichtigsten **Eisenerze** sind:

Name		Formel
Magneteisenstein	(Magnetit)	Fe_3O_4
Roteisenstein	(Hämatit)	Fe_2O_3
Brauneisenstein	(Limonit)	$Fe_2O_3 \cdot x\ H_2O$
Spateisenstein	(Siderit)	$FeCO_3$
Pyrit	(Eisenkies)	FeS_2

Spateisenstein

Eisenerz wird oft im Tagebau gewonnen. Hier der Erzberg in Österreich.

Der Hochofenprozeß

Im Hochofen erfolgt die Reduktion der oxidischen Eisenerze durch Kohlenstoff und Kohlenmonoxid. Nichtoxidische Erze wie Spateisenstein oder Pyrit müssen vorher durch Brennen oder Rösten in die Oxide umgewandelt werden.

Der Hochofen ist ein ca. 100 m hoher Schachtofen, der durch einen Schrägaufzug von oben laufend abwechselnd mit einer Schicht Koks und einer Schicht Eisenerz und Zuschlagstoffen beschickt wird. Die Zuschläge haben die Aufgabe, das im Erz enthaltene taube Gestein in eine leicht schmelzende Schlacke umzuwandeln. Bei basischen (kalkhaltigen) Erzen wird Quarz, bei sauren (quarzhaltigen) Erzen wird Kalk als Zuschlag verwendet.

Schema einer Hochofenanlage

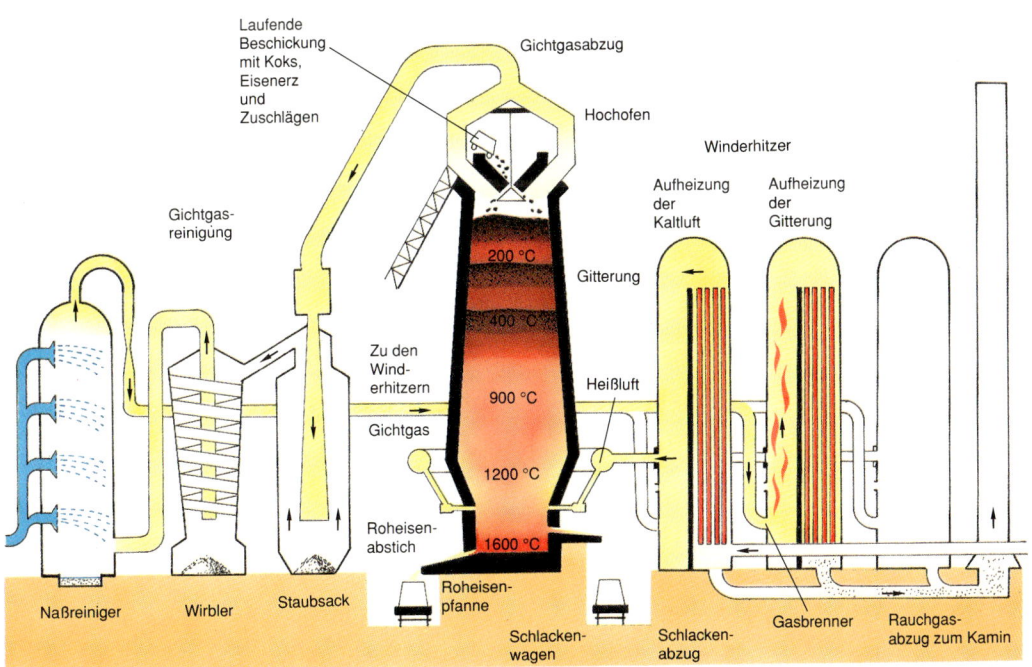

Die Füllung des Hochofens sinkt langsam tiefer und gelangt in immer heißere Bereiche, in denen unterschiedliche Reaktionen ablaufen.

Das entstehende Roheisen ist das Endprodukt einer ganzen Kette von chemischen Vorgängen:

Im untersten Teil des Hochofens verbrennt Koks durch den Heißwind zu Kohlendioxid:

$$C + O_2 \rightarrow CO_2$$

Das entstehende Kohlendioxid reagiert mit dem Kohlenstoff bei den dort herrschenden Temperaturen von rund 1 800 °C zu Kohlenmonoxid:

$$CO_2 + C \rightleftarrows 2\ CO \qquad \Delta H = +172,5\ kJ$$

Die **Reduktion** des Erzes zu Eisen erfolgt sowohl durch Kohlenmonoxid als auch durch sich abscheidenden, feinverteilten Kohlenstoff:

$$Fe_2O_3 + 3\ CO \rightarrow 2\ Fe + 3\ CO_2$$
$$Fe_2O_3 + 3\ C \rightarrow 2\ Fe + 3\ CO$$

Im obersten Teil, der **Vorwärmzone**, erfolgt bei 200 – 400 °C eine Trocknung und Vorwärmung.

In der daran anschließenden **Reduktionszone** entsteht bei 500 – 900 °C festes, metallisches Eisen. An seiner Oberfläche wandelt sich das Kohlenmonoxid in Kohlendioxid und Kohlenstoff um, der dann ebenfalls als Reduktionsmittel wirkt. Auch die Reaktion der Zuschlagstoffe mit den Verunreinigungen erfolgt in diesem Bereich:

$$SiO_2 + CaO \rightarrow CaSiO_3 \quad \text{Calciumsilicat (Schlacke)}$$

In der **Schmelzzone** schließlich werden Temperaturen bis zu 1 800 °C erreicht. Dort wird vorgewärmte Luft, der Heißwind, eingeblasen. Im untersten Teil des Hochofens sammelt sich das flüssige Roheisen und, darauf schwimmend, die flüssige Schlacke. Beide werden in Abständen von einigen Stunden abgelassen (Abstich).

Einmal „angeblasen", ist ein Hochofen fünf bis zehn Jahre lang ununterbrochen in Betrieb, bis die Ausmauerung erneuert werden muß.

Das vom Hochofen kommende **Roheisen** enthält noch ca. 4 % Kohlenstoff und kleinere Mengen an Silicium, Mangan, Phosphor und Schwefel. Dadurch hat es einen vergleichsweise niedrigen Schmelzpunkt von ca. 1 200 °C und kann gut als **Gußeisen** verwendet werden.

Die **Schlacke** wird zu Baustoffen und Schlackenwolle (Isoliermaterial) weiterverarbeitet.

Die Abgase des Hochofens, die **Gichtgase**, enthalten noch rund 25 % Kohlenmonoxid, sind daher brennbar und werden nach einer Entstaubung zum Aufheizen der **Winderhitzer** verwendet. Das sind meist drei ca. 30 m hohe Türme, die mit Kanälen aus feuerfesten Steinen ausgemauert sind. Während jeweils ein Winderhitzer durch die verbrennenden Gichtgase aufgeheizt wird, geben die beiden anderen ihre Wärme an die Frischluft ab und erhitzen sie auf ca. 800 °C (Heißwind).

Ein moderner Hochofen erzeugt bis zu 5 000 t Roheisen täglich. Für eine Tonne Roheisen werden im Durchschnitt 2 t Erz, 0,8 t Koks, 0,3 t Kalk und 10 m³ Wasser benötigt; 1 t Schlacke entsteht.

Hochofenabstich
Entnahme eine Eisenprobe zur Untersuchung im Labor.

Das **Corex-Verfahren** ist eine in Deutschland und Österreich neu entwickelte Methode zur Produktion von Roheisen.

Bei diesem Verfahren werden in einem Einschmelzvergaser reduzierende Gase (CO) erzeugt und in einem davon getrennten Reduktionsofen mit dem Erz zur Reaktion gebracht. Es entsteht fester Eisenschwamm, der in den Einschmelzvergaser befördert und dort geschmolzen wird. Der Abstich des Roheisens erfolgt im Abstand einiger Stunden. Das Verfahren ist umweltfreundlicher als der Hochofenprozeß und kann auch minderwertige Kohlen und Erze nutzen.

Stahlerzeugung

Roheisen läßt sich nicht schmieden, da es bis knapp unterhalb der Schmelztemperatur spröde ist und dann schlagartig schmilzt. Schmiedbar und hart ist nur Eisen mit einem Kohlenstoffgehalt zwischen 0,5 – 1,7 %. Die Verminderung des Kohlenstoffgehaltes wird durch einen Oxidationsvorgang, das Frischen, erreicht.

Im Idealfall erfolgt die Oxidation der Verunreinigungen mit reinem Sauerstoff, der seit den dreißiger Jahren dieses Jahrhunderts durch das Linde-Verfahren in großtechnischen Mengen und zu wirtschaftlichen Preisen zur Verfügung steht (siehe Seite 61). Seit dieser Zeit wurde versucht, ein Frischverfahren mit reinem Sauerstoff zu finden.
Doch erst nach dem Zweiten Weltkrieg gelang es Technikern, die Probleme zu meistern. 1949 war die erste Versuchsanlage erfolgreich, 1952 und 1953 wurden die ersten nach diesem System arbeitenden Stahlwerke in Linz und Donawitz in Betrieb genommen. Von diesen beiden Orten hat das LD-Verfahren seinen Namen bekommen und sich weltweit durchgesetzt.

Das Frischen des Roheisens erfolgt beim **LD-Verfahren** in birnenförmigen Konvertern mit einem Fassungsvermögen bis zu 400 t. Durch ein wassergekühltes Rohr, die Lanze, wird reiner Sauerstoff mit einem Druck von rund 10 bar auf das flüssige Roheisen geblasen. Nach etwa 20 Minuten ist die Reaktion beendet. Die freiwerdende Wärme wird zum Einschmelzen von Schrott genutzt.

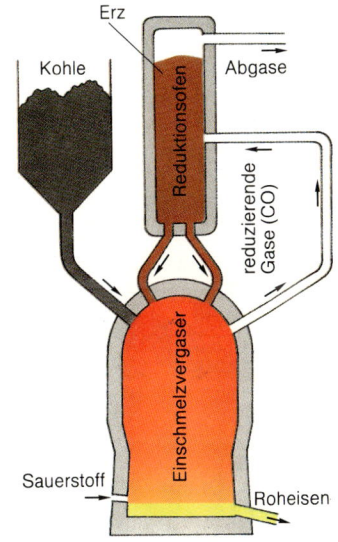

Schema einer Corex-Anlage

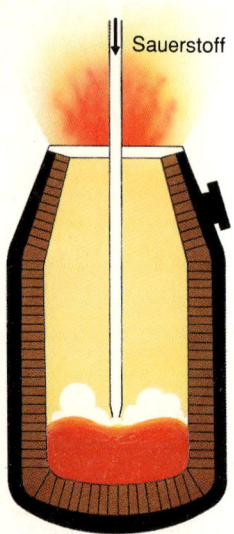

LD-Konverter

Sauerstoff

Tiegel im LD-Stahlwerk

Eigenschaften des Stahls

Im Gegensatz zu Roheisen ist Stahl hart und elastisch. Beim Erhitzen erweicht er allmählich und läßt sich Schmieden, Walzen oder Ziehen. Die Härte des Stahls kann durch Wärmebehandlung beeinflußt werden: Erwärmen und rasches Abkühlen in Wasser ergibt einen besonders harten, langsames Abkühlen an Luft einen eher weichen und leicht zu bearbeitenden Stahl. Auch der Zusatz von Legierungsmetallen kann die Eigenschaften in weiten Grenzen verändern; man erhält Stahlsorten, die den unterschiedlichsten Anforderungen genügen.

Der Einfluß einiger Legierungselemente auf die Eigenschaften von Stahl:

	C	Si	Mn	Ni	Cr	W	Mo	V	Co
Zugfestigkeit	+	+	+	+	+	+		+	
Zähigkeit	−	−	+	+				+	−
Chemische Widerstandsfähigkeit			+	+	+	−		+	
Härte bei hohen Temp.				+		+	+	+	+

Warmwalzwerk

Übungen:

13.5 Wie viele Massenprozente Eisen sind in reinem Magneteisenstein, Roteisenstein und Spateisenstein enthalten? Welches Erz hat den höchsten Eisengehalt?

13.6 Welche Reaktionen laufen im Hochofen ab, wenn aus Magneteisenstein Roheisen hergestellt wird? Formuliere die Reaktionsgleichungen.

13.7 Warum schützt eine dünne Zinkschicht Eisen vor Korrosion?

13.8 Wodurch unterscheidet sich Roheisen chemisch und physikalisch von Stahl?

13.4 Aluminium

Aluminium ist mit einem Anteil von 7,5 % das dritthäufigste Element der Erdkruste, kommt in der Natur jedoch ausschließlich in Form seiner Verbindungen vor und ist in vielen Silicaten enthalten.

Aluminiumoxid Al_2O_3 kommt in grobkristalliner Form auch in der Natur vor (Korund). Wegen seiner großen Härte (Stufe 9 auf der Mohsschen Härteskala) dient es als Schleifmittel. Rubine und Saphire sind durch Metalloxide gefärbte Korundkristalle; durch Schmelzen von pulverförmigem Aluminiumoxid mit einer Knallgasflamme können sie auch künstlich hergestellt werden. Große, künstliche Rubinkristalle werden für Laser verwendet.

ALUMINIUM

Symbol	Al
Ordnungszahl	13
Atommasse	26,9825 u
Schmelztemperatur	660,1 °C
Siedetemperatur	2450 °C
Dichte	2,7 kg/dm^3
Oxidationszahl	+III

Der Name Aluminium leitet sich von lat. alumen = Alaun, $KAl(SO_4)_2$, her.

HENRI DEVILLE (1818 – 1881)

CARL BAYER (1847 – 1904); österreichischer Chemiker

Der Name Bauxit stammt von einer der ersten Fundstätten, Les Baux in Südfrankreich. Die Bundesrepublik Deutschland besitzt keine abbauwürdigen Bauxitvorkommen.

Korund

künstlicher Saphir

Rohstoff für die **Gewinnung von Aluminium** ist das **Bauxit**, ein durch Eisenverbindungen verunreinigtes Aluminiumoxidhydroxid.

Das Bauxit mit einem Al_2O_3-Gehalt von ca. 60 % muß zunächst noch gereinigt werden. Dazu nutzt man beim Bayer-Verfahren den Umstand aus, daß die Aluminiumverbindungen mit Natronlauge unter hohem Druck und hoher Temperatur lösliches Natriumaluminat $Na[Al(OH)_4]$ ergeben, die Eisen-Verunreinigungen ergeben jedoch unlösliches Eisenhydroxid $Fe(OH)_3$, das durch Filtrieren entfernt wird. Beim Abkühlen der Lösung scheidet sich Aluminiumhydroxid $Al(OH)_3$ ab, das abfiltriert und durch Erhitzen in Aluminiumoxid umgewandelt wird.

Aus dem gereinigten Aluminiumoxid wird dann durch **Schmelzfluß-elektrolyse** das Aluminium gewonnen. Aluminiumoxid hat allerdings eine sehr hohe Schmelztemperatur von 2050 °C. Durch die Verwendung von geschmolzenem Kryolith Na_3AlF_6 als Lösungsmittel kann jedoch mit etwa 950 °C das Auslangen gefunden werden.

Der Elektrolyseofen besteht aus einer mit Kohleplatten ausgekleideten Wanne, die als Katode (Minuspol) dient. Baumstammdicke Kohlestäbe tauchen in die Schmelze ein und bilden die Anode (Pluspol). Die Elektrolyse erfolgt mit einer Spannung von 4 V und Stromstärken bis zu 200 000 A.

Im geschmolzenen Aluminiumoxid liegen frei bewegliche Al^{3+}- und O^{2-}-Ionen vor. Die Al^{3+}-Ionen wandern zur Katode, nehmen dort je drei Elektronen auf und bilden metallisches Aluminium, das sich in flüssiger Form am Boden der Wanne sammelt und abgesaugt wird. Die Sauerstoffionen wandern zur Anode und geben dort je zwei Elektroden ab, wodurch elementarer Sauerstoff entsteht, der mit dem Elektrodenmaterial sofort zu CO und CO_2 weiterreagiert. Die Anoden werden daher während der Elektrolyse verbraucht. Da als unerwünschte Nebenreaktion auch kleine Mengen hoch giftiges Fluor bzw. Fluorverbindungen gebildet werden, sind entsprechende Umweltschutzmaßnahmen nötig.

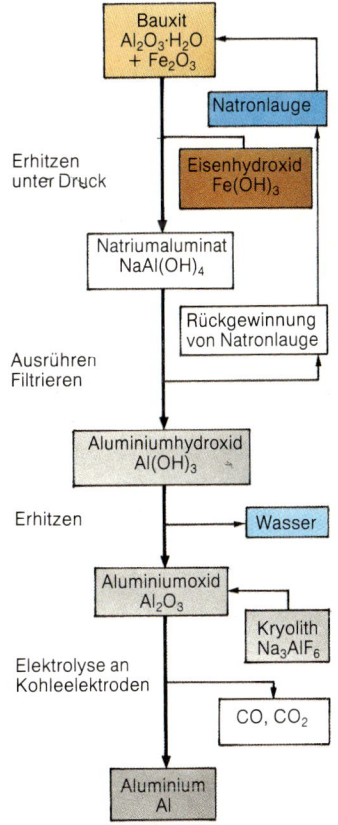
Prozeßfolge der Aluminiumproduktion

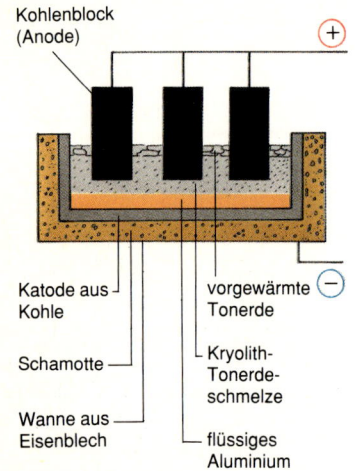

Kohlenblock
(Anode)

⊕

Katode aus Kohle

vorgewärmte ⊖
Tonerde

Schamotte

Kryolith-
Tonerde-
schmelze

Wanne aus
Eisenblech

flüssiges
Aluminium

Schematischer Querschnitt durch einen Elektrolyseofen

Eloxal = elektrisch oxidiertes Aluminium

Zur Produktion von einer Tonne Aluminium sind 4 t Bauxit erforderlich, aus denen zunächst unter Aufwand von 7 000 kWh Energie 2 t Aluminiumoxid entstehen. Zur Elektrolyse werden dann noch 50 kg Kryolith, 0,5 t Elektrodenkohle und 14 000 kWh elektrische Energie benötigt.

Aluminium ist ein silbrig glänzendes Leichtmetall, das sich leicht verformen und zu dünnen Folien auswalzen läßt. Durch Zusatz anderer Metalle (Magnesium, Kupfer, Silicium, …) lassen sich seine Eigenschaften (Härte, chemische Widerstandsfähigkeit, …) in weiten Grenzen verändern und der jeweiligen Verwendung anpassen.

Duraluminium („Dural") ist ein Beispiel für eine sehr harte Legierung. Neben Al enthält sie 2,5 – 5,5% Cu, 0,5 – 2% Mg, 0,5 – 1,2% Mn und 0,2 – 1% Si.

An der Luft überzieht sich Aluminium rasch mit einer Oxidschicht die (im Gegensatz zu Eisenoxid) sehr dicht und fest ist und das Metall vor weiteren chemischen Angriffen schützt (Passivierung).
Daher ist Aluminium, trotzdem es ein sehr unedles Metall ist, ein sehr beständiger Werkstoff. Durch elektrolytische Oxidation kann die Oxidschicht verstärkt und anschließend gefärbt werden (Eloxal-Verfahren).

Auf Grund dieser Eigenschaften werden Aluminium und seine Legierungen in vielen Bereichen eingesetzt, vom Fahrzeugbau (Waggons und Flugzeuge) über das Baugewerbe (Fassadenverkleidungen, Fenster, Türgriffe, …) bis zu Haushaltsgeräten.
In der Lebensmittelindustrie dient es als Verpackungsmaterial (Folien, Tuben, Getränkedosen). Da Aluminium den Strom besser leitet als ein gleich schweres Kupferkabel, wird es auch für Hochspannungsleitungen verwendet.

Die Produktion von Aluminium benötigt große Mengen an elektrischer Energie, deren Erzeugung die Umwelt belastet. Daher wäre eine weitestgehende Wiederverwertung des Aluminiums anzustreben, da, verglichen mit der Elektrolyse von Aluminiumoxid, zum Einschmelzen von Aluminiumschrott weniger als 10% der Energie benötigt werden. Allerdings gibt es kein Verfahren, Aluminium aus dem Müll abzutrennen und Sammelaktionen zeigen bisher nur begrenzte Erfolge. Besonders kritisiert wird in diesem Zusammenhang die Verwendung für Getränkedosen, da diese zusätzlich die Müllmenge erhöhen oder überhaupt in der freien Natur „deponiert" werden.

Übungen:

13.9 Warum kann Aluminium nicht durch Elektrolyse einer Aluminiumchlorid-Lösung gewonnen werden?

13.10 Ist bei zunehmender Verwendung von Aluminium mit einer Rohstoffverknappung zu rechnen?

13.11 Eine leere Alu-Getränkedose hat eine Masse von 17,5 g. Welche Energiemenge war zu ihrer Produktion (aus Bauxit) nötig?

13.12 Eine Alu-Getränkedose trägt, offenbar um Kritik zu entkräften, den Aufdruck „Aluminium – wiederverwertbar". Ist diese Aufschrift richtig und geeignet, ökologische Bedenken zu zerstreuen?

12.5 Buntmetalle

Unter diesem Begriff werden alle selbst oder in ihren Verbindungen farbigen Schwermetalle zusammengefaßt, ausgenommen Eisen und die Edelmetalle.

Die chemischen und physikalischen Daten wichtiger Buntmetalle:

	Kupfer	Zink	Blei	Zinn	Cadmium	Chrom	Nickel	Kobalt	Wolfram	Mangan	Titan
Symbol	Cu	Zn	Pb	Sn	Cd	Cr	Ni	Co	W	Mn	Ti
Ordnungszahl	29	30	82	50	48	24	28	27	74	25	22
Atommasse	63,55 u	65,37 u	207,19 u	118,69 u	112,41 u	51,996 u	58,69 u	58,93 u	183,85 u	54,938 u	47,88 u
Schmelztemp.	1083 °C	419,5 °C	327,3 °C	231,9 °C	321 °C	1920 °C	1455 °C	1490 °C	3380 °C	1247 °C	1670 °C
Siedetemp.	2582 °C	907 °C	1750 °C	2337 °C	767 °C	2480 °C	3350 °C	3185 °C	6000 °C	2090 °C	3262 °C
Dichte kg/dm^3	8,92	7,13	11,37	7,31	8,6	7,2	8,9	8,8	19,3	7,3	4,49
Oxidations-zahlen	+II, (+I)	+II	+II, +IV	+II, +IV	+II	+II,+III, +VI	+II	+II, +III	+VI	+II, +IV, +VII	+IV

Kupfer (Cu)

In der Natur ist Kupfer nur selten gediegen zu finden. Die wichtigsten Kupfererze sind Kupferglanz Cu_2S und Kupferkies $CuFeS_2$.

Die meisten Kupfererze weisen einen hohen Gehalt an taubem Gestein auf. Bei der derzeitigen Technik der Erzanreicherung durch **Flotation** genügt zur wirtschaftliche Gewinnung bereits ein Kupfergehalt von 2%.
Dabei wird das Erz zu Pulver zerrieben und mit einem Öl-Wasser-Gemisch vermengt. Durch Einleiten von Luft entsteht ein Schaum, der die Kupfererz-Teilchen mit sich reißt und abgeschöpft wird.

Gediegenes Kupfer

Durch Rösten und nachfolgende Reduktion entsteht Rohkupfer, das durch Elektrolyse in Feinkupfer (Cu-Gehalt über 99,5%) umgewandelt wird (siehe Seite 60). Aus dem dabei entstehenden Anodenschlamm können Silber, Gold und Platin gewonnen werden.

Kupfer ist ein rötliches, weiches, leicht zu bearbeitendes Metall. Wegen seiner guten elektrischen Leitfähigkeit wird es in der Elektrotechnik für Kabel verwendet, seine gute Wärmeleitfähigkeit macht es zum geeigneten Material für Kessel, Heizschlangen und dergleichen.

Wichtige Kupferlegierungen sind **Messing** (ca. 25% Zink) und **Bronze** (ca. 25% Zinn).

Zink (Zn)

Zink ist ein bläulichweißes, sprödes Metall, das chemisch recht beständig ist, da es sich mit einer dichten Schicht aus Zinkoxid und Zinkcarbonat überzieht.
Es dient als Legierungsbestandteil (Messing), zum Verzinken von Eisengegenständen (Korrosionsschutz, siehe Seite 57) und für Taschenlampenbatterien (Seite 58).

Der Name Zink ist deutschen Ursprungs und weist auf die zackenartige Form mancher Zinkerze hin.

Bleiglanz

cadmeia (griech.) = Zinkerz, in dem das Metall 1817 entdeckt wurde.
chroma (griech.) = Farbe, da die meisten Chromverbindungen schön gefärbt sind.

Blei (Pb)

Blei ist ein bläulich-weißes, sehr schweres, außergewöhnlich weiches und biegsames Metall. Es dient für Kabelummantelungen, Akkumulatoren und als Legierungsbestandteil.

Lösliche Bleiverbindungen sind sehr giftig. Daher sind in bleiverarbeitenden Betrieben besondere Arbeitsschutzmaßnahmen erforderlich, um schwere gesundheitliche Schäden der Beschäftigten zu vermeiden.
Zunehmend bedrohlich wurde die Belastung der Umwelt mit Blei. Hauptursache war die Verwendung von Bleitetraethyl $Pb(C_2H_5)_4$ als qualitätsverbessernder Zusatz in Benzin. Dies führte in der Folge zur Freisetzung von Bleiverbindungen, die entweder direkt (eingeatmeter Staub) oder über die Nahrungskette (Staub auf Gras – Kuh – Milch – Mensch) aufgenommen wurden. Daher darf Benzin keine Bleiverbindungen mehr enthalten.

Zinn (Sn)

Zinn ist ein silbrig glänzendes Metall mit guter chemischer Beständigkeit. Es dient für Ziergegenstände (gegossene Teller und Krüge), als Überzugsmetall zum Korrosionsschutz von Eisenblech (Weißblech, Seite 57) und als Legierungsbestandteil (Bronze).

Bei Durchschnittstemperaturen unter 13 °C zerfallen Zinngegenstände zu einem grauen Pulver (Zinnpest). Ursache ist die Umwandlung des Zinns in eine andere Modifikation.
Legierungen mit Blei haben einen niedrigen Schmelzpunkt und werden als Lötzinn verwendet.

Cadmium (Cd)

Cadmium wird für rostschützende Überzüge, als Legierungsbestandteil und für Akkumulatoren (Seite 59) verwendet. Cadmiumsulfid CdS ist gelb und dient als Farbstoff (Pigment) in Lacken und Kunststoffgegenständen.

Cadmiumverbindungen sind sehr giftig. Traurige Berühmtheit erlangte in diesem Zusammenhang eine 1970 in Japan aufgetretene Umweltkatastrophe (Itai-Itai-Krankheit). Das zur Bewässerung der Reisfelder verwendete Flußwasser war mit den cadmiumhaltigen Abwässern einer Erzaufbereitungsanlage verunreinigt, der Reis führte zur Vergiftung von mehreren hundert Menschen. Cadmium reichert sich in den Knochen an und verursacht deren Erweichung, was schwere Verkrüppelungen, Skelettschrumpfungen bis zu 30 cm und vielfach einen qualvollen Tod zur Folge hatte.
Seither schenkt man der Cadmiumbelastung der Umwelt verstärkte Aufmerksamkeit. Hauptverschmutzer sind die Stahlindustrie (bei der Wiederverwertung cadmiumhaltigen Schrotts) und der verbrannte oder deponierte Müll (Cadmium aus Akkus und Kunststoffen). Der weitestmögliche Ersatz von Cadmium und seinen Verbindungen durch harmlosere Stoffe und eine Wiederverwertung defekter Akkus ist daher anzustreben.

Chrom (Cr) und **Nickel** (Ni) sind silberglänzende, zähe, chemisch gut beständige Metalle. Sie werden für rostschützende Überzüge (Verchromen und Vernickeln) und als Legierungsbestandteile verwendet (rostfreier Stahl, *Nirosta*). Rostfreier Stahl für Eßbestecke enthält meist 18 % Chrom und 8 % Nickel.

Kobalt (Co) ist ferromagnetisch und als Legierungsbestandteil von Bedeutung. Kobaltverbindungen dienen zur Blaufärbung von Glas und Keramik.

Wolfram (W) hat mit 3 380 °C die höchste Schmelztemperatur aller Metalle. Es wird als Legierungsbestandteil und für Glühlampenfäden verwendet, Wolframcarbid WC als Hartmetall für Gesteinsbohrer und Schneidwerkzeuge.

Mangan (Mn) ist als Legierungsbestandteil für Stahl und Aluminium wichtig. In Verbindungen tritt es in den Oxidationsstufen +II bis +VII auf. Kaliumpermanganat $KMnO_4$ ist ein im Labor häufig verwendetes, starkes Oxidationsmittel.

Titan (Ti) ist ein silbergraues, relativ leichtes Metall (Dichte 4,49 kg/dm^3) mit guter Beständigkeit gegen chemische Einflüsse und Hitze. Es wird im Flugzeugbau für besonders hitzebeanspruchte Teile verwendet.

12.6 Edelmetalle

Zu den Edelmetallen zählen Silber (Ag), Gold (Au), Platin (Pt), Quecksilber (Hg), Osmium (Os), Iridium (Ir) und Palladium (Pd).

Die chemischen und physikalischen Daten der Edelmetalle:

	Silber	Gold	Platin	Quecksilber	Iridium	Palladium
Symbol	Ag	Au	Pt	Hg	Ir	Pd
Ordnungszahl	47	79	78	80	77	46
Atommasse	107,87 u	196,97 u	195,09 u	200,59 u	192,22 u	106,42 u
Schmelztemp.	961 °C	1063 °C	1774 °C	−38,87 °C	2453 °C	1550 °C
Siedetemp.	2193 °C	2660 °C	4350 °C	356,58 °C	4400 °C	3300 °C
Dichte kg/dm^3	10,5	19,3	21,45	13,55	22,6	12,1
Oxidations-zahlen	+I	+I, +III	+II, +IV	+II, (+I)	+III, +IV	+II

Silber (Ag)

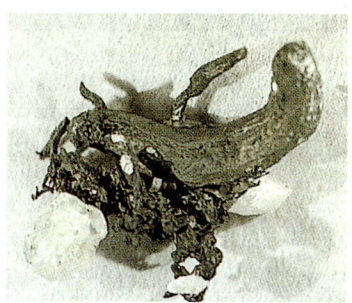
Gediegenes Silber

Silber kommt in der Natur elementar sowie in Sulfiden vor. Es ist der beste elektrische Leiter und ein guter Wärmeleiter.
Daher wird in der Elektronik in Spezialfällen Silber als Leiter verwendet. Daneben dient es zur Herstellung von Münzen, Schmuck, Bestecken und Tafelgeräten.
Zwei Drittel der Weltproduktion werden jedoch von der Photoindustrie verbraucht.
Silberhalogenide (AgCl, AgBr) zerfallen bei Lichteinwirkung. Dieser Effekt wird für die **Photographie** ausgenützt.

Gold (Au)

Gold kommt in der Natur meist elementar vor. Bei der Verwitterung der Gesteine gelangt es in die Flüsse, wo es im Sand abgelagert wird (Waschgold, Donaugold). Reines Gold ist außerordentlich weich und dehnbar. Es läßt sich zu Folien von nur 0,0001 mm Dicke auswalzen (Blattgold).

Gold wird für Münzen und Schmuck verwendet und so gehortet. Daneben wird es in der Elektronik für hochwertige Schaltkontakte und für die Zahntechnik benötigt.

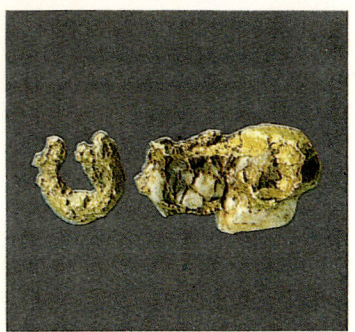

Goldnuggets

Zur Härtung wird es mit anderen Metallen legiert, hauptsächlich mit Kupfer (Rotgold), Silber und Platin (Weißgold). Der Goldgehalt einer Legierung wird in Promille angegeben. So bedeutet der Stempelaufdruck 585 auf einem Schmuckstück einen Goldgehalt von 585‰. Eine andere Maßeinheit ist das **Karat**. Ein Karat entspricht einem Goldgehalt von einem Vierundzwanzigstel. Reines Gold hat 24 Karat, 18 Karat entsprechen einem Goldgehalt von 750‰. **Gewichtseinheit** für den internationalen Handel mit Edelmetallen ist die **Feinunze** (31,1 g).

Platin (Pt)

Platin ist ein silberweißes, sehr schweres Metall, das für Schmuck, chemische Geräte und als Katalysator für viele chemische Prozesse (Ostwald-Verfahren, Auspuffkatalysator, …) verwendet wird.

Quecksilber (Hg)

Quecksilber ist ein sehr seltenes Metall, das rein (in Tröpfchen) oder als Sulfid (Zinnober, HgS) aufgefunden wird.
Bei Zimmertemperatur ist es flüssig und verdunstet langsam. Es findet unter anderem Verwendung in Thermometern, Höhensonnen, Leuchtstoffröhren und Batterien (Seite 58). Eine Silber-Quecksilber-Legierung (Silberamalgam) wird für Zahnplomben verwendet.

Zinnober

Quecksilberdampf und alle löslichen Quecksilberverbindungen sind sehr giftig. Sie führen zu schweren Schäden besonders im Bereich des Zentralnervensystems. Mehrere Massenvergiftungen sind eine deutliche Warnung.
So führte die irrtümliche Verwendung von quecksilberhaltigem Saatgetreide zur Broterzeugung in mehreren Entwicklungsländern zu Katastrophen. Im Irak starben dadurch 1972 über 400 Personen, weitere 60 000 trugen zum Teil dauernde Schäden davon.
Aber auch durch die Nahrungskette kann es zu einer gefährlichen Anreicherung von Quecksilberverbindungen kommen, die Vergiftungserscheinungen sind als „Minamata-Krankheit" bekannt geworden. In der Bucht von Minamata (Japan) führten quecksilberhaltige Abwässer eines Kunststoffwerkes zur Verseuchung der Meeresprodukte und in der Folge zu Vergiftungserscheinungen bei der Bevölkerung, die dort ihre Nahrungsmittel zu einem großen Teil aus dem Meer bezieht. Die ersten Symptome traten schon 1954 auf, die Ursachen wurden aber bis 1970 vertuscht. Daher kam es zur Vergiftung von etwa 15 000 Menschen, über 500 starben, unzählige andere haben unter Dauerfolgen zu leiden.
Diese Katastrophen sind ein Hinweis auf die zunehmende Verseuchung der Umwelt mit Quecksilber, die besonders bei Meeresprodukten (z. B. Thunfisch) schon bedenkliche Ausmaße angenommen hat. Der weitestmögliche Ersatz des Quecksilbers und seiner Verbindungen durch harmlosere Stoffe, der Einsatz quecksilberfreier Produktionsverfahren, die Sammlung und Wiederverwertung von Quecksilberbatterien sowie eine wirksame Abgas- und Abwasserreinigung bei Industrieanlagen und Müllverbrennungen sind daher anzustreben.

Das Elementsymbol Hg leitet sich vom lateinischen Namen Hydrargyrum her, der wiederum aus griechischen Wurzeln gebildet wurde.
hydor (griech.) = Wasser
argyros (griech.) = Silber.
Der Name Zinnober stammt vom arabischen Ausdruck apar (= roter Staub), den die Griechen in kinnabari umwandelten.
Der deutsche Name geht auf das althochdeutsche quecsilabar, d. h. lebendiges Silber, zurück.

Da Quecksilber eine hohe Dichte aufweist, schwimmen andere Metallgegenstände, wie z. B. diese Messingschraube, auf ihm.

Übungen:

13.13 Reines Kupfer ist ein sehr guter elektrischer Leiter, doch wird die Leitfähigkeit bereits durch kleine Mengen an Verunreinigungen stark vermindert. Wie ist dies zu erklären?

13.14 Auf einem Eßbesteck aus rostfreiem Stahl finden sich die Zahlen 18/8 eingeprägt. Welche Bedeutung haben sie?

13.15 Reines Gold ist sehr weich, würde leicht zerkratzt werden und ist daher für Schmuck weniger geeignet. Durch Beimischung von Kupfer oder Silber wird es härter. Wie ist dieser Effekt zu erklären?

13.16 Welchen Goldgehalt in Karat hat ein Goldschmuck mit 585‰?

13.17 Berechne den Preis von einem Gramm Gold.
Anleitung: Im Wirtschaftsteil der Zeitungen ist der aktuelle Goldpreis in US-Dollar pro Unze und der Dollarkurs angegeben.

14. Grundlagen der Organischen Chemie

Die Einteilung der Chemie in eine anorganische (Chemie der toten Materie, der Gesteine und Minerale) und eine organische (Chemie der Lebensstoffe) wurde schon im 18. Jahrhundert vorgeschlagen und ist, seit sie Anfang des vorigen Jahrhunderts vom angesehenen schwedischen Wissenschaftler **Berzelius** übernommen wurde, allgemein anerkannt.

 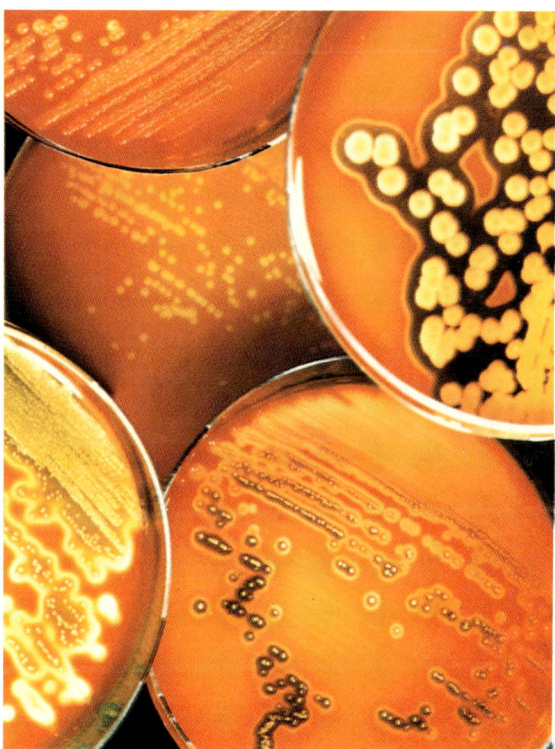

Die Fortschritte in der Organischen Chemie wirkten sich auch dramatisch auf andere Wissenschaften aus: Während sich die Pestärzte des 17. Jahrhunderts noch mit skurrilen, aber wirkungslosen Masken vor der Ansteckung zu schützen suchten, hat die gezielte Suche nach antibiotischen Wirkstoffen dazu geführt, daß heute die meisten Infektionskrankheiten ihren Schrecken verloren haben.

Heute versteht man unter organischer Chemie die **Chemie der Kohlenstoffverbindungen,** unabhängig davon, ob sie aus Organismen isoliert oder im Labor synthetisiert werden.

Die Oxide des Kohlenstoffs, die Kohlensäure, die Cyanwasserstoffsäure und deren Salze sowie die Carbide werden zur anorganischen Chemie gezählt.

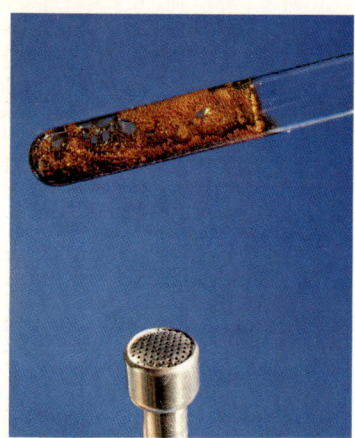

Zucker schmilzt leicht und verkohlt bei weiterem Erhitzen unter Abspaltung von Wasser.

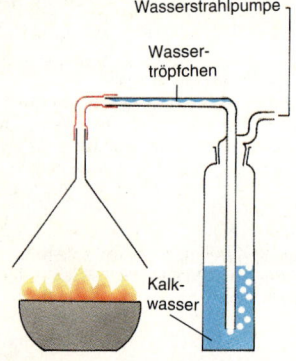

Wasserstrahlpumpe

Wassertröpfchen

Kalkwasser

Untersuchung einer organischen Verbindung
Die Verbrennungsgase werden durch ein Glasrohr und eine Waschflasche mit Kalkwasser geleitet. Es scheidet sich Wasser ab; die Trübung des Kalkwassers läßt auf Kohlendioxid schließen. Es wurden daher die Elemente C, H und O nachgewiesen.

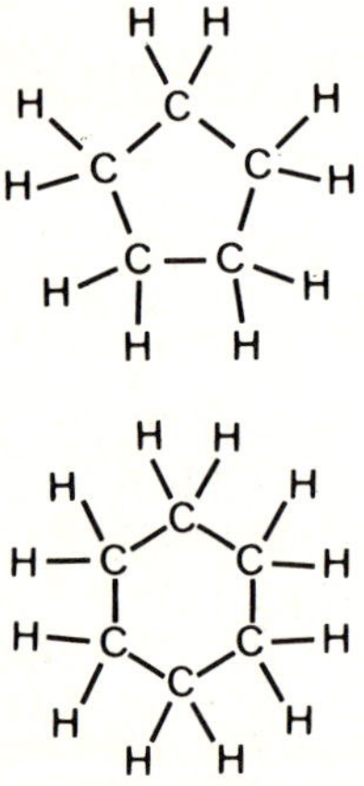

Strukturformeln verschiedener ringförmiger Moleküle

14.1 Eigenschaften und Zusammensetzung organischer Verbindungen

Untersucht man, wie sich einige aus dem Alltag bekannte organische Verbindungen (z. B. Zucker, Benzin, Stärke, Alkohol, Kerzenwachs) beim Erwärmen verhalten, so ist eine Reihe von Gemeinsamkeiten festzustellen:

Viele organische Stoffe haben einen charakteristischen Geruch und niedrige Schmelz- und Siedetemperaturen. Auch im flüssigen Zustand leiten sie den Strom nicht, oft tritt schon bei relativ niedrigen Temperaturen (unter 300 °C) Zersetzung ein. Auf Grund dieser Eigenschaften läßt sich das Vorhandensein von Ionenbindungen ausschließen – der **vorherrschende Bindungstyp** in der organischen Chemie ist die (mehr oder weniger stark polare) **Atombindung**.

Darüber hinaus zeigt sich, daß die Dämpfe fast aller organischer Verbindungen brennbar sind. Dabei entsteht (vollständige Verbrennung vorausgesetzt) Kohlendioxid und Wasserdampf. Diese Verbrennungsprodukte und weitere, genauere Untersuchungen zeigen, daß die meisten **organischen Stoffe** aus verhältnismäßig **wenigen Elementen aufgebaut** sind. Außer dem allgegenwärtigen **Kohlenstoff** und **Wasserstoff** treten nur noch **Sauerstoff**, **Stickstoff**, **Halogene**, **Schwefel** und **Phosphor** häufiger in Verbindungen auf.

Wie ist es aber möglich, daß durch die Kombination so weniger Elemente eine solche Vielzahl von Verbindungen entsteht? Die Antwort ergibt sich aus dem auftretenden Bindungstyp:

Das Kohlenstoffatom besitzt 4 Außenelektronen und neigt daher weder zur Bildung eines positiv noch eines negativ geladenen Ions; es geht Atombindungen ein. Wegen der tetraedrischen Anordnung der bindenden Elektronenpaare (siehe Seite 26) kann es mit anderen Kohlenstoffatomen verzweigte und unverzweigte Ketten beliebiger Länge und Ringe unterschiedlicher Größe bilden.

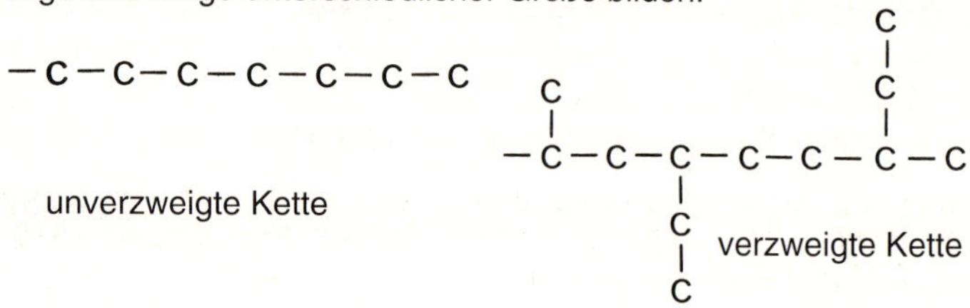

$$-C-C-C-C-C-C-C$$

unverzweigte Kette

verzweigte Kette

Durch die Aufnahme weiterer Atome, hauptsächlich Wasserstoff, wird die Edelgaskonfiguration (Oktettregel) erreicht.

Übungen:

14.1 Warum treten in organischen Verbindungen keine Ionenbindungen auf?

14.2 Die generelle Brennbarkeit organischer Substanzen führt dazu, daß auch als völlig harmlos eingeschätzte Stoffe unter bestimmten Bedingungen gefährlich werden können. So müssen beispielsweise in Mühlen besondere Vorsichtsmaßnahmen getroffen werden, um Mehlstaubexplosionen zu vermeiden. Versuche zu erklären, wieso es zu solchen Unfällen kommen kann.

14.2 Reaktionstypen in der organischen Chemie

In der anorganischen Chemie haben wir Säure-Base-Reaktionen und Redoxvorgänge kennengelernt. Sie treten auch in der organischen Chemie auf, häufiger sind jedoch andere Reaktionstypen.

Dafür soll der vergleichsweise einfach aufgebaute Alkohol (Ethanol) als Beispiel dienen:

Wird ein Gemisch aus Alkohol, Schwefelsäure und Natriumbromid erwärmt, so destilliert bei 38 °C eine farblose Flüssigkeit über, die mit Wasser nicht mischbar ist und absinkt. Eine Bestimmung der Molekülmasse ergäbe 109 u, und die **Beilstein-Probe** zeigt eine Halogenverbindung an. Daraus läßt sich auf eine Formel C_2H_5Br schließen. Da Natriumbromid mit Schwefelsäure Bromwasserstoff entwickelt, muß folgende Reaktion eingetreten sein:

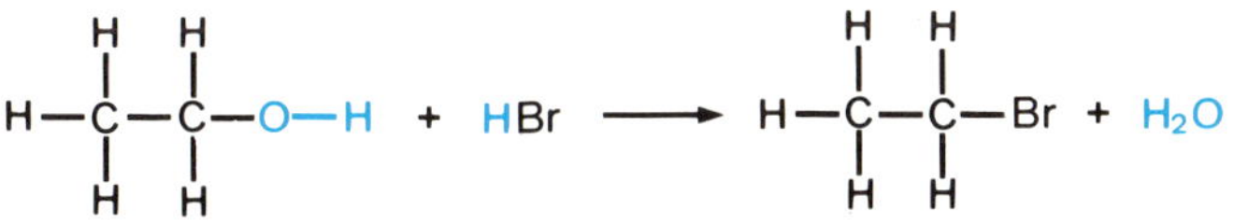

$$H-\overset{\overset{\displaystyle H}{|}}{\underset{\underset{\displaystyle H}{|}}{C}}-\overset{\overset{\displaystyle H}{|}}{\underset{\underset{\displaystyle H}{|}}{C}}-O-H \quad + \quad HBr \quad \longrightarrow \quad H-\overset{\overset{\displaystyle H}{|}}{\underset{\underset{\displaystyle H}{|}}{C}}-\overset{\overset{\displaystyle H}{|}}{\underset{\underset{\displaystyle H}{|}}{C}}-Br \quad + \quad H_2O$$

Ethanol   Bromethan

Bei dieser Reaktion wurde die C−O-Bindung des Alkoholmoleküls getrennt und die OH-Gruppe gegen ein Bromatom ausgetauscht. Eine Reaktion, bei der ein Atom (oder eine Atomgruppe) durch ein anderes Atom ersetzt wird, nennt man **Substitution**.

Wird ein Gemisch aus Alkohol, der doppelten Menge konzentrierter Schwefelsäure und Sand (als Katalysator) erhitzt, so entsteht ein farbloses, brennbares Gas mit einer Molekülmasse von 28 u und der Summenformel C_2H_4, das Ethen. Eine Strukturformel läßt sich nur mit der Annahme aufstellen, daß zwischen den beiden Kohlenstoffatomen eine Doppelbindung vorhanden ist.

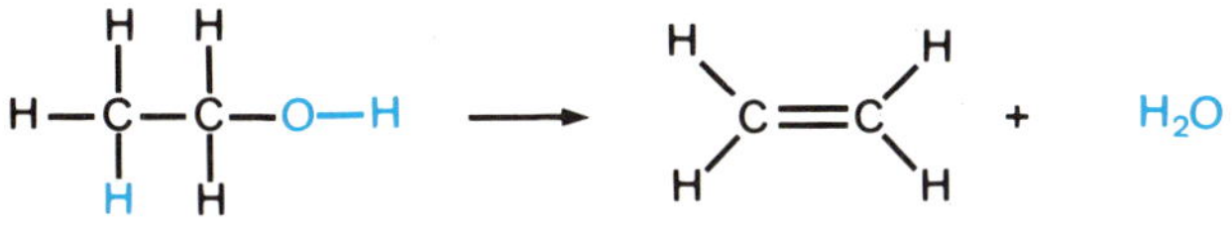

Ethanol   Ethen

Aus dem Ethanolmolekül wird ein kleineres Molekül (Wasser) abgespalten, wodurch eine Doppelbindung entsteht. Eine solche Reaktion wird als **Elimination** bezeichnet.

Leitet man Ethen in Bromwasser, so wird dieses rasch entfärbt, das Ethen reagiert mit Brom. Mit einer etwas veränderten Versuchsanordnung kann eine farblose Flüssigkeit mit der Molekülmasse 188 u und der Summenformel $C_2H_4Br_2$ gewonnen werden.

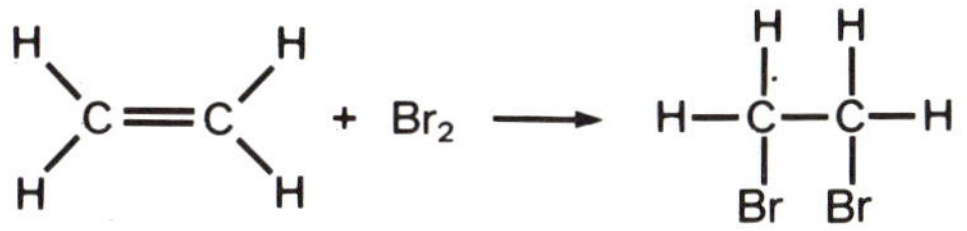

Ethen   1,2-Dibromethan

Offenbar wurden zwei Bromatome an die Doppelbindung angelagert, eine **Addition** hat stattgefunden. Da von C−C-Mehrfachbindungen

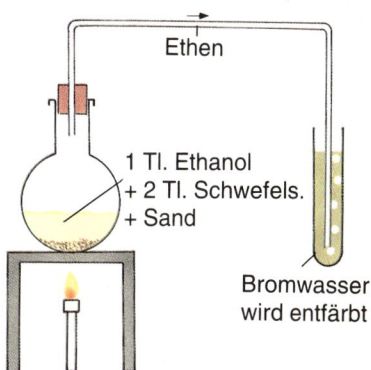

Herstellung von Ethen und Dibromethan

leicht andere Atome aufgenommen werden, nennt man solche Verbindungen auch ungesättigt.

Erhitzt man wiederum ein Gemisch aus Alkohol, konzentrierter Schwefelsäure und Sand, wobei diesmal allerdings doppelt soviel Alkohol wie Schwefelsäure verwendet wird, so destilliert aus dem Reaktionsgemisch eine farblose Flüssigkeit mit einer Siedetemperatur von 35 °C. Eine „Analyse" kann hier mit der Nase erfolgen: der entstandene Ether (Diethylether, Formel $C_2H_5OC_2H_5$) ist am Geruch zu erkennen.

Aus der Zahl der Kohlenstoffatome ist ersichtlich, daß ein Ethermolekül aus zwei Alkoholmolekülen entstanden sein muß, wobei ein Wassermolekül abgespalten wurde.

$$
\underset{\text{Ethanol}}{\begin{array}{c} H\;\;H \\ |\;\;| \\ H-C-C-O-H \\ |\;\;| \\ H\;\;H \end{array}} + H-O-\begin{array}{c} H\;\;H \\ |\;\;| \\ C-C-H \\ |\;\;| \\ H\;\;H \end{array} \longrightarrow \underset{\text{Diethylether}}{\begin{array}{c} H\;\;H\;\;\;\;\;\;H\;\;H \\ |\;\;|\;\;\;\;\;\;|\;\;| \\ H-C-C-O-C-C-H \\ |\;\;|\;\;\;\;\;\;|\;\;| \\ H\;\;H\;\;\;\;\;\;H\;\;H \end{array}} + H_2O
$$

Eine Reaktion, bei der sich zwei Moleküle unter Abspaltung eines kleinen anorganischen Moleküls (z. B. Wasser) verbinden, wird **Kondensation** genannt.

Verglichen mit der vorher besprochenen Reaktion, bei der Ethen entstand, wurde hier aus den gleichen Ausgangsstoffen, nur durch eine kleine Änderung der Reaktionsbedingungen, ein anderes Produkt erhalten; eine Erscheinung, die typisch für organisch-chemische Reaktionen ist.

Aber auch Oxidationsreaktionen können mit organischen Molekülen durchgeführt werden, wobei hier aus naheliegenden Gründen die vollständige Oxidation zu CO_2 und H_2O nicht erwünscht ist. Durch Verwendung geeigneter Oxidationsmittel ist es möglich, nur einen Teil des Moleküls zu oxidieren.

Wird Alkohol mit Schwefelsäure und starken Oxidationsmitteln wie Kaliumpermanganat ($KMnO_4$) oder Kaliumdichromat ($K_2Cr_2O_7$) zur Reaktion gebracht, so läßt sich das überdestillierte Produkt ebenfalls schon am Geruch erkennen: Essigsäure.

Bromwasser wird beim Einleiten von Ethen entfärbt.

$$
\underset{\text{Ethanol}}{\begin{array}{c} H\;\;H \\ |\;\;| \\ H-C-C-O-H \\ |\;\;| \\ H\;\;H \end{array}} + \text{Oxidationsmittel} \longrightarrow \underset{\text{Essigsäure}}{\begin{array}{c} H \\ | \\ H-C-C \\ | \;\;\;\;\;\diagup\diagdown \\ H \;\;\;\; O\;\;\;OH \end{array}}
$$

Der Alkohol wurde durch eine **Oxidation** in Essigsäure umgewandelt.

Essigsäure kann ihrerseits Ausgangsstoff von Synthesen sein:

Wird beispielsweise ein Gemisch aus Alkohol und Essigsäure (mit etwas Schwefelsäure als Katalysator) erwärmt, so ist am entstehenden Klebstoff-Geruch zu erkennen, daß ein neuer Stoff gebildet wurde. Der Alkohol und die Säure verbinden sich zu einem sogenannten Ester (da dieser Ester als Lösungsmittel in Klebstoffen verwendet wird, ist der Geruch vertraut).

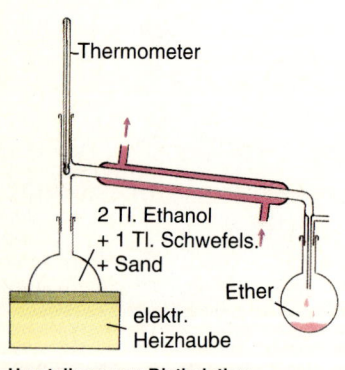

Thermometer

2 Tl. Ethanol
+ 1 Tl. Schwefels.
+ Sand

Ether

elektr. Heizhaube

Herstellung von Diethylether

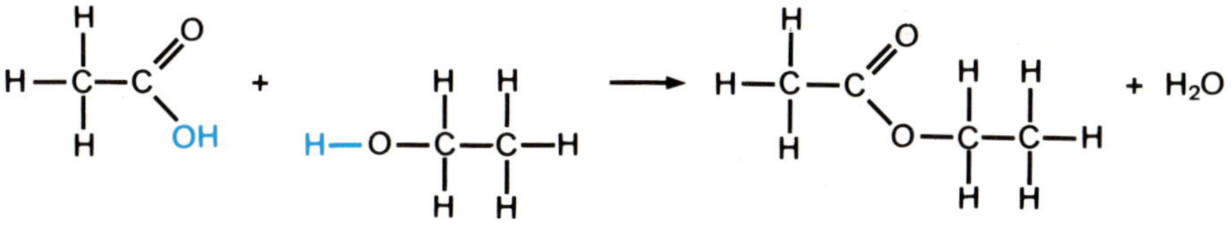

Essigsäure   Ethanol   Essigsäureethylester

Der Reaktionstyp ist uns schon bekannt: eine **Kondensation**.

Übersicht: Reaktionsprodukte des Alkohols

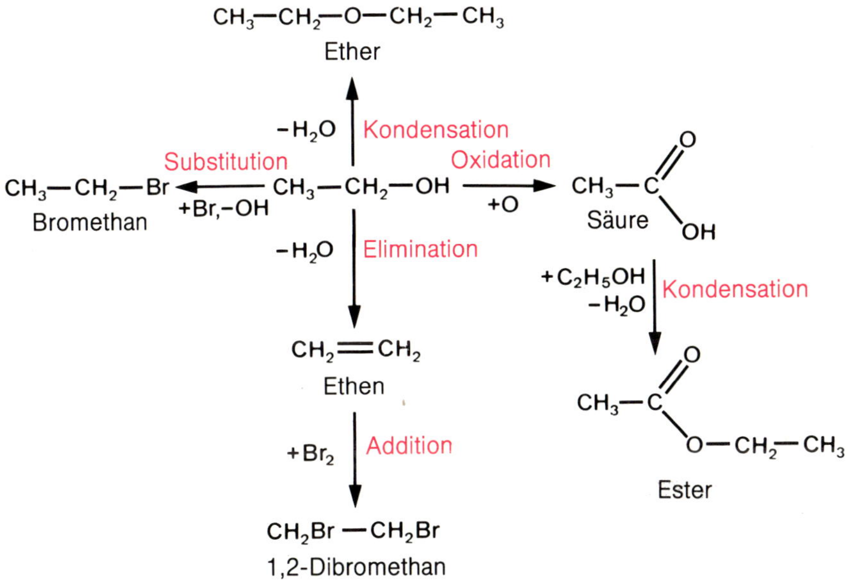

$CH_3-CH_2-O-CH_2-CH_3$
Ether

$-H_2O$ | Kondensation

Substitution   Oxidation

$CH_3-CH_2-Br \longleftarrow CH_3-CH_2-OH \longrightarrow$
$+Br,-OH$ $+O$
Bromethan

$CH_3-C \begin{smallmatrix} O \\ OH \end{smallmatrix}$
Säure

$-H_2O$ | Elimination

$+C_2H_5OH$ | Kondensation
$-H_2O$

$CH_2 = CH_2$
Ethen

$CH_3-C \begin{smallmatrix} O \\ O-CH_2-CH_3 \end{smallmatrix}$
Ester

$+Br_2$ | Addition

$CH_2Br - CH_2Br$
1,2-Dibromethan

Diese Reaktionen (und das waren keineswegs alle, die bei einem Alkoholmolekül möglich sind) zeigen eine Besonderheit der organischen Chemie: Aus einem Ausgangsstoff kann, je nach Wahl der Reaktionsbedingungen, eine Vielzahl von Produkten hergestellt werden.

An den Reaktionen ist nicht das ganze Molekül beteiligt, sondern nur ein Teil davon, z. B. die OH-Gruppe. Sie wird als **funktionelle Gruppe** bezeichnet.

15. Gesättigte Kohlenwasserstoffe

Zu den gesättigten Kohlenwasserstoffen, auch als **Alkane** bezeichnet, zählen alle Moleküle, die nur aus Kohlenstoff- und Wasserstoffatomen bestehen und keine ungesättigten Stellen, d. h. keine Doppel- oder Dreifachbindungen, enthalten. Sie sind zwar wegen ihrer Reaktionsträgheit für Synthesen im Labor kaum von Interesse, besitzen aber große wirtschaftliche und technische Bedeutung, da sie aus Erdöl und Erdgas gewonnen werden (siehe Kap. 18, Seite 114 ff.) und als Energieträger sowie als Rohstoff für die (petro)chemische Industrie unentbehrlich sind.

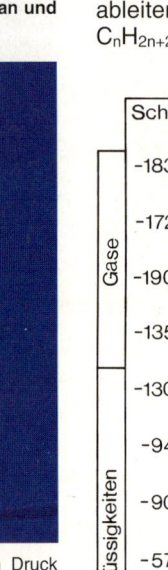

Kalottenmodelle von Methan, Ethan und Propan

15.1 Die Reihe der gesättigten Kohlenwasserstoffe

Die Reihe beginnt mit dem einfachsten Molekül der organischen Chemie, dem aus einem Kohlenstoff- und vier Wasserstoffatomen bestehenden **Methan** CH_4. Das nächstgrößere Molekül enthält zwei Kohlenstoffatome: **Ethan** C_2H_6. Durch Einfügen weiterer CH_2-Gruppen lassen sich die Formeln der anderen gesättigten Kohlenwasserstoffe ableiten. Ihre Summenformel entspricht der allgemeinen Formel C_nH_{2n+2}.

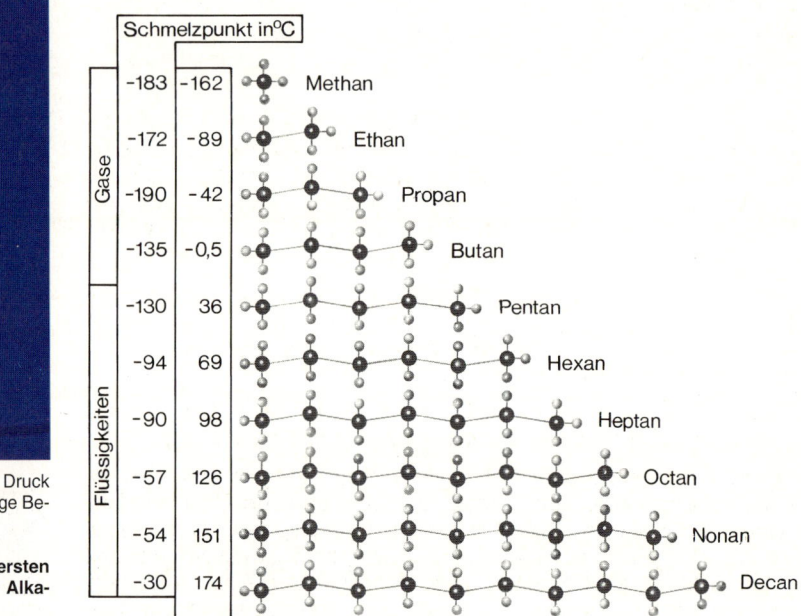

Butan kann schon durch geringen Druck verflüssigt werden, sodaß dünnwandige Behälter ausreichen.

Physikalische Eigenschaften der ersten Glieder der homologen Reihe der Alkane.
Methan, Ethan, Propan und Butan sind bei Zimmertemperatur Gase, Pentan bis Decan dagegen Flüssigkeiten.

Die Namen der ersten vier Vertreter dieser Reihe sind *Trivialnamen*. Sie haben keinen Bezug zur Struktur des Stoffes und sind logisch nicht ableitbar, sie müssen einfach auswendig gelernt werden. Die Namen aller folgenden gesättigten Kohlenwasserstoffe (auch der hier nicht mehr angeführten mit noch längeren Ketten) werden entsprechend der Zahl der Kohlenstoffatome aus dem griechischen Zahlwort und der Endung **-an** gebildet.

15.2 Aufbau und Eigenschaften

Die bisher verwendeten Strichformeln geben zwar die Verknüpfung der Atome eines Moleküls an, nicht aber den räumlichen Aufbau, der für sein physikalisches und chemisches Verhalten von wesentlicher Bedeutung ist.

Zur Veranschaulichung werden **Molekülmodelle** verwendet, wobei die Stäbchenmodelle deutlicher die Winkel zwischen den Atomen zeigen, die Kalottenmodelle (sie zeigen auch die Elektronenhüllen der Atome) stellen die Raumerfüllung und das tatsächliche Aussehen eines Moleküls besser dar. Beide Modelle werden, je nach der zu beantwortenden Fragestellung, verwendet.

Der räumliche Aufbau von **Methan** wurde schon auf Seite 37 beschrieben: Das Kohlenstoffatom befindet sich im Mittelpunkt eines Tetraeders, dessen Eckpunkte von den Wasserstoffatomen eingenommen werden. Der Bindungswinkel beträgt daher 109,5°.

Stäbchenmodell des Methanmoleküls

Die Struktur von **Ethan** ist leicht aus dem Vorhergehenden abzuleiten: Ein Eckpunkt des Tetraeders wird vom zweiten Kohlenstoffatom eingenommen, an das noch drei Wasserstoffatome gebunden sind.

Die verschiedenen Formen eines Moleküls, die durch Drehungen um C−C-Einfachbindungen entstehen, werden als **Konformationen** bezeichnet.

Bei langkettigen Kohlenwasserstoffen führt die Drehbarkeit um die C−C-Bindung zu einer großen Beweglichkeit des Moleküls, durch die Wärmebewegung nimmt es im gasförmigen und im flüssigen Zustand verschiedenste Formen ein. Nur im Feststoff bildet es eine gestreckte Kette.

Kalottenmodell des Methanmoleküls

Da sich Kohlenstoff- und Wasserstoffatome in ihrer Elektronegativität nur geringfügig unterscheiden, sind die **C−H-Bindungen** (und damit die Kohlenwasserstoffe) nur **sehr schwach polar**. Daher wirken zwischen Kohlenwasserstoffmolekülen nur die sehr schwachen **Van-der-Waals-Kräfte** (siehe Seite 38). Mit steigender Kettenlänge nimmt die Wirkung dieser Kräfte zu, Siede- und Schmelztemperatur steigen an.

Verzweigte Moleküle haben eine kleinere Oberfläche als unverzweigte. Dadurch sinkt die Anzahl der für zwischenmolekulare Kräfte zur Verfügung stehenden Kohlenstoffatome, die Siedetemperaturen dieser Isomere sind niedriger.

Geradkettige Kohlenwasserstoffe mit mehr als 16 C-Atomen sind Feststoffe (auch mit dem Sammelnamen *Paraffin* bezeichnet).

Die sehr schwach polaren Kohlenwasserstoffe treten nicht in elektrostatische Wechselwirkung mit stark polaren Molekülen. Daher sind die Alkane in Wasser unlöslich. Zu anderen schwach polaren Substanzen werden die gleichen zwischenmolekularen Kräfte wirksam wie zwischen Alkanmolekülen selbst, ein Lösungsvorgang kann stattfinden. Die flüssigen Kohlenwasserstoffe sind daher sehr gute Lösungsmittel für wenig polare Stoffe, wie z. B. Fette.

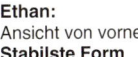

Ethan:
Ansicht von vorne
Stabilste Form

Da die gesättigten Kohlenwasserstoffe keine funktionellen Gruppen besitzen, sind sie, verglichen mit anderen organischen Verbindungen, bei niedrigen Temperaturen **sehr reaktionsträge**.

Bei höheren Temperaturen reagieren ihre Dämpfe jedoch leicht mit Sauerstoff, es entsteht CO_2 und H_2O. Die dabei freiwerdende Reaktionswärme (Verbrennungswärme) ist sehr hoch.
Dies bewirkt den hohen Heizwert von Erdgas und von Erdölprodukten.

Die Wasserstoffatome sind soweit wie möglich voneinander entfernt.

Z. B. Verbrennung von Methan:

$$CH_4 + 2\,O_2 \rightarrow CO_2 + 2\,H_2O \qquad \Delta H = -\,812\ kJ$$

Mit wachsender Zahl der Kohlenstoffatome wird die Verbrennung in Luft unvollständiger – die Flamme rußt und leuchtet.

Die Verbrennung verschiedener Kohlenwasserstoffe. Von links nach rechts: Methan CH_4, Butan C_4H_{10}, Hexan C_6H_{14} und Benzol C_6H_6

15.3 Strukturisomerie

Geht man von der Summenformel eines Alkans, z. B. C_4H_{10}, aus, so zeigt sich, daß sie das Molekül nicht eindeutig beschreibt. Neben der **n**ormalen, geradkettigen Form (**n**-Butan) ist auch eine zweite Struktur mit einer verzweigten Kohlenstoffkette möglich.

Die hier und an anderen Stellen verwendete, vereinfachte Schreibweise berücksichtigt nicht die dreidimensionale Gestalt der Moleküle, sondern gibt nur die Verknüpfung der Atome an.

Kohlenwasserstoff	Isomerenzahl
CH_4, C_2H_6, C_3H_8	1
C_4H_{10}	2
C_5H_{12}	3
C_6H_{14}	5
C_7H_{16}	9
C_8H_{18}	18
C_9H_{20}	35
$C_{10}H_{22}$	75
...	...
$C_{20}H_{42}$	366 319
...	...
$C_{40}H_{82}$	62 491 178 805 831

Zahl der Isomeren einiger Alkane

Solche Moleküle, die sich bei gleicher Summenformel durch die Verknüpfung der Atome unterscheiden, nennt man **Isomere**. Beide Formen existieren, sie unterscheiden sich geringfügig in ihren Schmelz- und Siedetemperaturen.

Wie die nebenstehende Tabelle zeigt, wächst die Zahl der möglichen Isomere sehr rasch mit steigender Anzahl der Kohlenstoffatome.

Beim Anschreiben der Isomere ist zu beachten, daß die hier verwendete Schreibweise den räumlichen Aufbau des Moleküls nicht korrekt wiedergibt. Formen, die sich durch Drehungen um $C–C$-Einfachbindungen ineinander überführen lassen, sind keine Isomere, sondern Konformere ein und desselben Moleküls. Nur wenn die Kohlenstoffketten anders **verzweigt** sind, handelt es sich um Isomere.

Beispiele:

unverzweigt: C — C — C — C — C

verzweigt: C — C — C — C   oder   C — C — C
                        | |
                        C   C
                                                   |
                                                   C

Dagegen ist   C — C — C — C   **keine** verzweigte Kette!
                            |
                            C

Neben den kettenförmigen Kohlenwasserstoffen existieren auch solche mit einem ringförmigen Kohlenstoffgerüst und der allgemeinen Formel C_nH_{2n}. Sie werden mit dem Namensteil **Cyclo-** gekennzeichnet.

Übung:

15.1 Skizziere alle möglichen Isomere von a) C_5H_{12} b) C_6H_{14} c) C_7H_{16}.

15.4   Die Benennung organischer Verbindungen

In der Anfangsphase der organischen Chemie gab es noch keine Regeln zur Benennung der neuentdeckten Substanzen. Man wählte Trivialnamen, die auf die Herkunft des Stoffes (z. B. Traubenzucker, Citronensäure, Vanillin, …) oder auf seine Eigenschaften hinwiesen. Mit der rasch zunehmenden Zahl organischer Verbindungen wurden die Grenzen dieses Systems bald erreicht. Doppelbenennungen führten zu Verwechslungen und vor allem gab es keinen Zusammenhang zwischen der Formel einer Verbindung und ihrem Namen. Daher legte ein 1892 in Genf abgehaltener Kongreß die Grundlagen zu einem eindeutigen System der Namensgebung. Diese Regeln werden heute von der IUPAC (**I**nternational **U**nion of **P**ure and **A**pplied **C**hemistry) dem Fortschritt der Chemie entsprechend ergänzt.

Für viele Verbindungen sind jedoch nach wie vor Trivialnamen sehr gebräuchlich, die in diesem Buch oft zusätzlich *kursiv* angegeben sind. Daneben gibt es noch die von Firmen für ihre Produkte verwendeten Handelsnamen.

IUPAC-Regeln:

- Die längste Kohlenstoffkette im Molekül ergibt den Stammnamen.

- Die Kohlenstoffatome dieser Kette werden fortlaufend numeriert. Die Numerierung erfolgt in jener Richtung, bei der sich an den Verzweigungen schließlich die kleinsten Zahlen ergeben.

- Die Lage einer Seitenkette wird durch die Nummer des C-Atoms angegeben, von dem sie abzweigt.

- Die Länge einer Seitenkette wird durch den Namen des entsprechenden Kohlenwasserstoffs angegeben, wobei dessen Namensendung -an auf **-yl** abgeändert wird. Eine solche Seitenkette wird daher auch als **Alkyl**gruppe bezeichnet.

- Enthält das Molekül mehrere gleiche Seitenketten, so wird dies durch die Silben Di-, Tri-, Tetra-, Penta- usw. ausgedrückt.

- Die Angabe der Seitenketten erfolgt in alphabetischer Reihenfolge.

Beispiele:

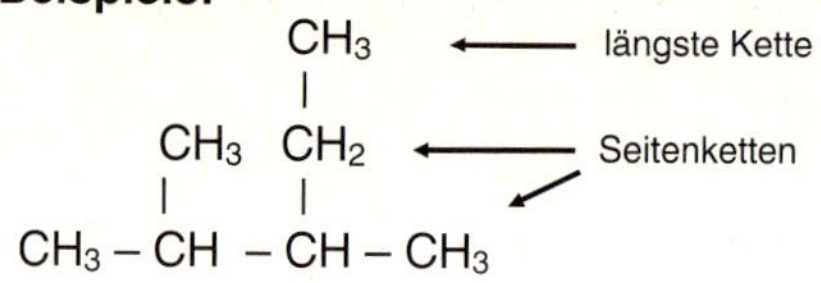

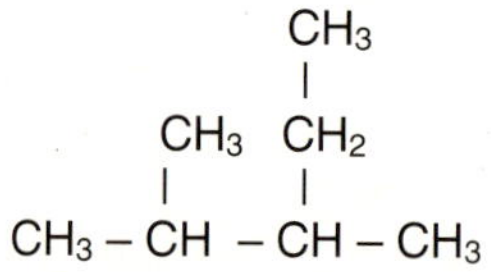

$$CH_3 \longleftarrow \text{längste Kette}$$
$$|$$
$$CH_3 \quad CH_2 \longleftarrow \text{Seitenketten}$$
$$| \qquad |$$
$$CH_3 - CH - CH - CH_3$$

$$CH_3 \qquad\qquad\qquad\qquad CH_3$$
$$| \qquad\qquad\qquad\qquad\qquad |$$
$$CH_3 \quad CH_2 \qquad \text{und nicht} \qquad CH_3 \quad CH_2$$
$$| \qquad | \qquad\qquad\qquad\qquad | \qquad |$$
$$CH_3 - CH - CH - CH_3 \qquad\qquad CH_3 - CH - CH - CH_3$$

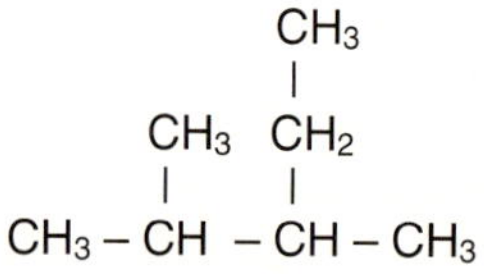

Der Name lautet daher: 2,3-Dimethylpentan

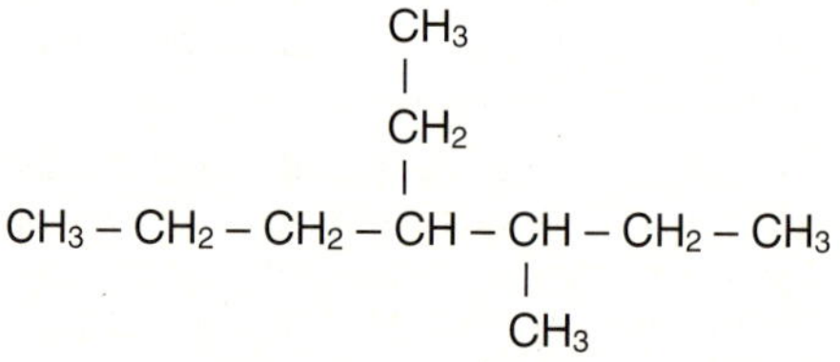

$$CH_3$$
$$|$$
$$CH_2$$
$$|$$
$$CH_3 - CH_2 - CH_2 - CH - CH - CH_2 - CH_3$$
$$|$$
$$CH_3 \qquad\qquad\qquad \text{4-Ethyl-3-methylheptan}$$

Übungen:

15.2 Die folgenden Alkane sollen benannt werden:

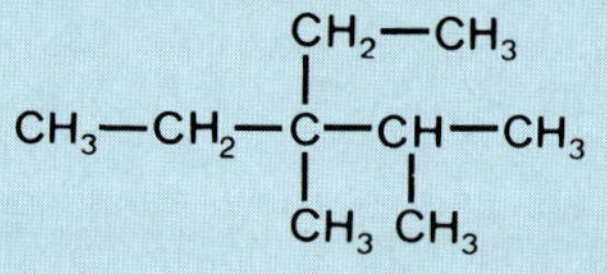

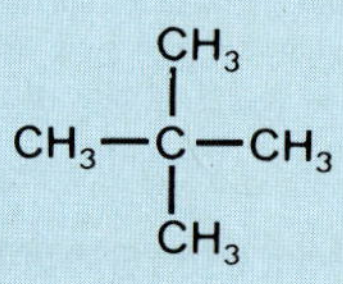

$$CH_2 - CH_3$$
$$|$$
$$CH_3 - CH_2 - C - CH - CH_3 \qquad CH_3 - \overset{\displaystyle CH_3}{\underset{\displaystyle CH_3}{C}} - CH_3$$
$$| \quad |$$
$$CH_3 \ CH_3$$

15.3 Die Strichformeln der folgenden Verbindungen sind gesucht:
   a) 2,2-Dimethylbutan   b) 3-Ethyl-2-methylhexan

15.4 Welche Namen haben die Isomere von Übung 15.1 ?

15.5 Wie lautet die Reaktionsgleichung für die vollständige Verbrennung von Propan?

15.6 Wie lautet die Reaktionsgleichung für die vollständige Verbrennung von Octan?

16. Ungesättigte Kohlenwasserstoffe

Ungesättigte Verbindungen können an ihren Doppel- oder Dreifachbindungen noch andere Atome oder Atomgruppen aufnehmen (addieren). Ihre funktionelle Gruppe ist die $C=C$- oder $C\equiv C$-Bindung. In den physikalischen Eigenschaften entsprechen sie weitgehend den gesättigten Kohlenwasserstoffen. Moleküle mit einer Doppelbindung werden auch als **Alkene**, solche mit einer Dreifachbindung als **Alkine** bezeichnet.

Zur **Benennung** dieser Substanzgruppen wird der Name des entsprechenden gesättigten Kohlenwasserstoffes herangezogen. Enthält das Molekül eine **Doppelbindung** (Alk*en*), so wird die Endsilbe des Namens auf **-en** geändert, bei einer **Dreifachbindung** (Alk*in*) auf **-in**. Eine vor dem Namen des Kohlenwasserstoffs stehende Ziffer gibt an, **nach** welchem C-Atom die Bindung auftritt, mehrere Bindungen werden durch die Silben di-, tri- usw. ausgedrückt.

Messungen am einfachsten Alken, dem Ethen, haben ergeben, daß es sich um ein eben gebautes Molekül handelt, in dem die Bindungswinkel ca. 120° betragen. Damit sich zwei gemeinsame Elektronenpaare bilden können, muß die Entfernung zwischen den Kohlenstoffatomen geringer sein als bei Einfachbindungen.

Die Doppelbindung verhindert eine freie Drehbarkeit um die $C-C$-Achse. Sind daher verschiedene Gruppen an die Kohlenstoffatome der Doppelbindung gebunden, so können zwei Isomere mit unterschiedlichen physikalischen und chemischen Eigenschaften existieren, man spricht von **Z/E-** oder **cis-trans-Isomerie**.

Beispiel:

Z-1,2-Dichlorethen

(cis-1,2-Dichlorethen)

E-1,2-Dichlorethen

(trans-1,2-Dichlorethen)

Alkene sind wesentlich reaktionsfähiger als gesättigte Kohlenwasserstoffe. Typisch für ungesättigte Kohlenwasserstoffe sind Additionsreaktionen.

Die **Addition** von Brom wurde schon auf Seite 91 als Nachweis für **Doppelbindungen** erwähnt. Außer den **Halogenen** können auch andere Moleküle, z. B. die **Halogenwasserstoffe** (HCl, HBr, HI) oder **Wasser** addiert werden.

Die **Addition** von **Wasserstoff** (Hydrierung) führt zur Bildung von gesättigten Kohlenwasserstoffen. Sie besitzt unter anderem große Bedeutung für die Benzinproduktion und die Herstellung von Margarine. Die Addition von Wasserstoff ist umkehrbar, bei hohen Temperaturen entsteht wieder das Alken. Darauf beruht die katalytische **Dehydrierung** von Alkanen zu Alkenen, ein großtechnisch sehr wichtiges Verfahren (Herstellung von Ethen).

Auch die **Polymerisation** ist von großer praktischer Bedeutung. Dabei entstehen durch fortgesetzte Addition ungesättigter Moleküle gesättigte Riesenmoleküle (Makromoleküle), die als **Kunststoffe** Verwendung finden (siehe Seite 137 ff.).

Beispiele zur Benennung von Alkenen:

$$\overset{1}{C}H_2 = \overset{2}{C}H - \overset{3}{C}H_3 \qquad \text{Propen}$$

$$\overset{1}{C}H_2 = \overset{2}{C}H - \overset{3}{C}H_2 - \overset{4}{C}H_3 \qquad \text{1-Buten}$$

$$\overset{1}{C}H_3 - \overset{2}{C}H = \overset{3}{C}H - \overset{4}{C}H_3 \qquad \text{2-Buten}$$

$$\overset{1}{C}H_2 = \overset{2}{C}H - \overset{3}{C}H = \overset{4}{C}H_2 \qquad \text{1,3-Butadien}$$

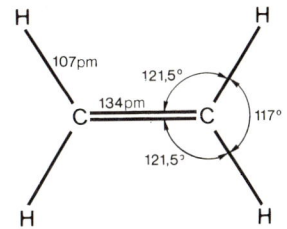

Doppelbindung im Ethen:
keine freie Rotation um die Doppelbindung
$(1 \text{ pm} = 10^{-12}\text{m})$

cis (lat.) = diesseits
trans (lat.) = jenseits
Z von „zusammen"
E von „entgegen"

Die Isomere des Dichlorethens

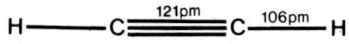

$$H\text{---}C \equiv\!\!\!\equiv\!\!\!\equiv C \text{---}H$$
$$\overset{121pm}{}\qquad \overset{106pm}{}$$

Die Dreifachbindung im Ethin
Im Ethin sind die Kohlenstoffatome durch eine 121 pm lange Dreifachbindung verbunden.

Ethen (*Ethylen*) zählt zu den wichtigsten Rohstoffen der organisch-chemischen Industrie. Es wird durch katalytische Dehydrierung von Ethan (aus Erdgas) oder durch Cracken von Erdölprodukten (Seite 117) gewonnen. Durch Additionsreaktionen werden aus ihm wichtige Synthesegrundstoffe und der Kunststoff Polyethen (*Polyethylen*, *PE*) hergestellt.

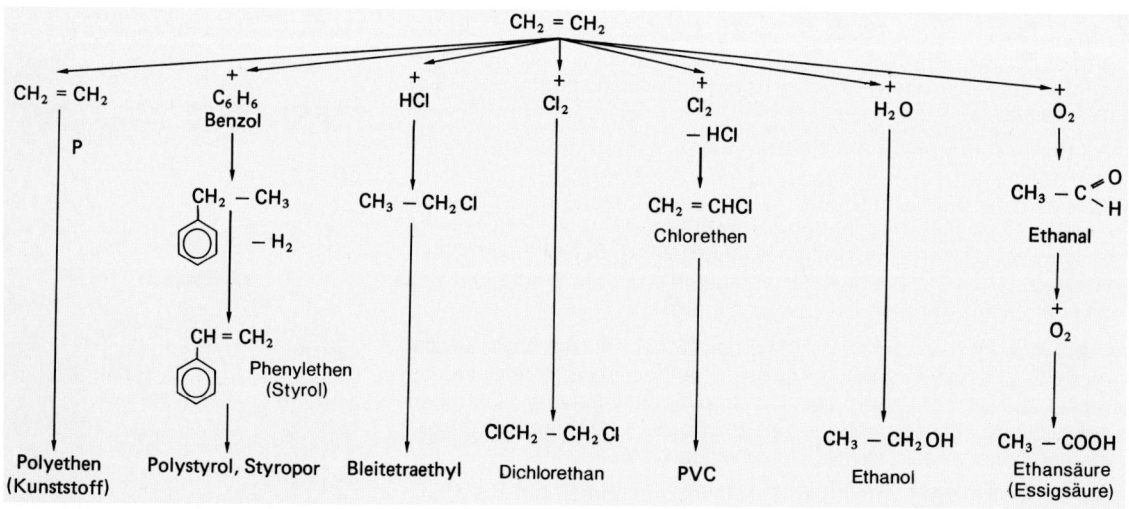

Andere Alkene sind in erster Linie für die Produktion von Kunststoffen (Seite 137) von Bedeutung, z. B.:

Chlorethen (*Vinylchlorid*) zur Herstellung von **Poly*vinyl*chlorid** (*PVC*), **Propen** (*Propylen*) für Polypropen (*Polypropylen*, *PP*) und **1,3-Butadien** für synthetischen Kautschuk.

Die **Alkine** entsprechen in ihren physikalischen Eigenschaften den Alkanen und Alkenen. Als gemeinsames Strukturmerkmal weisen sie eine **Dreifachbindung** auf.

Wichtigster Vertreter dieser Gruppe ist **Ethin** (*Acetylen*).

Die im Labor benötigten kleinen Mengen Ethin können leicht durch Reaktion von Calciumcarbid mit Wasser hergestellt werden:

$$CaC_2 + 2\,H_2O \rightarrow C_2H_2 + Ca(OH)_2$$

Reines Ethin ist ein geruchloses Gas, das an Luft mit leuchtender, stark rußender Flamme verbrennt. Beim Erhitzen oder unter Druck zerfällt es explosionsartig in die Elemente.

$$C_2H_2 \rightarrow 2\,C + H_2 \qquad \Delta H = -228\ kJ/mol$$

Da es sich gut in Propanon (*Aceton*) löst und dabei stabilisiert wird, kommt es in Druckgasflaschen, die mit Propanon und Kieselgur (poröses, saugfähiges Material) gefüllt sind, in den Handel (Dissous-Gas).

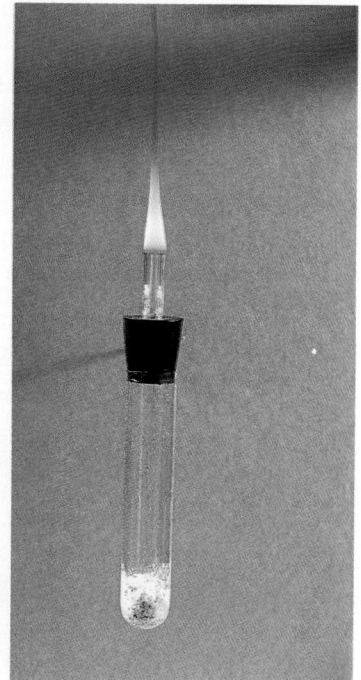

Herstellung von Ethin
In der Eprouvette entsteht aus Calciumcarbid und Wasser Ethin, das mit stark rußender Flamme verbrennt.

110

Beim Umgang mit Ethin ist große Vorsicht am Platz, da Mischungen mit Luft in einem weiten Bereich (1,5% – 82% Ethin) explosiv sind.

$$2\,C_2H_2 + 5\,O_2 \rightarrow 4\,CO_2 + 2\,H_2O \qquad \Delta H = -2612\ \text{kJ/mol}$$

Die hohe **Verbrennungswärme** wird zum **Schweißen** und **Schneiden** genutzt. Mit reinem Sauerstoff werden Flammentemperaturen bis 3 100 °C erreicht, wodurch die meisten Metalle schmelzen.

Das zur Herstellung von Ethin verwendete Calciumcarbid kann durch Reaktion von gebranntem Kalk mit Koks im Lichtbogen eines elektrischen Ofens hergestellt werden.

$$CaO\ +\ 3\,C\ \rightarrow\ CaC_2\ +\ CO$$

Abstich eines Carbidofens

Dieses früher sehr bedeutende Verfahren ist zur Zeit unrentabel, könnte aber bei zunehmender Erdölverknappung wieder Bedeutung erlangen.

Heute wird Ethin durch thermische Umwandlung oder durch teilweise katalytische Oxidation aus Methan gewonnen.

$$2\,CH_4\ \xrightarrow{\ 1\,400\,°C\ }\ C_2H_2\ +\ 3\,H_2$$

$$O_2\ +\ 4\,CH_4\ \xrightarrow{\ \text{Kat.}\ }\ C_2H_2\ +\ 2\,CO\ +\ 7\,H_2$$

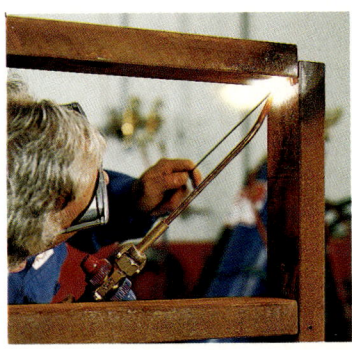

Ethin wird zum Schweißen und Schneiden von Metallen verwendet

Übungen:

16.1 Zeichne die Strukturformel von 2-Methyl-1,3-butadien

16.2 Wie lautet die Strukturformel von E-2-Buten?

16.3 Was ist an den folgenden Namen falsch?
    a) 3-Methyl-3-penten b) 2-Ethylhexan c) 4-Hexin
    d) 2-Methyl-2-hexin e) 3,3-Dimethyl-2-hexen

17. Aromatische Kohlenwasserstoffe

Ursprünglich wurde die Bezeichnung „aromatische Verbindungen" zur Charakterisierung von Pflanzeninhaltsstoffen verwendet, die sich durch angenehmen Geruch auszeichnen. Spätere Untersuchungen ergaben, daß in diesen Molekülen ein Baustein mit einer neuen, zunächst unbekannten Bindungsart, das **Benzol**, enthalten ist. Heute wird der Begriff „aromatisch" für alle Substanzen verwendet, die Benzol oder ein Molekül mit gleichem **Bindungstyp** als Strukturelement enthalten.

Die Struktur des Benzols

Benzol ist eine farblose, benzinähnlich riechende Flüssigkeit, die mit stark rußender Flamme verbrennt. Seine Dämpfe sind sehr gesundheitsschädlich (u. a. auch krebserregend). Die Summenformel C_6H_6 wurde schon früh bestimmt, doch die Strukturformel bereitete den Chemikern des vorigen Jahrhunderts einiges Kopfzerbrechen, da sie nicht so einfach mit den chemischen Eigenschaften der Substanz in Einklang gebracht werden konnte.

Benzol kann durch katalytische Dehydrierung von Cyclohexan gewonnen werden, woraus sich, zusammen mit den dabei entstehenden Zwischenprodukten, Rückschlüsse auf seine Struktur ziehen lassen:

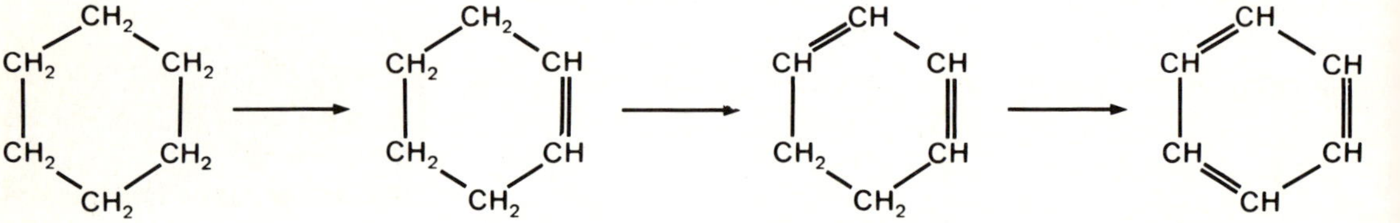

FRIEDRICH AUGUST KEKULÉ VON STRADONITZ
(1829 – 1896), deutscher Chemiker.

Cyclohexan
C_6H_{12}

Cyclohexen
C_6H_{10}

Cyclohexadien- 1,3
C_6H_8

Cyclohexatrien- 1,3,5
C_6H_6
Benzol

abgekürzt:

Cyclohexen und 1,3-Cyclohexadien zeigen die für ungesättigte Kohlenwasserstoffe typischen Eigenschaften: Additionsreaktionen, wie z. B. die Addition von Brom, laufen sehr leicht und rasch ab, die Bindungslängen der Doppelbindungen sind geringer als die der Einfachbindungen.

Ganz anders jedoch die Eigenschaften von Benzol, das hier formal zunächst als 1,3,5-Cyclohexatrien angeschrieben wurde: Es zeigt mit Brom keine Additionsreaktion, alle sechs Bindungen sind gleich lang und daher gleichwertig. Die Bezeichnung Cyclohexa*trien* stimmt also nicht mit den Eigenschaften des Stoffes überein und wird aus diesem Grund nicht verwendet.

Kekulé, der 1865 dem Benzol diese Struktur zugeordnet hatte, versuchte die Widersprüche mit der Annahme zu erklären, daß die Doppelbindungen im Molekül ständig sehr rasch ihre Plätze wechseln.

Kalottenmodell des Benzolmoleküls

112

Heute geht man davon aus, daß jedes C-Atom des Ringes mit seinen beiden Nachbarn und dem H-Atom eine Einfachbindung eingeht, wozu drei seiner vier Außenelektronen benötigt werden. Die übrigbleibenden sechs Elektronen befinden sich in zwei ringförmigen Orbitalen, die oberhalb und unterhalb der Ringebene angeordnet sind.

Die gleichen Bindungsverhältnisse treten beim Graphitgitter auf (Seite 39), wo statt der Wasserstoffatome das nächste Kohlenstoff-Sechseck anschließt.

Als „aromatisch" werden heute alle Moleküle bezeichnet, die, wie Benzol, ringförmig geschlossene Orbitale besitzen.

Weitere aromatische Verbindungen

Toluol (Methylbenzol) ist ein wichtiges Lösungsmittel, da es (ebenso wie das Xylol) zu den am wenigsten gesundheitsschädlichen aromatischen Kohlenwasserstoffen zählt (Abbau im Organismus). Es wird z. B. in Filzschreibern verwendet und ist ein wichtiger Grundstoff zur Herstellung von Farbstoffen und Sprengstoffen (TNT = 2,4,6-Trinitrotoluol).

Xylol (Dimethylbenzol) wird ebenfalls als Lösungsmittel verwendet.

Da der Benzolring **zwei** Seitenketten enthält, sind drei Isomere möglich. Die Position der Seitenketten wird durch Ziffern angegeben.

Daneben sind auch die älteren Bezeichnungen ortho (o-) für die 1,2-, meta (m-) für die 1,3- und para (p-) für die 1,4-Stellung gebräuchlich.

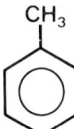

Toluol

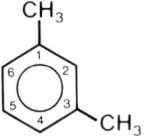   

1,2-Dimethylbenzol   1,3-Dimethylbenzol   1,4-Dimethylbenzol
(ortho-Xylol)   (meta-Xylol)   (para-Xylol)
Siedetemperatur: 144 °C   Siedetemperatur: 139 °C   Siedetemperatur: 138 °C

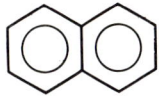

Naphthalin − $C_{10}H_8$

Ein Benzolring, der an eine Kohlenstoffkette gebunden ist, wird als **Phenyl**-Gruppe (C_6H_5-) bezeichnet. Aromatische Gruppen allgemein werden in Formeln oft mit **Ar-** abgekürzt.

orthos (griech.) = aufrecht
meta (griech.) = zwischen
para (griech.) = gegen

Die Herstellung dieser aromatischen Kohlenwasserstoffe erfolgt aus Erdölprodukten.

Enthält ein Molekül mehrere Benzolringe, die zumindest zwei Kohlenstoffatome gemeinsam haben, so spricht man von **kondensierten Aromaten**.

Naphthalin ist ein glänzendes, weißes, schuppiges Material mit charakteristischem Geruch (Mottenpulver).

Anthracen bildet schwach gelbliche, blau fluoreszierende Blättchen.

Benzpyren kommt unter anderem im Tabakrauch vor und ist für dessen krebserregende Wirkung verantwortlich.

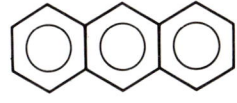

Anthracen − $C_{14}H_{10}$

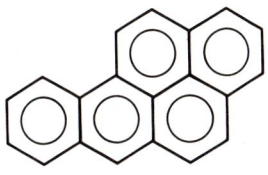

Benzpyren − $C_{20}H_{12}$

Übung:

17.1 Warum rußt Benzol beim Verbrennen stärker als Cyclohexan?

18. Erdöl und Erdgas

Erdöl, Erdgas und Kohle sind unersetzbare Rohstoffe* für chemische Produkte. Doch nur 5% der geförderten Menge wird von der chemischen Industrie verwendet, der Rest dient zur Energieerzeugung.

18.1   Entstehung und Gewinnung von Erdöl

Erdöl ist eine schwarze bis grünbraune, nach Benzin riechende Flüssigkeit und ein Gemisch tausender Substanzen, von denen die meisten zu den gesättigten Kohlenwasserstoffen gehören.

Man nimmt heute an, daß abgestorbene Kleinlebewesen (Plankton) am Grund von Meeren unter Sauerstoffabschluß und Mitwirkung von Bakterien in Kohlenwasserstoffe umgewandelt wurden. Erhöhte Temperaturen und hoher Druck durch darüberliegende Sedimente unterstützten diesen Vorgang. Im Erdöl ist stets Erdgas gelöst, manchmal sammelt es sich auch als Gaskuppel über der erdölführenden Schicht.

Das Erdöl befindet sich in den Poren des Gesteins. Wird ein Bohrkern in Wasser gelegt, so steigen die Öltröpfchen auf.

Das Verfahren der Sprengseismik mit einem idealisierten Schnitt durch Erdöllagerstätten (Aufwölbung und Verwerfung)

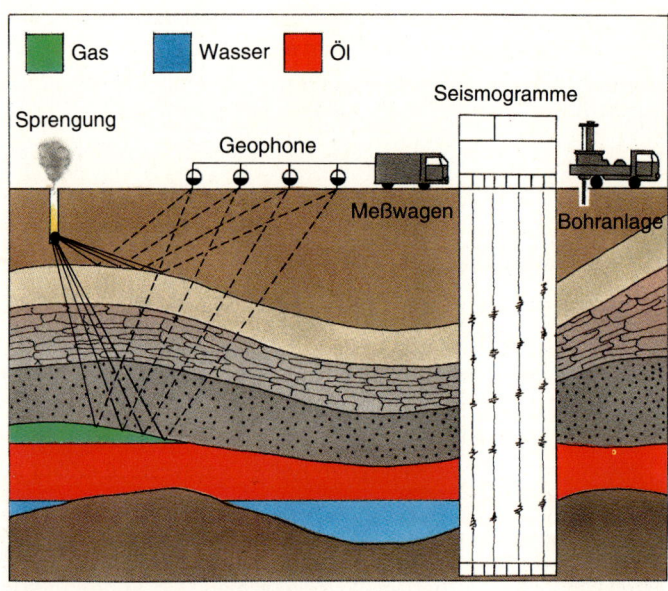

Das **Auffinden von Erdöl- und Erdgaslagerstätten** erfordert viele aufwendige Untersuchungen:

In unerschlossenen Gebieten beginnt die Ölsuche mit Luftaufnahmen, die photogeologisch ausgewertet werden. Dann erkunden Geologen das Oberflächengestein und ziehen daraus Schlüsse über die Beschaffenheit der unterirdischen Formationen. Durch Sprengungen werden Schallwellen im Gestein erzeugt, die von den Gesteinsschichten reflektiert werden und so Auskunft über deren Lage geben.
Aber erst eine aufwendige Probebohrung kann die Gewißheit bringen, ob eine neue Erdöllagerstätte entdeckt wurde.

Die **Bohrung** wird nach dem Rotary-Bohrverfahren durchgeführt. Dabei wird ein am unteren Ende des Hohlgestänges eingeschraubtes Bohrwerkzeug, das entweder ein Blatt-, Rollen- oder Diamantmeißel sein kann, in drehende Bewegung versetzt. Gleichzeitig wird eine Spülflüssigkeit durch das hohle Bohrgestänge gedrückt; sie fördert das erbohrte Gesteinsmaterial zutage. Dieses wird untersucht, um Hinweise auf die durchbohrten Schichten zu erhalten. Je nach Gestein beträgt die Bohrgeschwindigkeit 0,1 m bis 60 m pro Stunde.

Zeigen die Auswertungen eine wirtschaftliche Lagerstätte an, wird das Bohrloch durchgehend verrohrt. Den fündigen Aufschlußbohrungen folgen Erweiterungsbohrungen zur Abgrenzung und Produktionsbohrungen zur weiteren Erschließung des gefundenen Feldes. Danach werden die Bohrtürme abgebaut, in einem erschlossenen Erdölfeld sind nur die Fördersonden zu sehen.

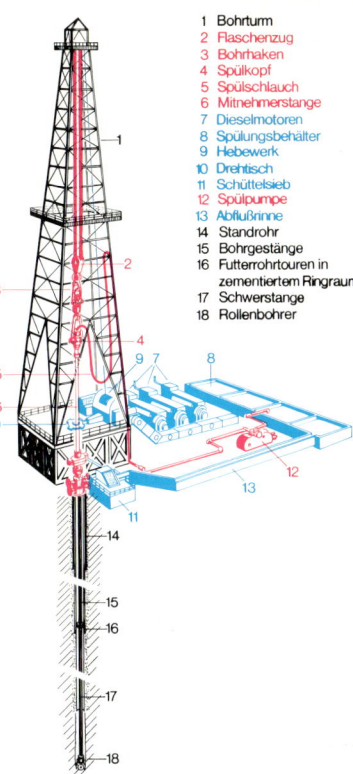

1 Bohrturm
2 Flaschenzug
3 Bohrhaken
4 Spülkopf
5 Spülschlauch
6 Mitnehmerstange
7 Dieselmotoren
8 Spülungsbehälter
9 Hebewerk
10 Drehtisch
11 Schüttelsieb
12 Spülpumpe
13 Abflußrinne
14 Standrohr
15 Bohrgestänge
16 Futterrohrtouren in zementiertem Ringraum
17 Schwerstange
18 Rollenbohrer

Schema eines Bohrturms

Verschiedene Bohrwerkzeuge: Rollenmeißel, Diamantbohrer, Kernbohrer

Anfangs reicht meist der natürliche Druck unter dem das Öl steht, damit es von selbst ausfließt. Später muß es durch Pumpanlagen oder Einpressen von Gas (Gaslift) bzw. Wasser gefördert werden. Damit läßt sich ca. 30% des im Gestein enthaltenen Öls gewinnen. Verfahren, die durch Einpressen von Heißdampf oder geeigneten Chemikalien das Erdöl aus dem Gestein herauswaschen und so zu einer besseren Ausbeute führen, sind in Erprobung.

Verfahren der Erdölförderung

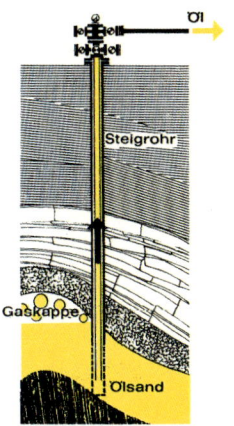

Eruptive Sonde

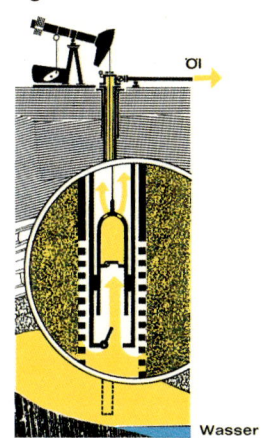

Pumpenbetrieb

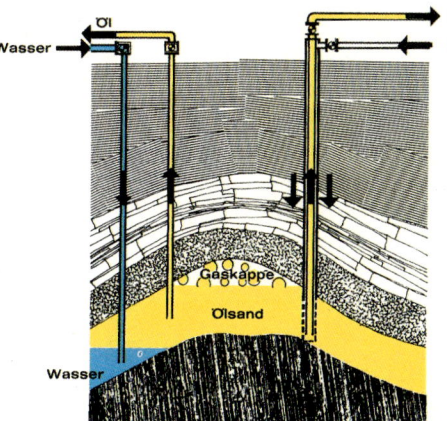

Wassereinführung   Gaslift

18.2   Erdölverarbeitung

Bei der Verarbeitung wird Erdöl zuerst durch Destillation in Fraktionen von Kohlenwasserstoffen annähernd gleicher Molekülgröße zerlegt; je nach den Anforderungen der Wirtschaft können diese durch nachfolgende chemische Prozesse in wertvollere Produkte umgewandelt werden.

Fraktionierte Kondensation

Das gereinigte Rohöl wird auf etwa 350 °C erhitzt, wodurch alle Stoffe mit einer niedrigeren Siedetemperatur verdampfen. Das Flüssigkeits-Gas-Gemisch wird in den (bis zu 50 m hohen) Destillationsturm eingebracht. Dieser Turm enthält Glockenböden, deren Temperatur nach oben hin abnimmt. Die Glocken zwingen den aufsteigenden Dampf auf jeder Etage zu einem intensiven Kontakt mit der dort kondensierten Flüssigkeit, um eine gute Auftrennung in die einzelnen Fraktionen zu erreichen. In verschiedenen Höhen werden den Glockenböden die Erdölbestandteile entnommen.

Destillationsanlage

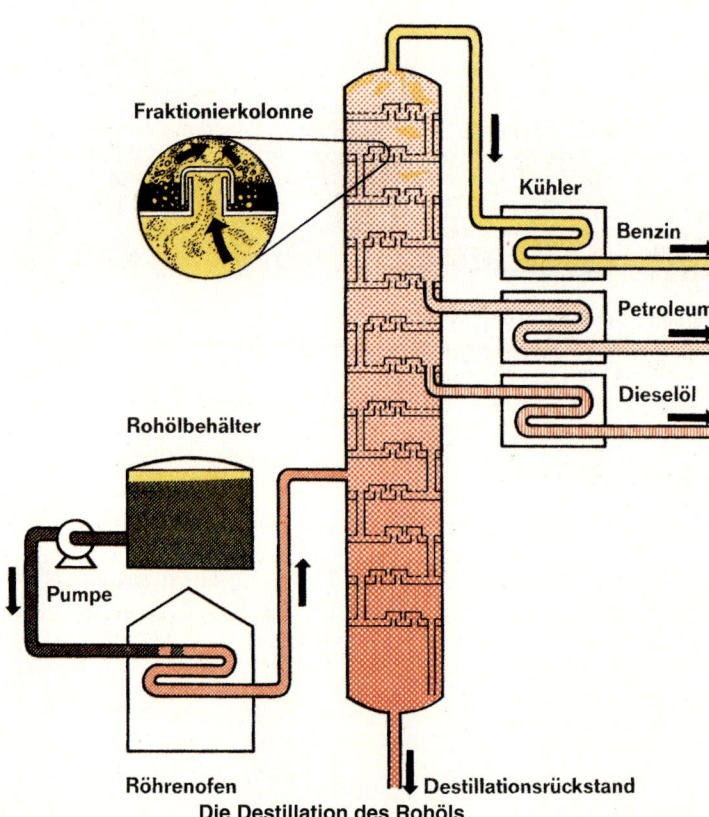

Die Destillation des Rohöls

Der Rückstand mit den über 350 °C siedenden Bestandteilen kann nicht durch noch stärkeres Erhitzen getrennt werden, da es dann schon zu Zersetzungsreaktionen käme. Er wird daher anschließend in einer ähnlichen Anlage unter vermindertem Druck (zur Herabsetzung der Siedetemperatur) destilliert (Vakuumdestillation). So werden die verschiedenen Schmier- und Heizöle erhalten.

Die Fraktionen des Erdöls und ihre Verwendungen:

Fraktion	Siedebereich	Namen	Verwendungen
Rohbenzin	40 – 150 °C	Petrolether (Wasch-)Benzin Autobenzin Ligroin	Lösungsmittel Treibstoff
Kerosin	150 – 250 °C	Kerosin Petroleum	Treibstoff
Gasöl	250 – 350 °C	Dieselöl Heizöl extra leicht	Treibstoff Ölöfen
Schmieröl	Vakuum-Dest.	Heizöl Spindelöl Vaseline Paraffin	Ölfeuerungen Schmiermittel Salbengrundlage Kerzen Fettsäuregewinnung
Rückstand		Bitumen Petrolasphalt Petrolkoks	Straßenbelag Dachpappe Elektroden für Schmelzelektrolysen

Entschwefelung

Alle Raffinerien sind heute verpflichtet, die Erdölprodukte weitestgehend von Schwefelverbindungen zu befreien, da bei der Verbrennung SO_2 frei würde (Luftverschmutzung, siehe Seite 62). Durch Erhitzen der Destillate auf 350 °C (60 bar Druck) wird, zusammen mit Wasserstoff und geeigneten Katalysatoren, eine Umwandlung in Schwefelwasserstoffgas (H_2S) erreicht. Dieses wird abgetrennt und zu elementarem Schwefel weiterverarbeitet. Bei den höher siedenden Heizölen ist die Entschwefelung jedoch aus technischen Gründen nicht im gleichen Ausmaß möglich wie bei Benzin oder Diesel, sodaß bei der Verbrennung dieser Produkte noch eine Rauchgasreinigung notwendig ist. Raffinerien sind heute wichtige Schwefellieferanten.

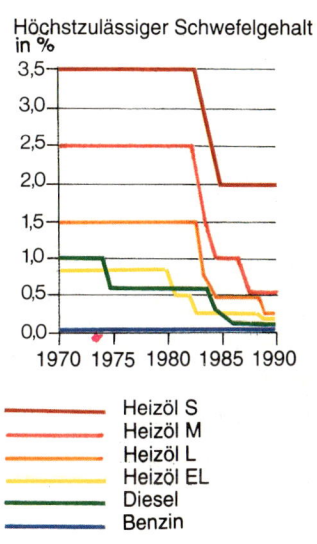

Höchstzulässiger Schwefelgehalt in %

— Heizöl S
— Heizöl M
— Heizöl L
— Heizöl EL
— Diesel
— Benzin

Cracken

Als Treibstoffe und für die chemische Industrie werden in erster Linie kurzkettige Kohlenwasserstoffe benötigt, die im Erdöl nicht in ausreichender Menge enthalten sind. Durch starkes Erhitzen (500 – 900 °C) oder unter Mitwirkung von Katalysatoren (500 °C) werden die langen Kohlenstoffketten zerbrochen (engl.: to crack), es entstehen kurzkettige Alkane, Alkene, Aromaten (Benzol, Toluol, Xylole) und Wasserstoff.

langkettiges Alkan   Radikale   Alken
                    kurzkettiges Alkan

117

Reformen

So werden Prozesse bezeichnet, bei denen Alkane in andere Kohlenwasserstoffe umgewandelt werden.

Beim **Platformen** (Reformen mit *Plat*inkatalysatoren) werden die Benzinfraktionen mit Wasserstoff unter Druck auf etwa 500 °C erhitzt. Neben Crackprozessen finden Isomerisierungen und Cyclisierungen statt. Die entstehenden stärker verzweigten bzw. ringförmigen Kohlenwasserstoffe haben günstigere Treibstoffeigenschaften (Klopffestigkeit).

18.3 Erdölprodukte

Benzin

Neben ihrer Verwendung als Lösungsmittel dienen die kurzkettigen Kohlenwasserstoffe hauptsächlich als Treibstoff für Vergasermotoren. Qualitätsmerkmal für Benzin ist dabei seine **Klopffestigkeit**, die durch die **Oktanzahl** angegeben wird.

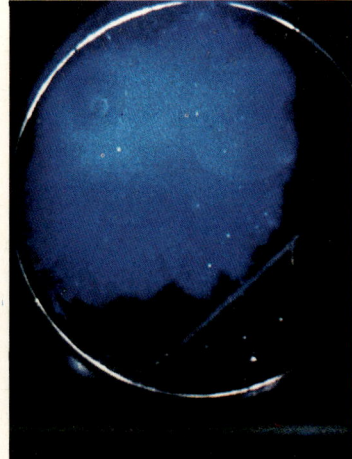

Die Verbrennungsvorgänge im Zylinder, aufgenommen mit einer Hochgeschwindigkeitskamera
Oben: Normale Verbrennung. Die Zündung erfolgte durch die Zündkerze (links oben), die Flammenfront breitet sich annähernd kugelförmig aus.
Unten: Klopfen. Zusätzlich zur Zündung erfolgte an einer anderen Stelle im Zylinder eine Selbstentzündung.

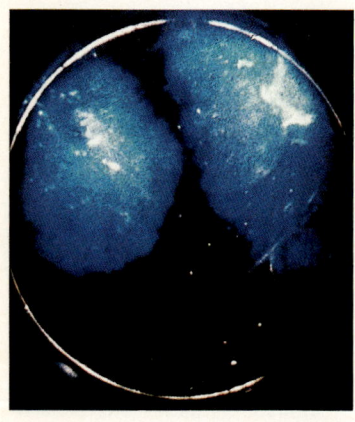

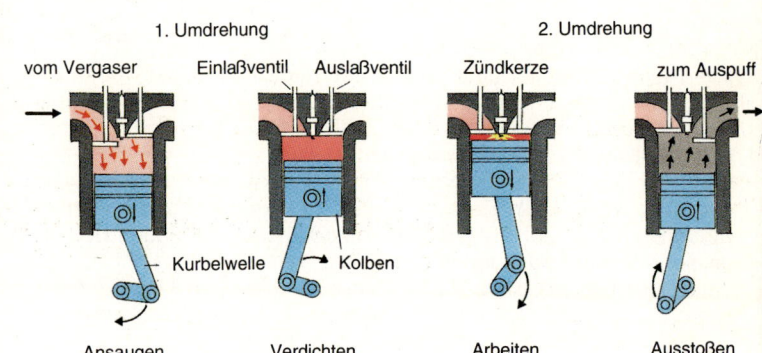

1. Umdrehung — 2. Umdrehung

vom Vergaser — Einlaßventil — Auslaßventil — Zündkerze — zum Auspuff

Kurbelwelle — Kolben

Ansaugen — Verdichten — Arbeiten — Ausstoßen

Funktionsweise eines Viertakt-Benzinmotors

Im Motor kann es beim Verdichten des Benzin-Luft-Gemisches durch die im Zylinder herrschenden Temperaturen und die beim Komprimieren (ca. 9 : 1) entstehende zusätzliche Wärme (ca. 550 °C) zur Bildung von Radikalen und in der Folge zu vorzeitigen Selbstentzündungen kommen. Die Druckwellen der Explosionen schlagen dann auf den Kolben und versetzen Motorenteile in Schwingungen, was als Klopfen (Klingeln, Nageln) wahrgenommen wird und zu einer Leistungsverminderung sowie zu einer starken Abnutzung des Motors führt. Ob es zum Klopfen kommt, hängt vom konstruktionsbedingten Verdichtungsverhältnis des Motors und der Beschaffenheit des Treibstoffes ab.

Geradkettige Alkane (z. B. n-Heptan) neigen stark, verzweigte Alkane (z. B. 2,2,4-Trimethylpentan = *iso-Oktan*) nur wenig zum Klopfen. Zur Bestimmung der Klopffestigkeit vergleicht man das Benzin in Versuchsmotoren mit einem Testgemisch aus n-Heptan und iso-Oktan. Verhält es sich wie ein Gemisch aus z. B. 92% iso-Oktan und 8% n-Heptan, so hat es die Oktanzahl 92 (= Normalbenzin). Nach dem verwendeten Meßverfahren wird der Wert auch als **R**esearch-**O**ktan**z**ahl, ROZ, bezeichnet. Superbenzin hat 98 ROZ.

Das aus der Destillationsanlage kommende Benzin hätte eine für moderne Motoren viel zu geringe Oktanzahl. Sie muß durch das Platformen und die Zugabe von **Antiklopfmitteln** angehoben werden.

Mögliche Zusätze sind:

- **Bleitetraethyl** $Pb(C_2H_5)_4$

ist das wirksamste Antiklopfmittel, jedoch sowohl selbst als auch in Form seiner Verbrennungsprodukte sehr giftig. Es zerfällt im Verbrennungsraum in Radikale, die sich mit den das Klopfen auslösenden Radikalen der Kohlenwasserstoffe verbinden (Radikalfänger). Wegen der hohen Umweltbelastung durch Bleiverbindungen wurden in vielen Ländern die höchstzulässigen Mengen an Bleitetraethyl herabgesetzt oder die Substanz gänzlich aus dem Treibstoff verbannt.

- **Alkohole**

Das dafür verwendete Methanol und Propanol wird petrochemisch hergestellt. Ethanol kann auch aus landwirtschaftlichen Produkten gewonnen werden (*Biosprit*, Seite 124). Prinzipiell könnten Motoren nach kleinen Veränderungen auch mit reinem Methanol oder Ethanol betrieben werden. Methanolbetriebene Fahrzeuge haben sich in Tests bereits bewährt, bei zunehmender Erdölverknappung könnte Methanol aus Kohle hergestellt werden. Aus Zuckerrohr hergestelltes Ethanol wird mit staatlicher Förderung in Brasilien als Treibstoff verwendet. In Deutschland ist eine Biosprit-Produktion wegen der hohen Kosten problematisch. Bei Preisvergleichen ist stets zu beachten, daß die zum Bau und zur Erhaltung der Straßen verwendete Mineralölsteuer über die Hälfte des Benzin- und Dieselölpreises ausmacht. Da Alkohole bereits stärker oxidiert sind als Kohlenwasserstoffe (OH-Gruppe), müßte man außerdem für die gleiche Kilometerleistung mehr tanken.

- **Aromatische Verbindungen** (Benzol, Toluol, Xylole)

Ihre Verwendung ist problematisch, da sie teilweise krebserregend sind und/oder bei ihrer (unvollständigen) Verbrennung stark krebserregende kondensierte Aromaten (siehe Seite 113) bilden. Produktionsbedingt sind sie jedoch zu einigen Prozenten im Benzin enthalten.

- **MTBE** (Methyltertiärbutylether)

Er wird in der Raffinerie aus Methanol und 2-Methylpropen hergestellt, weist in Summe die besten Eigenschaften auf und wird in Mengen von etwa 5% dem Superbenzin zugesetzt.

MTBE

Dieselöl

Dieselöl ist der wichtigste Treibstoff für Lastkraftwagen und wird in zunehmendem Maße auch für Pkw verwendet (Dieselmotoren haben einen höheren Wirkungsgrad und damit einen geringeren Treibstoffverbrauch als Benzinmotoren). Es besteht aus Kohlenwasserstoffen mit etwa 10 bis 18 C-Atomen.

Im Dieselmotor wird reine Luft angesaugt und stark verdichtet (ca. 22 : 1). Dadurch steigt die Temperatur auf 700 – 900 °C. Das Dieselöl wird eingespritzt und entzündet sich von selbst. Da beim kalten Motor keine für die Selbstentzündung ausreichenden Temperaturen erreicht werden, muß zum Starten eine im Zylinder befindliche Glühkerze elektrisch aufgeheizt werden. Die im Vergleich zum Benzinmotor höhere Verdichtung führt zu einem höheren Wirkungsgrad, aber auch zu einem unruhigeren Lauf.

Bei niedrigen Temperaturen scheiden sich die langkettigen Kohlenwasserstoffe in fester Form ab und verstopfen das Treibstoffsystem. Um dies möglichst zu verhindern, wird Dieselöl von der Raffinerie in einer Sommer- und in einer Winterqualität abgegeben. Trotzdem kann es bei extrem tiefen Temperaturen erforderlich sein, Dieselöl mit etwas Benzin zu mischen.

Heizöl extra leicht (Ofenheizöl) entspricht in seiner Zusammensetzung dem Dieselöl, ist aber wegen der geringeren Steuerbelastung billiger. Seine Verwendung als Treibstoff ist verboten, zu Kontrollzwecken wird es rot gefärbt.

Schmieröle

Auch Schmieröle müssen hohen und, je nach Verwendungszweck, sehr unterschiedlichen Ansprüchen gerecht werden. Sie sollen nicht nur an den gleitenden Flächen gut haften, sondern auch bei längerer Beanspruchung nicht verharzen, keine Säuren bilden, Feststoffteilchen gut in Schwebe halten und sich bei den auftretenden Temperaturen nicht entzünden. Bei Motorenölen soll sich außerdem die Viskosität (Zähigkeit) in einem großen Temperaturbereich möglichst wenig ändern.

Trotz qualitätsverbessernder Zusätze können die durch Erdöldestillation gewonnen Schmieröle nicht immer die an sie gestellten Anforderungen erfüllen.

Daher werden, trotz wesentlich höherer Kosten, auch **synthetische Schmieröle** mit einer klar definierten Molekülstruktur und für die jeweilige Anwendung maßgeschneiderten Eigenschaften hergestellt.

Esteröle werden durch Reaktion von Säuren mit Alkoholen analog der Bildung der Polyester (siehe Seite 141) hergestellt. Sie zeichnen sich durch besseres Viskositätsverhalten, niedrige Stock- und hohe Flammtemperaturen aus und werden daher unter anderem in Hochleistungsmotoren eingesetzt.

Bei **Chlorfluorpolymerölen** sind an die Kohlenstoffkette des Moleküls an Stelle der Wasserstoffatome Chlor- und Fluoratome gebunden, ähnlich dem Kunststoff Teflon (Seite 139). Dementsprechend sind diese Öle von besonderer Beständigkeit gegenüber Hitze und chemischen Einflüssen.

Siliconöle sind kurzkettige, unvernetzte Silicone (siehe Seite 146). Wegen ihrer geringen zwischenmolekularen Kräfte sind sie außerordentlich kältefest, noch bei – 70 °C als Schmiermittel oder Hydraulikflüssigkeit gebrauchsfähig und bis 450 °C stabil. Sie bewähren sich besonders bei Kunststoffen und, da sie nicht verharzen, in der Feinmechanik.

Altöle können in vielen Fällen wieder aufgearbeitet werden, was nicht nur wegen der Rohstoffersparnis, sondern auch aus Gründen des Umweltschutzes anzustreben ist, da unbedacht weggeschüttetes Altöl nicht nur, wie jedes Erdölprodukt, das Grundwasser gefährdet, sondern meist auch noch gesundheitlich problematische Reste von Verbrennungsprodukten und Metalle enthält.

Schmierfette

Schmierfette sind verdickte Schmieröle, die noch weitere Zusätze enthalten können.

Als Verdickungmittel dienen Lithium-, Barium- und Aluminiumseifen, durch Zusätze wird ein erhöhter Schutz vor Zersetzung, Korrosion oder Kaltfressen erreicht.

Seifen sind die Salze langkettiger organischer Säuren, siehe Seite 130.

Trockenschmierstoffe

Trockenschmiermittel sind hinsichtlich ihrer Schmierwirkung den Schmierölen und -fetten zwar deutlich unterlegen, dafür aber auch noch unter außergewöhnlichen Bedingungen wirksam: bei extrem tiefen oder hohen Temperaturen und im Hochvakuum.

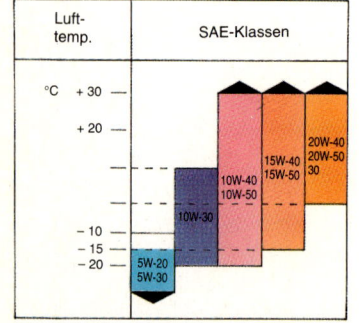

Luft-temp.	SAE-Klassen

°C + 30
   + 20

20W-40
20W-50
30

15W-40
15W-50

10W-40
10W-50

10W-30

− 10
− 15
− 20

5W-20
5W-30

Die Viskosität von Motorölen wird in SAE-Graden angegeben (Society of Automotive Engineers). Die Zahlen sind willkürlich gewählt; je höher, umso dickflüssiger ist das Öl. Der Zusatz „W" steht für Winter und bezieht sich auf das Kaltstartverhalten. Ein Mehrbereichsöl mit einer Viskosität von z. B. 10W-40 weist somit ein günstiges Kaltstartverhalten wie ein Öl mit 10W und bei voller Betriebstemperatur die Viskosität eine Öles mit 40 SAE-Graden auf.

Verwendet werden Graphit (siehe Seite 39), Molybdänsulfid MoS_2 und Wolframsulfid WS_2 – Stoffe, die aus leicht gegeneinander verschiebbaren Schichten aufgebaut sind.

Auch Teflon (Seite 139) eignet sich als Trockenschmiermittel.

Heizöle

Heizöl leicht, **mittel** und **schwer** werden in größeren Heizungsanlagen eingesetzt.

Das in Kraftwerken verfeuerte Heizöl schwer ist bei Raumtemperatur vaselinartig fest und muß erwärmt werden, bevor es durch die Rohrleitungen gepumpt werden kann. Um die einseitige Abhängigkeit von Erdöl zu vermindern, verwenden allerdings neuerrichtete Wärmekraftwerke nicht mehr Öl, sondern Kohle als Brennstoff.

18.4 Erdgas

In den letzten Jahrzehnten verdrängte Erdgas immer mehr das Leuchtgas als Brennstoff in Haushalt und Industrie, da es ein leicht zu handhabender und vergleichsweise umweltfreundlicher Brennstoff ist. Erdgas findet sich häufig gemeinsam mit Erdöl, es gibt aber auch erdölfreie Lagerstätten. Hauptbestandteil ist Methan. Neben seiner Bedeutung als Energieträger ist es vor allem als Ausgangsstoff zur Herstellung von Ethen, Ethin und Methanol, drei wesentliche Grundstoffe der chemischen Industrie (Seiten 110 und 124), wichtig.

Erdgas kann leicht transportiert werden; durch Rohrleitungen, oder verflüssigt in Tankschiffen.

Um die gleichmäßige Anlieferung dem schwankenden Verbrauch anzupassen, werden ausgeförderte Gaslagerstätten (in die es unter hohem Druck eingepreßt wird) als Speicher verwendet.

Kohlen-wasser-stoffe	„nasses" Erdgas in %	„trockenes" Erdgas in %
CH_4	27	90
C_2H_6	33	5
C_3H_8	21	2
C_4H_{10}	6	1
C_5H_{12}	3	1

Ungefähre Zusammensetzung von Erdgasen
Nasses Erdgas stammt aus Erdöllagerstätten, trockenes Erdgas stammt aus isolierten oder Inkohlungslagerstätten.

Übungen:

18.1 Warum ist es nicht günstig, Tankstellenbenzin zum Fleckentfernen zu verwenden?

18.2 Durch welche Bauteile unterscheidet sich ein Benzin- von einem Dieselmotor?

18.3 Ist es auch bei Dieselöl notwendig, auf die Oktanzahl zu achten?

18.4 Welche Umweltprobleme sind mit dem Transport bzw. der Verbrennung von Erdölprodukten und von Kohle verbunden? Welche Gegenmaßnahmen werden getroffen bzw. könnten getroffen werden?

18.5 Durch welche Maßnahmen versuchen die Industrienationen, die einseitige Abhängigkeit vom Erdöl zu vermindern?

18.6 Aus Pflanzen gewonnener Treibstoff (Ethanol, Rapsöl) wird gelegentlich als Alternative zur jetzigen Verwendung von Erdölprodukten dargestellt. Ist dies wirklich eine ökologisch sinnvolle Alternative? Wie würde sich die Landwirtschaft dadurch verändern?

19. Alkohole

Alkohole enthalten Sauerstoffatome, die durch eine Einfachbindung mit einem Kohlenstoffatom verbunden sind. Sie können als Verwandte des Wassers aufgefaßt werden.

19.1 Benennung und Eigenschaften der Alkohole

Alkohole, die sich von gesättigten Kohlenwasserstoffen ableiten, bilden wie diese eine homologe Reihe. Ihre Summenformel lautet $C_nH_{2n+1}OH$.

Sie werden durch Anhängen der Endung **-ol** an den Namen des entsprechenden Kohlenwasserstoffs bezeichnet. Eine vorgestellte Ziffer gibt an, an welches C-Atom die OH-Gruppe gebunden ist. Die Numerierung beginnt an jenem Ende der Kohlenstoffkette, das der OH-Gruppe am nächsten ist.
Häufig werden aber auch Trivialnamen verwendet.

Beispiele:

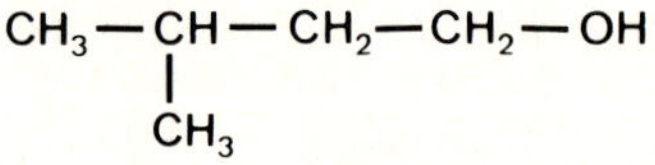

$$CH_3 - CH - CH_2 - CH_2 - OH \qquad \text{3-Methyl-1-butanol}$$
$$\qquad\quad | $$
$$\qquad\quad CH_3$$

$$CH_3 - CH - CH_3 \quad \text{2-Propanol} \qquad CH_2 - CH_2 - CH_2 \quad \text{1,3-Propandiol}$$
$$\qquad | \qquad\qquad\qquad\qquad\qquad | \qquad\qquad\quad |$$
$$\qquad OH \qquad\qquad\qquad\qquad\qquad OH \qquad\qquad OH$$

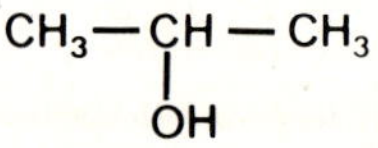

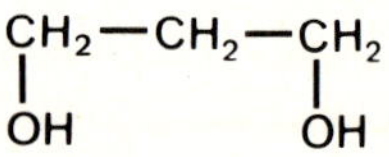

Verbindungen mit mehreren OH-Gruppen heißen -diol, -triol usw. Sie werden auch als mehrwertige Alkohole bezeichnet. Moleküle mit mehreren OH-Gruppen an einem C-Atom sind nicht beständig.

Je nach der Stellung der OH-Gruppe wird zwischen primären, sekundären und tertiären Alkoholen unterschieden:

Primäre Alkohole: An das C-Atom, das die OH-Gruppe trägt, ist noch maximal **ein** C-Atom gebunden (die OH-Gruppe ist endständig).

Sekundäre Alkohole: An das C-Atom, das die OH-Gruppe trägt, sind **zwei** C-Atome gebunden (die OH-Gruppe befindet sich an einem Kohlenstoffatom innerhalb einer Kette).

Tertiäre Alkohole: An das C-Atom, das die OH-Gruppe trägt, sind **drei** C-Atome gebunden (die OH-Gruppe befindet sich an einer Verzweigung der Kohlenstoffkette).

primärer Alkohol   **sekundärer** Alkohol 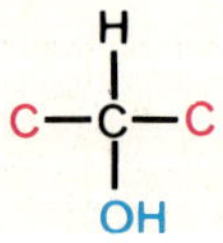   **tertiärer** Alkohol

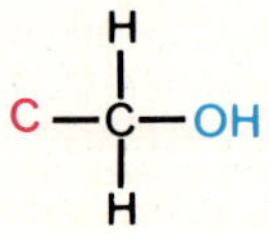

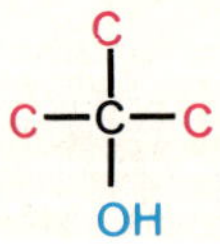

$$C - \underset{\underset{H}{|}}{\overset{\overset{H}{|}}{C}} - OH \qquad\qquad C - \underset{\underset{OH}{|}}{\overset{\overset{H}{|}}{C}} - C \qquad\qquad C - \underset{\underset{OH}{|}}{\overset{\overset{C}{|}}{C}} - C$$

Die **physikalischen Eigenschaften** eines Alkohols werden von den beiden Strukturelementen bestimmt, aus denen sich das Molekül zusammensetzt:

$$C - C - C - C - C - C - \mathbf{O - H}$$

kohlenwasserstoffähnlich	**wasserähnlich**
unpolarer Anteil	**polarer Anteil**
hydrophober Anteil	**hydrophiler Anteil**

hydor (griech.) = Wasser
phobos (griech.) = Furcht
philos (griech.) = Freund

hydrophob = wasserabstoßend
hydrophil = wasseranziehend

Mit zunehmender Länge der Kohlenstoffkette wird die Wirkung der OH-Gruppe immer schwächer, da sie einen immer kleineren Teil des Gesamtmoleküls ausmacht.

Das Sauerstoffatom zieht durch seine große Elektronegativität die Bindungselektronen näher an sich und bildet das negative Ende des Dipols, die Kohlenstoffatome und das Wasserstoffatom tragen positive Partialladungen.
Dies führt zu starken elektrostatischen Anziehungskräften zwischen den Molekülen.

$$\overset{\delta^-}{O}-\overset{\delta^+}{H}\cdots\overset{\delta^-}{O}-\overset{\delta^+}{H}\cdots\overset{\delta^-}{O}-\overset{\delta^+}{H}\cdots\overset{\delta^-}{O}-\overset{\delta^+}{H}\cdots\overset{\delta^-}{O}-\overset{\delta^+}{H}\cdots \text{usw.}$$
$$\;\;|\qquad\quad|\qquad\quad|\qquad\quad|\qquad\quad|$$
$$\;\;R\qquad\;\;R\qquad\;\;R\qquad\;\;R\qquad\;\;R$$

Sie sind die Ursache für die im Vergleich zu Kohlenwasserstoffen gleicher Molekülmasse sehr hohen Schmelz- und Siedetemperaturen. Wird die Kohlenstoffkette länger, so verliert der Einfluß der OH-Gruppe an Wirkung und die Unterschiede werden kleiner.

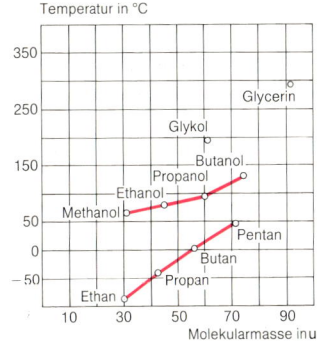

		Molekülmasse	Schmelztemperatur in °C	Siedetemperatur in °C
Methanol	CH_3OH	32	− 98	65
Ethan	CH_3CH_3	30	− 172	− 89
Dekanol	$CH_3(CH_2)_8CH_2OH$	158	6	228
Undekan	$CH_3(CH_2)_9CH_3$	156	− 26	196

Besonders stark sind die zwischenmolekularen Kräfte bei Alkoholen mit mehreren OH-Gruppen.

z. B. Siedetemperaturen von Ethanol   78 °C
Ethandiol (*Glykol*)   197 °C
Propantriol (*Glycerin*)   290 °C

Ähnlich starke Kräfte wirken zwischen der OH-Gruppe des Alkohols und Wassermolekülen. Daher sind die Alkohole gut wasserlöslich.

Kurzkettige Alkohole können aufgrund ihrer Molekülstruktur zwischen polaren und unpolaren Stoffen vermitteln. Sie sind daher wichtige Lösungsmittel. Darauf beruht die Verwendung von Ethanol in der Pharmazie und Lebensmitteltechnik zur Herstellung von Pflanzenextrakten (Tinkturen, Liköre).

Graphische Darstellung der unterschiedlichen Schmelz- und Siedetemperaturen von Kohlenwasserstoffen und Alkoholen.

123

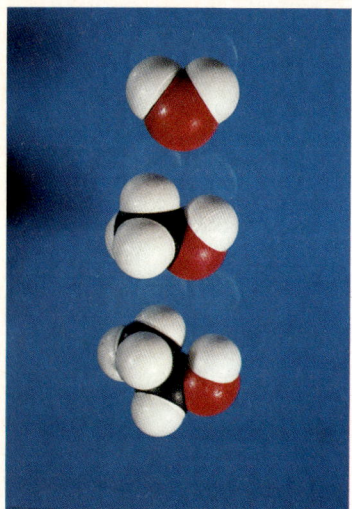

Kalottenmodelle von Wasser, Methanol und Ethanol

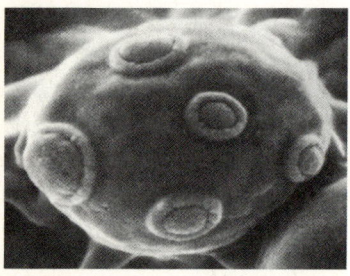

Die kugelförmigen Hefepilze haben einen Durchmesser von rund 10 µm (hier bei 12000-facher Vergrößerung im Rasterelektronenmikroskop). Bei der ungeschlechtlichen Fortpflanzung bilden sich Tochterzellen, die sich später abschnüren. An diesen Stellen bleiben Narben zurück.

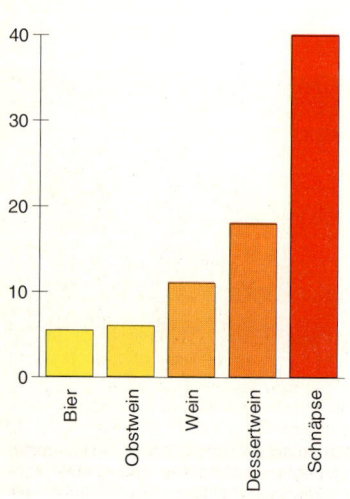

Alkoholgehalt verschiedener Getränke

19.2 Wichtige Alkohole

Methanol   CH₃OH (*Methylalkohol*)
ist eine farblose Flüssigkeit (Siedetemperatur 65 °C) und wird als Lösungsmittel, Ausgangsstoff für viele großtechnische Synthesen und als Treibstoffzusatz (siehe Seite 119) verwendet. Die Herstellung erfolgt durch Oxidation von Methan oder aus Kohlenmonoxid und Wasserstoff, die wiederum aus Kohle gewonnen werden.

$$CO \ + \ 2 \ H_2 \xrightarrow[\text{300 °C, 200 bar}]{\text{Katalysator}} CH_3OH$$

Methanol ist giftig. Kleinere Mengen führen zur Erblindung, größere Mengen (ca. 25 g) zum Tod. Unfälle können bei Verwechslung mit Ethanol auftreten oder bei Genuß von Schnaps, der in krimineller Weise aus methanolhaltigem Spiritus hergestellt wurde.

Ethanol   C₂H₅OH (*Ethyl- bzw. Äthylalkohol*, Weingeist, „Alkohol")
ist eine wasserklare, brennend schmeckende Flüssigkeit (Siedetemperatur 78 °C), die 4,4% Wasser enthält, das sich durch gewöhnliches Destillieren nicht entfernen läßt. Wasserfreies (absolutes) Ethanol wird durch Reaktion mit wasserentziehenden Stoffen (z. B. Calciumoxid) gewonnen.

Reiner Alkohol ist in allen Staaten hoch besteuert. Für technische Zwecke verwendeter Alkohol wäre dadurch zu teuer. Durch Zusatz von Stoffen, die nur schwer entfernt werden können und ihn zum Genuß untauglich machen (vergällen), erhält man technischen Alkohol (Spiritus), der nicht der Branntweinsteuer unterliegt.

Ethanol ist wegen seiner vergleichsweise geringen Giftigkeit ein wichtiges Lösungsmittel. Viele pharmazeutische Wirkstoffe werden daher in Ethanol gelöst. Weiters dient Ethanol als Ausgangsprodukt der organisch-chemischen Industrie und könnte als Benzinersatz bzw. Benzinzusatz (*Biosprit*) an Bedeutung gewinnen (Seite 119).

Die **Herstellung** erfolgt hauptsächlich durch **Gärung**. Hefezellen, die in der Natur fast allgegenwärtig sind, beziehen ihre Energie aus dem Abbau von Zuckern, wie sie in Fruchtsäften reichlich vorhanden sind. Unter anaeroben Bedingungen (Sauerstoffausschluß) entsteht mit Hilfe des Enzymkomplexes Zymase Ethanol und Kohlendioxid.

$$\underset{\text{Traubenzucker}}{C_6H_{12}O_6} \longrightarrow 2 \ \underset{\text{Ethanol}}{C_2H_5OH} \ + \ 2 \ CO_2$$

Das Kohlendioxid (Gärgas) ist dabei immer wieder die Ursache meist tödlich verlaufender Unfälle.

Aus Stärke (Getreide, Kartoffeln) kann Hefe erst dann Ethanol erzeugen, wenn durch stärkespaltende Enzyme der Abbau zu Zuckern erfolgt ist. Für technische Zwecke ist auch die Gewinnung aus Cellulose (Holz, Stroh) von Bedeutung. Dabei muß die Cellulose durch Kochen mit Säure in Zucker gespalten werden.

Die Gärung kommt (falls überhaupt soviel Zucker vorhanden ist) zum Stillstand, wenn der Ethanolgehalt ca. 18% beträgt. Durch Gärung allein läßt sich daher kein konzentrierter Alkohol gewinnen. Durch Destillieren kann die Hauptmenge des Wassers, restliche flüchtige Pflanzeninhaltsstoffe sowie höhere Alkohole (Fuselöle), die ebenfalls bei der Gärung entstehen, abgetrennt werden.

Ethanol ist ein Genußmittel, das bei ständigem Konsum zu einer seelischen und körperlichen Abhängigkeit führt. Im Gegensatz zu anderen Drogen ist es legal erhältlich und unterliegt keiner staatlichen Kontrolle.

Die **physiologische Wirkung des Ethanols** hängt von der Menge ab, die frei im Blut zirkuliert. Dieser Blutalkohol kann analytisch bestimmt werden und wird in Promille (‰) angegeben.

Ethanol beeinflußt die **Kontrollfunktion des Gehirns**. Der **Gleichgewichtssinn** wird beeinträchtigt, die **Reaktionszeit** verlängert. Die Durchblutung der Haut wird angeregt, was ein erhöhtes Wärmegefühl zu Folge hat, obwohl dabei vermehrt Wärme an die Umgebung abgegeben wird. Ethanol ist daher zum Vorbeugen vor Unterkühlung absolut ungeeignet.

Bei 0,5 ‰ beginnt man im Durchschnitt die Wirkung des Alkohols zu merken, bei 0,8 ‰ ist die Fahrtüchtigkeit bereits deutlich eingeschränkt. Diese 0,8 ‰ Blutalkoholgehalt ist jener Wert, bis zu dem derzeit das Lenken eines Fahrzeuges zulässig ist. Er bedeutet nicht, daß bei einem darunterliegenden Wert noch keine Einschränkung der Fahrtauglichkeit gegeben ist. Auch bei z.B. 0,5 ‰ ist doue Reaktionszeit schon deutlich verlängert, was vom Gericht als Mitverschulden an einem Unfall gewertet werden kann. Im Ausland liegen zum Teil niedrigere Grenzwerte (z.B. Ungarn 0,0 ‰).

Die Alkoholmenge, die „legal", d.h. bis zur Erreichung der 0,8 ‰-Grenze getrunken werden kann, läßt sich nicht exakt angeben, sie hängt außer vom Körpergewicht auch von der eingenommenen Mahlzeit ab, da Alkohol bei nüchternem Magen rascher ins Blut übergeht als nach einer reichlichen, fetten Mahlzeit. Im allgemeinen kann aber davon ausgegangen werden, daß bei einem Erwachsenen die 0,8 ‰ nach einem halben Liter Bier oder einem Viertel Wein oder einem Schnaps bereits erreicht sind.

Bei ca. 1 ‰ wird der Verlust der Muskelkontrolle merkbar, das Gleichgewichtsgefühl wird unsicher, das Sprechen verlangsamt sich. Bei 2 ‰ tritt Torkeln auf, bei 3 ‰ kann man sich nicht mehr aufrecht halten und verliert – meist zum Glück – das Bewußtsein, wodurch ein Erreichen der tödlichen Dosis von ca. 4 ‰ verhindert wird. Diese wird manchmal erreicht, wenn mit hochprozentigen Getränken rasch um die Wette getrunken wird.

Unbeeinflußbar durch Nahrungsmittel, Kaffee oder irgendwelche Hilfsmittel vermindert sich der Blutalkoholgehalt um ca. 0,1 ‰ pro Stunde (Abbaugeschwindigkeit des Ethanols in der Leber). Die Wirkung des Blutalkohols läßt sich nicht durch Medikamente oder andere Stoffe beeinflussen. Bei manchen Medikamenten wird im Gegenteil schon zusammen mit geringen Mengen Alkohol die Fahrtüchtigkeit stark vermindert. Darauf ist bei der Einnahme zu achten (Beipackzettel).

Chronischer Alkoholmißbrauch führt zu einem Absterben von Gehirnzellen (Delirium tremens = Säuferwahnsinn) und zur Schädigung der Leber (Leberzirrhose = Schrumpfleber). Beides ist in letzter Konsequenz tödlich. Nicht zuletzt verursacht der Alkoholismus auch schwerwiegende soziale Probleme. So ist Alkohol jene Droge, die direkt oder indirekt (Straßenverkehr und Arbeitsunfälle) die weitaus meisten Todesopfer fordert.

1,2-Ethandiol (*Ethylen- bzw. Äthylenglykol, Glykol*)

ist farblos, dickflüssig, von leicht süßlichem Geschmack und giftig, da im Körper eine Oxidation zu Oxalsäure (Seite 132) erfolgt. Es dient als Rohstoff zur Kunststoffproduktion (Polyester, Seite 141) und, in Mischungen mit Wasser, als Frostschutzmittel in Autokühlern.

Eine dem 1,2-Ethandiol ähnliche Substanz, das *Diethylenglykol*, mit der Formel $HO-C_2H_4-O-C_2H_4-OH$, wird als Weichmacher für Kunststoffe verwendet und gelangte in die Schlagzeilen, da sie in einer Reihe von Fällen illegal dem Wein zugemischt worden war, um eine höhere Qualität vorzutäuschen.

1,2,3-Propantriol (*Glycerin*)

ist eine farblose, ungiftige, ölige Flüssigkeit mit süßlichem Geschmack. Es wird unter anderem beim Seifensieden gewonnen, da es in den Fetten chemisch gebunden enthalten ist. Wegen seiner wasseranziehenden Wirkung wird es für Farbbänder, Druckfarben, Salben und Hautcremes verwendet.

Auch andere Alkohole mit mehreren OH-Gruppen zeichnen sich durch ihren süßen Geschmack aus. So enthält das Traubenzuckermolekül 6 C-Atome und 5 OH-Gruppen, *Sorbit* (6 C-Atome, 6 OH-Gruppen) hat sogar eine größere Süßkraft als Zucker und dient als Zuckeraustauschstoff.

Nicht immer verlaufen die typischen Disco-Unfälle so glimpflich wie auf diesem Bild. Die Bilanz eines Wochenendes kann man dann den Zeitungen entnehmen.

18jähriger lud Freunde ein / Schon auf der Fahrt zum ersten Lokal verunglückt

4 Tage den Führerschein
3 Tote bei Disco-Tour

Lehrling hatte den Führerschein erst seit vier Monaten

Nach Disco-Besuch in den Tod gerast

Zu schnell bei Nebel – Feuerwehr mußte die Toten aus dem Wrack schneiden

„Frontaler" nach Disco-Tour kostete zwei Menschenleben

Viele Alkohole sind beim Auto nützlich: Methanol, Ethanol und 2-Propanol zum Enteisen der Windschutzscheibe und als Frostschutz für die Scheibenwaschanlage, Ethandiol als Frostschutz im Kühler, längerkettige Alkohole und Diole als Bremsflüssigkeit.

Oxidation von Alkoholen

Primäre, sekundäre und tertiäre Alkohole zeigen gegenüber Oxidationsmitteln unterschiedliches Verhalten.
Die an sich sehr kompliziert ablaufenden Reaktionen lassen sich durch folgendes Schema zusammenfassen:

Primärer Alkohol

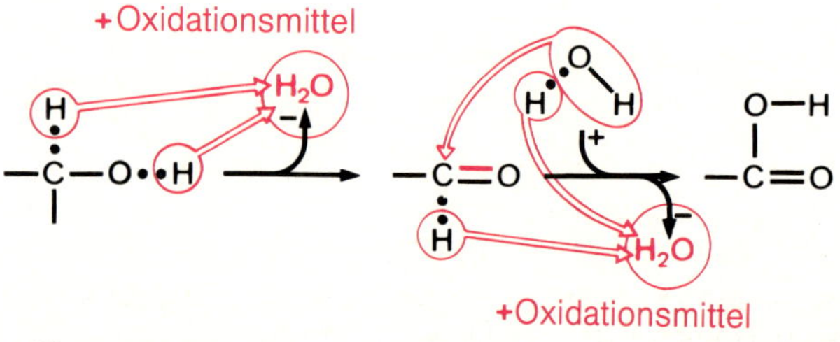

Aldehyd*)   Carbonsäure

Sekundärer Alkohol

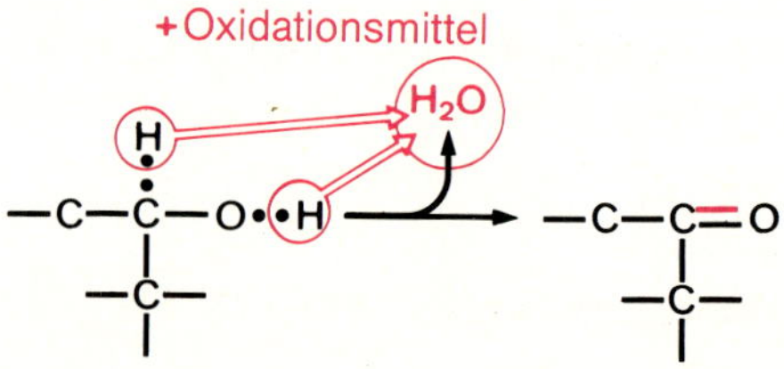

Keton

keine weitere Oxidation

Tertiärer Alkohol

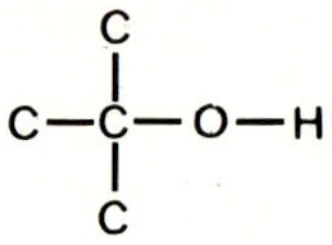

keine Oxidation

Formal betrachtet bestehen diese Oxidationen aus der Abspaltung von Wasserstoffatomen und deren Weiterreaktion zu Wasser. Ist an das C-Atom kein Wasserstoffatom mehr gebunden, so ist keine weitere Oxidation möglich. Dies gilt für Ketone und tertiäre Alkohole.

Alle Oxidationsprodukte der Alkohole enthalten eine $C=O$-Doppelbindung, **Carbonyl**-Gruppe genannt.

Oxidationsreaktionen von Alkoholen besitzen große Bedeutung in der organisch-chemischen Synthese. Sie laufen aber auch in allen Organismen bei der Umwandlung der Nährstoffe in CO_2 und H_2O ab.

Übungen:

19.1 Ist Cyclohexanol ein primärer, sekundärer oder tertiärer Alkohol?

19.2 Wie lautet die Reaktionsgleichung für die Verbrennung von Spiritus?

19.3 Wie läßt sich das hygroskopische Verhalten von Glycerin erklären?

19.3. Aldehyde und Ketone

Aldehyde und Ketone sind **Oxidationsprodukte** primärer bzw. sekundärer **Alkohole**. Ihnen ist die C=O-Doppelbindung (Carbonylgruppe) gemeinsam.

Bei **Aldehyden** ist das C-Atom der Carbonylgruppe mit einem H-Atom verbunden. Die vierte Bindung geht entweder zu einem zweiten H-Atom (Methanal) oder zum C-Atom einer Kohlenstoffkette bzw. eines Benzolringes.

Die funktionelle Gruppe lautet daher:

$$\begin{array}{c} H \\ \diagdown \\ C = O \\ \diagup \\ R \end{array}$$ Kurzschreibweise: R – **CHO**

Die Benennung erfolgt durch Anhängen der Endung **-al** an den Namen des entsprechenden Kohlenwasserstoffs.

Beispiel: CH_3CHO Ethanal

Bei **Ketonen** tragen beide Bindungen des Carbonyl-C-Atoms Kohlenstoffatome.

Funktionelle Gruppe:

$$\begin{array}{c} R \\ \diagdown \\ C = O \\ \diagup \\ R'' \end{array}$$ Kurzschreibweise: R' – **CO** – R"

Die Bezeichnung erfolgt durch Anhängen der Endung **-on** an den Alkannamen.

Beispiele: CH_3COCH_3 Propanon
     $CH_3CH_2CH_2COCH_3$ 2-Pentanon

Worterklärung:
Aldehyd von **al**coholus **dehyd**rogenatus, d. h. Alkohol, dem Wasserstoff entzogen ist.

Wichtige Aldehyde und Ketone

Methanal HCHO (*Formaldehyd*)

ist ein farbloses, stechend riechendes, giftiges Gas das entweder als 35 – 40%ige wäßrige Lösung (*Formalin*) oder polymerisiert als Feststoff (aus dem es durch Erhitzen freigesetzt werden kann) in den Handel kommt. Verwendung als Desinfektionsmittel, zur Konservierung biologischer Präparate und als Grundstoff zur Erzeugung von Kunstharzen.

Ethanal CH₃CHO (*Acetaldehyd*)

ist eine farblose, unangenehm riechende Flüssigkeit. Vier Ethanalmoleküle reagieren zu Metaldehyd, der als Trockenbrennstoff (Trockenspiritus) dient.

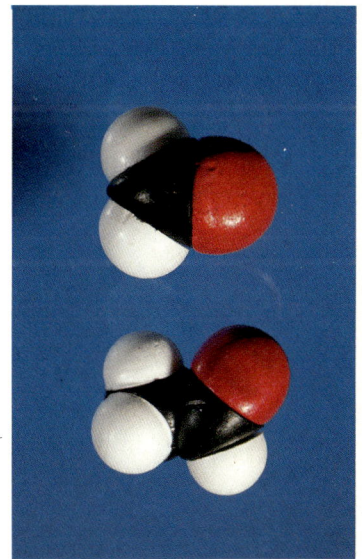

Kalottenmodelle von Methanal und Ethanal

Propanon CH₃COCH₃ (*Aceton*)

ist eine farblose Flüssigkeit und ein wichtiges Lösungsmittel für Lacke, Harze und Fette (Verwendung z. B. als Nagellackentferner).

Vanillezucker enthält den Extrakt der Vanilleschote, einer ursprünglich in Mexiko heimischen Orchideengattung (obere Abbildung). Für Vanillinzucker wird synthetisch hergestelltes Vanillin verwendet.

Aromatische Aldehyde

kommen als Duftstoffe in vielen Pflanzen vor, z. B. *Benzaldehyd* in bitteren Mandeln, *Vanillin* in den Schoten der Vanillestaude, *Anisaldehyd* in Anissamen.

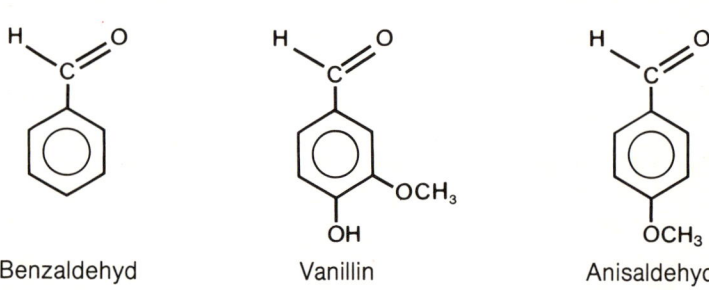

Benzaldehyd   Vanillin   Anisaldehyd

Übung:

19.4 Aus welchem Alkohol kann Propanon hergestellt werden?

20. Organische Säuren

Organische Säuren, auch als **Carbonsäuren** bezeichnet, sind Oxidationsprodukte der Aldehyde bzw. der primären Alkohole. Ihre **funktionelle Gruppe** ist die

Carboxylgruppe:

$$R - \overset{\overset{\displaystyle O}{\|}}{C} - O - H \qquad \text{Kurzschreibweise:} \quad R - \textbf{COOH}$$

Ihr Wasserstoffatom kann leicht als Proton (H^+) abgegeben werden.

Die IUPAC-Namen der Carbonsäuren setzen sich aus dem Namen des Kohlenwasserstoffs und der Endung -**säure** zusammen.

Beispiele:

CH_3CH_2COOH	Propansäure
CH_3CHCH_2COOH $\quad\,\,\,\mid$ $\quad\,\,\,CH_3$	3-Methylbutansäure

Kalottenmodell der Essigsäure

Allgemeine Formel gesättigter Carbonsäuren: $C_nH_{2n+1}COOH$
Für die Namensgebung ist das C-Atom der Säuregruppe mitzuzählen.

Verbindungen mit einer Carboxylgruppe werden als Monocarbonsäuren, Verbindungen mit mehreren Carboxylgruppen als Di-, Tri- usw. Carbonsäuren bezeichnet.

Beispiel: COOH – COOH Ethandisäure

Da viele Carbonsäuren zu den seit langem bekannten organischen Verbindungen gehören, ist die Zahl der Trivialnamen, die vor allem auf ihr Vorkommen in Pflanzen und Tieren hinweisen, besonders groß, z. B. Ameisensäure, Citronensäure, Äpfelsäure, …

Unverzweigte, langkettige Carbonsäuren werden mit dem Sammelnamen **Fettsäuren** bezeichnet.

Die Reihe der Monocarbonsäuren $C_nH_{2n+1}COOH$

*) bei 20 mbar

Anzahl der C-Atome	Formel	systematischer Name	Trivialname		Schmt. in °C	Siedet. in °C
			der Säure	des Salzes		
1	HCOOH	Methansäure	Ameisensäure	Formiat	+ 8	+ 100
2	CH_3COOH	Ethansäure	Essigsäure	Acetat	+ 17	+ 118
3	C_2H_5COOH	Propansäure	Propionsäure	Propionat	− 22	+ 141
4	C_3H_7COOH	Butansäure	Buttersäure	Butyrat	− 6	+ 164
5	C_4H_9COOH	Pentansäure	Valeriansäure	Valerat	− 34	+ 187
6	$C_5H_{11}COOH$	Hexansäure	Capronsäure	Caprat	− 9	+ 205
...					...	...
16	$C_{15}H_{31}COOH$	Hexadecansäure	Palmitinsäure	Palmitat	+ 64	+ 215*)
18	$C_{17}H_{35}COOH$	Octadecansäure	Stearinsäure	Stearat	+ 69	+ 232*)

Säure-Base-Eigenschaften

Verglichen mit anorganischen Säuren wie der Salzsäure, Salpetersäure oder Schwefelsäure sind die Carbonsäuren mit der allgemeinen Formel $C_nH_{2n+1}COOH$ eher schwache Säuren.

Durch Neutralisation erhält man die **Salze der Carbonsäuren**:

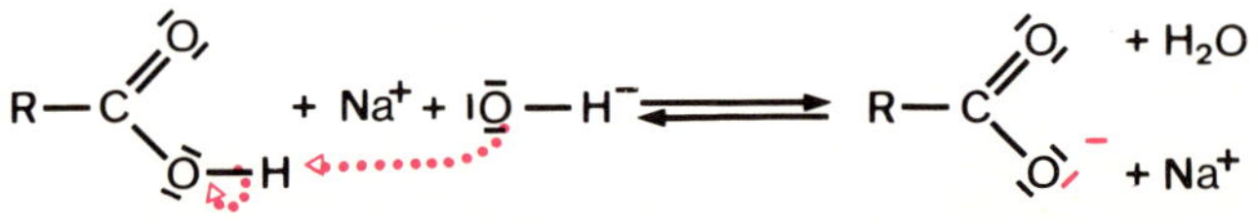

Carbonsäure   Natronlauge   Natriumsalz der
                                          Carbonsäure + Wasser

Die Alkalisalze der Säuren mit 1 – 10 C-Atomen sind gut wasserlöslich; die Salze der längerkettigen Säuren (Fettsäuren) werden **Seifen** genannt. Als Salze schwacher Säuren und starker Basen reagieren sie in Wasser alkalisch.

Ester der Carbonsäuren

Bei der Reaktion von Carbonsäuren mit Alkoholen entstehen **Ester**.

Allgemeine Reaktionsgleichung:

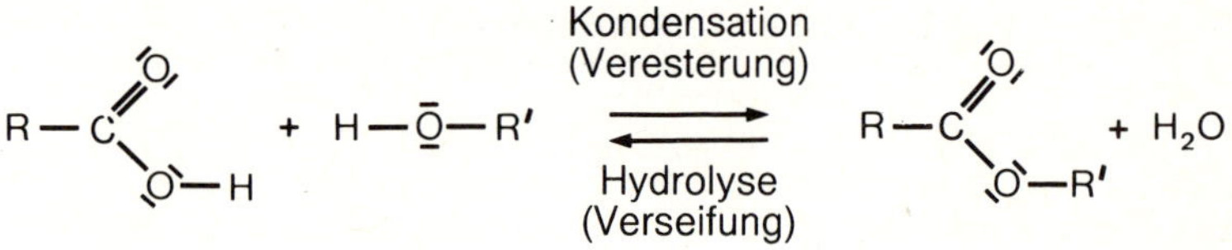

Carbonsäure   Alkohol   Ester   Wasser

Bei der Veresterung werden unter Abspaltung eines Wassermoleküls Alkohol und Carbonsäure verknüpft – **Esterkondensation**.
Die Umkehrung, die Spaltung eines Estermoleküls in einen Alkohol und eine Carbonsäure, nennt man **Hydrolyse** oder **Verseifung**.

Die **Fruchtester** entstehen bei der Reaktion kurzkettiger Alkohole mit kurzkettigen Carbonsäuren. Sie haben oft (im Gegensatz zu den äußerst unangenehm riechenden Säuren) einen angenehmen, fruchtartigen Geruch, kommen in verschiedenen Früchten vor und werden (synthetisch hergestellt) als Duftstoffe verwendet (z. B. Buttersäure-ethylester – Ananasgeruch).

Wachse sind die Ester langkettiger Carbonsäuren mit langkettigen Alkoholen (jeweils 16 – 30 C-Atome). Dies erklärt ihre hydrophoben Eigenschaften und die, verglichen mit den Fruchtestern, höheren Schmelztemperaturen (bei Zimmertemperatur fest).

Wachse bilden Schutzschichten auf Blättern und Früchten der meisten Pflanzen. Auch das Wollfett Lanolin gehört chemisch zu den Wachsen. Sie werden für Politur-, Schuh- und Bodenpasten verwendet, Bienenwachs auch für Kerzen. Oft nimmt man allerdings an Stelle der natürlichen Wachse die wesentlich billigeren wachsartigen Kohlenwasserstoffe (Paraffine) oder Stearin.

Fette und **Öle** sind die Ester langkettiger Carbonsäuren mit Glycerin.

Wichtige Carbonsäuren

Methansäure HCOOH (*Ameisensäure*)

Sie ist eine farblose, ätzende, stechend riechende Flüssigkeit und kommt in den Giftdrüsen der Ameisen, in den Brennhaaren der Brennesseln und in den Nesseln von Hohltieren (z. B. Quallen) vor. Zahlreiche Verwendungen in der chemischen Industrie machen sie zu einem wichtigen Rohstoff, im Haushalt wird sie manchmal zum Entkalken von Heißwassergeräten verwendet.

Ethansäure CH_3COOH (*Essigsäure*)

Speiseessig wird von Essigsäurebakterien unter aeroben Bedingungen (Anwesenheit von Sauerstoff) aus schwach alkoholischen Lösungen (Most, Wein) gebildet. Er enthält 5 – 7,5% Essigsäure, der Rest ist Wasser.

Reine Essigsäure ist eine farblose, ätzende, stechend riechende Flüssigkeit, die bei 17 °C zu einer eisartigen Masse erstarrt und daher auch *Eisessig* genannt wird.

Speiseessig ist ein wichtiges Würz- und Konservierungsmittel in der Lebensmitteltechnik. Seine Herstellung erfolgt in Reaktionsgefäßen, wo durch Belüftung und Temperaturwahl für optimale Lebensbedingungen der Essigsäurebakterien gesorgt wird (Submers-Verfahren).

Die Kosten einer nachfolgenden Konzentrierung der Säure machen dieses Verfahren zur Herstellung von Eisessig unrentabel. Für technische Zwecke wird Essigsäure daher entweder durch Oxidation von Ethanal oder aus Methanol und Kohlenmonoxid hergestellt:

$$CH_3OH \quad + \quad CO \quad \xrightarrow{\text{250 °C, 600 bar}} \quad CH_3COOH$$

Reine Essigsäure ist ein wichtiger Grundstoff der chemischen Industrie (Herstellung von Estern als Lösungsmittel, von Kunstseide, …).

Propansäure C_2H_5COOH (*Propionsäure*)
dient ebenfalls als Konservierungsmittel für Lebensmittel (z. B. Schnittbrot).

Butansäure C_3H_7COOH (*Buttersäure*)
ist leicht an ihrem äußerst unangenehmen, schweißartig-ranzigen Geruch zu erkennen. Sie wird beim Ranzigwerden von Butter gebildet und entsteht auch auf der Haut, wenn Bestandteile des Schweißes durch Bakterien in Buttersäure umgewandelt werden.

Langkettige Carbonsäuren (*Fettsäuren*) mit gerader Anzahl von Kohlenstoffatomen sind am Aufbau der Fette und Öle beteiligt. Auf Grund ihrer langen Alkylreste sind sie hydrophob und paraffinartig fest.

Propensäure C_2H_3COOH (*Acrylsäure*)
ist die einfachste ungesättigte Monocarbonsäure und ein wichtiges Ausgangsmaterial zur Herstellung glasartiger Kunststoffe wie z. B. Acrylglas (Handelsnamen Plexiglas, siehe Seite 130).

2,4-Hexadiensäure $CH_3 - CH = CH - CH = CH - COOH$ (*Sorbinsäure*) dient zur Konservierung von Lebensmitteln.

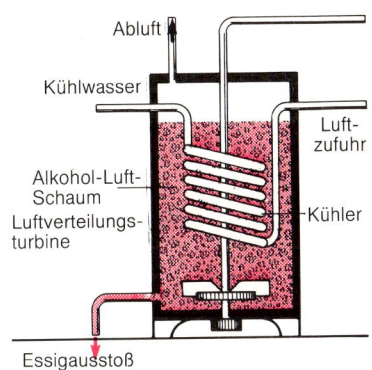

Speiseessigerzeugung

Acrylsäure

Benzoesäure als Konservierungsmittel

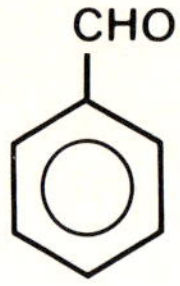

Benzaldehyd

Oxalsäure

Phthalsäure

Terephthalsäure

2-Hydroxypropansäure (Milchsäure)

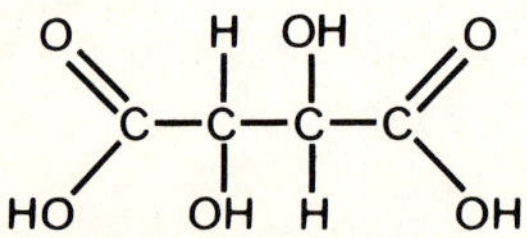

2,3-Dihydroxybutansäure (Weinsäure)

Citronensäure

Benzolcarbonsäure **C$_6$H$_5$COOH** (*Benzoesäure*) ist die einfachste **aromatische Carbonsäure**. Sie ist ein weißer Feststoff und wird unter anderem zur Konservierung von Lebensmitteln (z. B. Fischkonserven) verwendet.

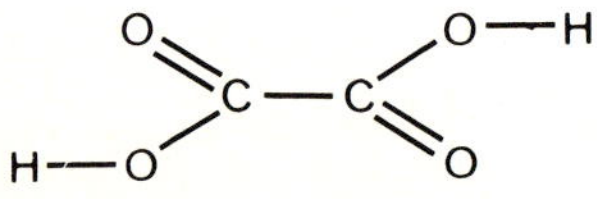

Ethandisäure COOH – COOH (*Oxalsäure*) kommt in Form ihres Salzes Kaliumhydrogenoxalat (*Kleesalz*) in vielen Pflanzen vor, z. B. in Sauerklee, Rhabarber, Spinat und in Stachelbeeren.
Oxalsäure und Oxalate sind giftig (4 – 5 g wirken für einen Erwachsenen tödlich), da sie mit Ca^{2+}-Ionen schwerlösliches Calciumoxalat bilden, das sich in den Nierenkanälen ablagert und sie verstopft.

Hexandisäure COOH – (CH$_2$)$_4$ – COOH (*Adipinsäure*) und die **Octandisäure COOH – (CH$_2$)$_6$ – COOH** (*Sebacinsäure*) sind als Ausgangsstoffe zur Herstellung von Nylon wichtig (siehe Seite 142).

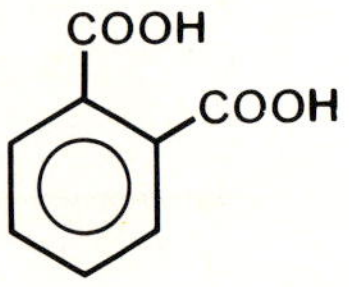

Aromatische Dicarbonsäuren liegen als Isomere vor:

Die *Phthalsäure* ist die ortho-Form (1,2-Benzoldicarbonsäure), die *Terephthalsäure* die para-Verbindung (1,4-Benzoldicarbonsäure). Beide werden zur Herstellung von Farbstoffen und Kunstfasern (Handelsname *Trevira*) verwendet (Seite 142), ihre Ester auch als Weichmacher für Kunststoffe (siehe Seite 139).

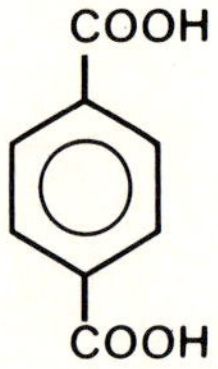

Hydroxycarbonsäuren enthalten neben Carboxylgruppen auch Hydroxylgruppen. Einige von ihnen sind wichtige Zwischenprodukte des Stoffwechsels.

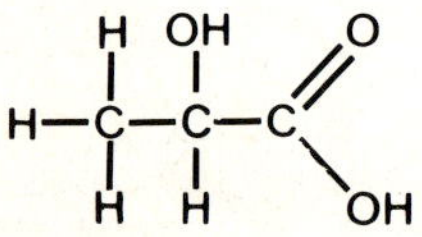

2-Hydroxypropansäure (*Milchsäure*)

entsteht durch Einwirkung von Milchsäurebakterien auf Milchzucker (Sauerwerden von Milch, Joghurt, Sauerkraut). Das Anion der Milchsäure (Lactat) entsteht auch bei der Muskelarbeit aus Traubenzucker.

2,3-Dihydroxybutandisäure (*Weinsäure*)

kommt im Wein vor. Ihr saures Kaliumsalz, das Kaliumhydrogentartrat (*Weinstein*), scheidet sich aus dem Wein bei längerer Lagerung ab.

Die *Salicylsäure* zählt zur Gruppe der aromatischen Hydroxysäuren. Durch die Veresterung der Hydroxygruppe mit Essigsäure entsteht die *Acetylsalicylsäure*, besser bekannt unter dem Handelsnamen *Aspirin* oder *Aspro*, ein wichtiges fiebersenkendes und schmerzstillendes Medikament.

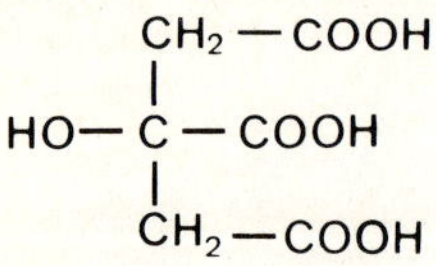

Übungen:

20.1 Wird Essigsäure den Strom besser oder schlechter leiten als eine gleich konzentrierte Salzsäure?

20.2 Ein mit Kalk (CaCO$_3$) verkrusteter Topf wird mit Ameisensäure gereinigt. Wie lautet die Reaktionsgleichung?

21. Kunststoffe

Kunststoffe sind aus Makromolekülen (sehr langen Kettenmolekülen) aufgebaute organische Verbindungen. **Halbsynthetische Kunststoffe** entstehen durch chemische Veränderungen makromolekularer Naturstoffe (z. B. Cellulose). **Vollsynthetische Kunststoffe** hingegen werden aus kleinen Molekülen (als Monomere bezeichnet) durch geeignete Verknüpfungsreaktionen gebildet.

Die Entdeckung halbsynthetischer Kunststoffe erfolgte in der Mitte des vorigen Jahrhunderts. Der aus Naturkautschuk hergestellte Gummi (Goodyear 1839) und die aus Cellulose hergestellte Kunstseide (Chardonnet 1885) führten zu Produkten, die in ihren Eigenschaften oder hinsichtlich ihrer Herstellungskosten den Naturprodukten überlegen waren.
Den ersten vielseitig verwendbaren, vollsynthetischen Kunststoff entwickelte 1907 der Chemiker **Baekeland**. Auch dieses *Bakelit* wurde ohne genaue Kenntnisse des Reaktionsablaufes entwickelt.

Anfangs wurden Kunststoffe in erster Linie als (minderwertiger) Ersatz für nicht zur Verfügung stehende Naturstoffe entwickelt (z. B. Synthesekautschuk während des Ersten und Zweiten Weltkrieges in Deutschland). Doch spätestens seit der Entwicklung des *Nylons* in den USA wurde deutlich, daß Kunststoffe den Naturstoffen in ihren Eigenschaften überlegen sein können. Durch gezielte Syntheseverfahren und durch Kombination mit anorganischen Stoffen lassen sich heute Kunststoffe mit unterschiedlichsten Eigenschaften (z. B. Hitzebeständigkeit, Festigkeit, Chemikalienbeständigkeit, Unbrennbarkeit) für den jeweiligen Verwendungszweck „maßschneidern".

Eine Reihe von **Vorteilen** der Kunststoffe haben zu ihrer Beliebtheit geführt:
Die geringe **Dichte** wirkt sich vor allem beim Transport und bei Fahrzeugteilen günstig aus. Sie sind **Isolatoren**, was sie zur Verwendung in der Elektroindustrie geeignet macht. Ihre gute **Widerstandsfähigkeit** gegenüber Chemikalien, Sauerstoff und Mikroorganismen erübrigt meist einen besonderen Oberflächenschutz, besonders da sie sich durch Farbstoffzusätze leicht und dauerhaft („in der Masse") färben lassen. Diese Beständigkeit macht sie auch besonders als Verpackungsmaterial in der Lebensmittelindustrie geeignet. Durch Variation der Herstellungsbedingungen sind ihre **Eigenschaften** in weiten Grenzen **steuerbar**. Da sie außerdem meist **preiswert** und **leicht zu verarbeiten** sind (durch Gießen, Walzen, Pressen, Blasen, Spinnen), eignen sie sich gut zur rationellen Herstellung von Massenartikeln.

Einige dieser Vorteile werden aber bei bestimmten Anwendungen zu **Nachteilen**:
Die in der Regel **geringe Wärmebeständigkeit** erleichtert zwar die Bearbeitung der Kunststoffe, schließt sie aber von vielen Anwendungen aus. Dazu kommt ihre **Brennbarkeit**, wobei oft noch giftige Abgase entstehen. Ihre **geringe Härte** bedingt auch eine geringe Kratzfestigkeit. Unter Einfluß von Licht und Wärme altern Kunststoffe, sie werden spröde und verfärben sich. Ihre Verwendung in großem Ausmaß bringt auch eine Reihe von Umweltbelastungen mit sich. Wegwerf-Verpackungen aus Kunststoff haben zu einer **Müll-Lawine** geführt, deren sachgemäße Beseitigung den Gemeinden enorme Probleme verursacht (siehe Kapitel 23). Die große Widerstandsfähigkeit gegenüber bakteriellem Abbau bewirkt auch, daß achtlos weggeworfene Kunststoffartikel sehr lange die Natur verunzieren.

Zurück zur Natur?
Überlege, welche Ausrüstungsgegenstände dieses Sportlers aus Kunststoff sein könnten und welche Vorteile für ihn damit verbunden sind.

Die zahllosen Kunststoffarten lassen sich nach zwei Gesichtspunkten ordnen:

- Die **Gestalt der Moleküle** bestimmt das thermische und mechanische Verhalten. Man unterscheidet Plastomere, Elastomere und Duromere.

- Je nach **Art der Verknüpfungsreaktion** kann zwischen Polymerisaten, Polykondensaten und Polyadditionskunststoffen unterschieden werden.

21.1 Struktur, Eigenschaften und Verarbeitung

Alle Kunststoffe sind makromolekulare Substanzen, die wie die Naturstoffe Stärke, Cellulose oder die Proteine einem bestimmten Bauprinzip folgen: die fortlaufende Aneinanderbindung kleiner Moleküle.

Plastomere

Plastomer

Plastomere bestehen aus Gemischen verschieden langer, kettenförmiger Makromoleküle. Sie haben daher keine genau bestimmbare Schmelztemperatur, sondern einen Erweichungsbereich. Im weichen Zustand sind sie plastisch verformbar, beim Abkühlen werden sie hart.

Die sich in Makromolekülen summierenden zwischenmolekularen Kräfte verhindern ein Verdampfen dieser Stoffe, da es vorher zu einer Zersetzung durch Zerreißen der Kette kommt.

Die Eigenschaften eines Plastomers hängen sehr stark von der Anordnung der Ketten im festen Zustand ab. Eine völlige Einordnung in ein Kristallgitter ist infolge der Kettenlänge nicht möglich. Es existieren daher im festen Zustand nur geordnete Bereiche, die einer kristallinen Struktur mit hoher Festigkeit entsprechen. In ihnen sind die zwischenmolekularen Kräfte stärker wirksam als in den ungeordneten Bereichen, in denen die Makromoleküle als ungeordnete Knäuel vorliegen und elastische Eigenschaften besitzen.

Je höher der Anteil an geordneten Bereichen im Verhältnis zum Gesamtvolumen ist (Ordnungsgrad), umso höher ist die mechanische Festigkeit des Produktes. Der Stoff ist undurchsichtig und wärmebeständiger. Bei geradkettigen Molekülen ist ein hoher Ordnungsgrad leichter zu erreichen als bei verzweigten. Sind die Makromoleküle aber völlig ungeordnet (wie z. B. in Kunststoffen mit verzweigten Kettenmolekülen), so erhält man ein organisches Glas von sehr großer Transparenz (z. B. *Plexiglas*). Diese Produkte sind elastisch und wenig wärmebeständig.

Der Ordnungsgrad eines Kunststoffs hängt in erster Linie vom Herstellungsverfahren ab. Er kann aber auch nachträglich noch verändert werden. So wird z. B. durch Nachstrecken von Textilfasern die Orientierung der Makromoleküle in der Längsrichtung der Faser verstärkt und damit die Reißfestigkeit erhöht.

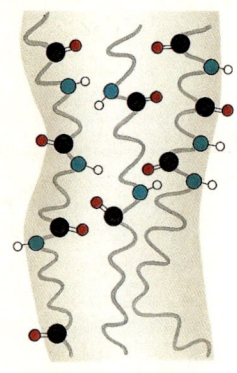
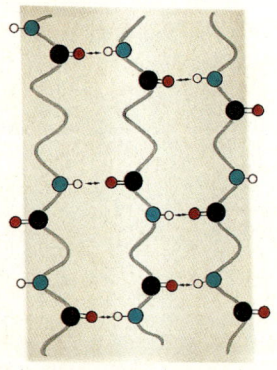

Schema des Streckens von Nylonfäden

Verarbeitung von Plastomeren:

Der Umstand, daß sich Plastomere unzersetzt schmelzen lassen, ermöglicht vielfältige Arten der Verarbeitung. Der in Granulat- oder Pulverform angelieferte Kunststoff wird zusammen mit Farb- und anderen Zusatzstoffen durch Warmpressen, Spritzguß oder Walzen weiterverarbeitet.

Kunststoffolien werden häufig geblasen. Dazu wird die erwärmte Kunststoffmasse durch eine Ringdüse gepreßt und der entstandene Schlauch durch Einblasen von Luft geweitet.

Textilfasern werden im Schmelz- oder Trockenspinnverfahren hergestellt.

Die Chemiewerke liefern Plastomere meist in Granulat- oder Pulverform. Nach Zugabe von Farb- und anderen Zusatzstoffen erfolgt die Weiterverarbeitung durch Warmpressen, Spritzguß oder Walzen. Kunststoffolien werden häufig geblasen. Dazu wird die erwärmte Kunststoffmasse durch eine Ringdüse gepreßt und der entstandene Schlauch durch Einblasen von Luft geweitet. Textilfasern werden im Schmelz- oder Trockenspinnverfahren hergestellt.

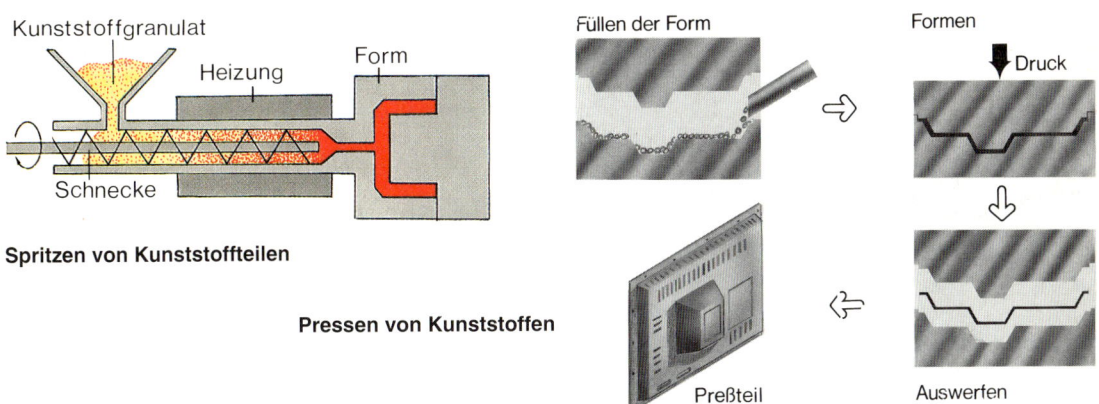

Spritzen von Kunststoffteilen

Pressen von Kunststoffen

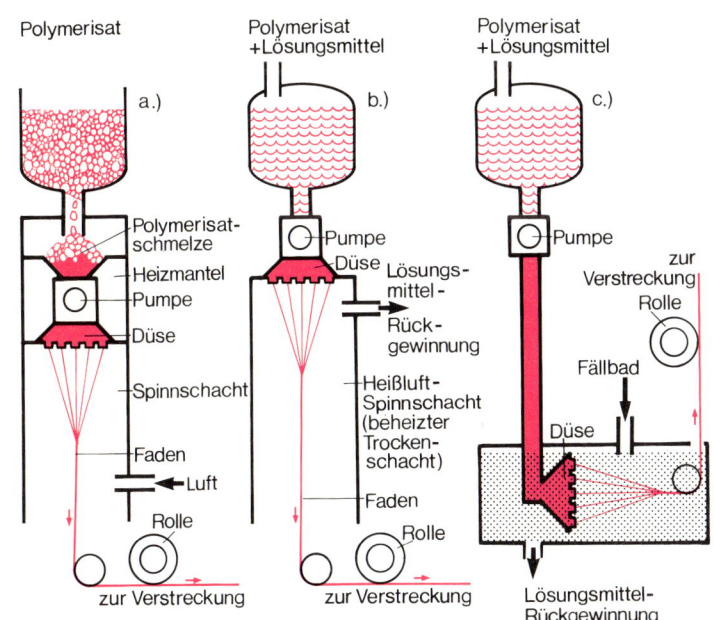

Die verschiedenen Spinnverfahren für Kunststoff
a) Schmelzspinnverfahren **b)** Trockenspinnverfahren **c)** Naßspinnverfahren

Polyethylen-Folien werden durch Blasen hergestellt.

Elastomere

Elastomere

Elastomere zeigen gummielastisches Verhalten. Sie bestehen aus kettenförmigen Makromolekülen, die zum Großteil ungeordnet und an manchen Stellen miteinander verbunden (vernetzt) sind.
Wird ein Zug ausgeübt, so dehnt sich das Material. Die Ketten ordnen sich und es bildet sich ein Produkt mit großer Festigkeit.
Weil aber die Kräfte zwischen den Makromolekülen nur schwach sind, werden sie sofort wieder unwirksam, wenn der Zug oder Druck aufhört. Die Kettenmoleküle kehren in den ursprünglichen, ungeordneten Zustand zurück.

Elastomere lassen sich, ebenso wie die im folgenden behandelten Duromere im fertigen Zustand nicht mehr durch Erwärmen verformen.

Eine Bearbeitung ist dann nur mehr mechanisch möglich, aber wenig sinnvoll.
Diese Kunststoffe werden daher entweder direkt in der Form erzeugt, oder die Vernetzung wird erst in einem zweiten Reaktionsschritt (nach der endgültigen Formgebung) durchgeführt (z. B. Autoreifen, Polyesterharze).

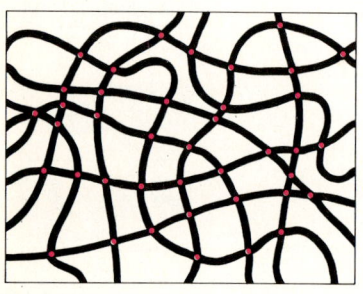

Duromere

Duromere

Duromere sind härter und spröder als Plastomere. Beim Erwärmen verformen sie sich nicht, oberhalb 300 °C tritt Zersetzung ein.

Sie bestehen aus Makromolekülen, die durch Atombindungen an vielen Stellen eng vernetzt sind.

Verbundwerkstoffe

Werkstoffe von geringstem Gewicht bei gleichzeitig höchster Festigkeit gewinnt man durch die Kombination von Kunststoffen mit anderen Materialen, z. B. mit reißfesten Fasern. Die Eigenschaften des Produktes übertreffen dabei die Eigenschaften der Bestandteile.

Die Fasern werden dabei in den Kunststoff (meist ein Duromer) eingebettet; dieser fixiert sie, verteilt einwirkende Kräfte und schützt vor chemischen Angriffen.

Glasfasern sind die preisgünstigste Alternative für Produkte, die nur durchschnittlichen Anforderungen genügen müssen. Eingebettet in Polyesterharze (siehe Seite 141) finden sie Verwendung im Flugzeug-, Boots- und Fahrzeugbau.

Ebenfalls zum Einsatz kommen Fasern aus Kevlar (einem hochfesten Polyamid, das z. B. auch für kugelsichere Westen verwendet wird) und Fasern aus elementarem Kohlenstoff.

Letztere werde in einem aufwendigen Verfahren durch kontrollierte Verkohlung von Polyacrylnitril-Fasern hergestellt und weisen eine mehrfach höhere Steifigkeit als Glasfasern auf. Ihr hoher Preis schränkt die Anwendungen jedoch ein.

Mit Carbonfasern verstärkte Polyesterharze erreichen die Festigkeit von Stahl, haben jedoch nur ein Fünftel seines Gewichts.

21.2 Polymerisation

Zur Herstellung von Makromolekülen sind mehrere Reaktionstypen geeignet.

Bei einer **Polymerisation** reagieren Monomere, die reaktionsfähige Doppelbindungen enthalten, zu Kettenmolekülen.

Um eine Polymerisation auszulösen, wird eine **Startersubstanz** benötigt, da im ersten Schritt die Doppelbindung gelöst werden muß.

Als Starter eignen sich organische Peroxide, die an ihrer O−O-Bindung leicht in zwei Radikale zerfallen.

Startreaktion: $R - O - O - R \xrightarrow{\text{Erwärmen}} R - O\bullet + \bullet O - R$

Peroxid   Radikale

Diese Radikale reagieren dann schnell mit dem Alken unter Bildung eines weiteren Radikals usw.

Kettenfortsetzende Reaktion:

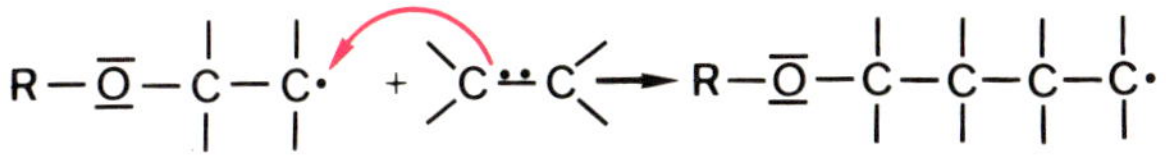

Der Zusammenstoß zweier Radikale führt zum Kettenabbruch.

Die physikalischen Eigenschaften eines Kunststoffes (z. B. seine Wärmebeständigkeit) werden von der durchschnittlichen Kettenlänge seiner Moleküle bestimmt. Diese läßt sich durch die Menge an Startersubstanz beeinflussen. Wird viel Peroxid verwendet, so beginnen viele Ketten gleichzeitig zu wachsen, es sind weniger Moleküle für jede einzelne Kette verfügbar und die Wahrscheinlichkeit, daß deren Wachstum durch Zusammenstoß mit einem anderen Radikal zum Stillstand kommt, ist größer.

Wichtige Polymerisationskunststoffe

Polyethylen (PE)

Die Reaktionsbedingungen können die physikalischen Eigenschaften eines Kunststoffes entscheidend beeinflussen. Das **Polyethylen**, der heute mengenmäßig wichtigste Kunststoff, ist ein gutes Beispiel dafür: Folgende Verfahren werden angewandt:

● **Radikalische Polymerisation:**

Bei diesem in den vierziger Jahren in England entwickelten Verfahren wird Ethen (*Ethylen*) bei 200 °C und 2 000 bar in Gegenwart von Spuren an Sauerstoff polymerisiert. Das entstehende **Hochdruck-Polyethylen** (HDPE) enthält stark verzweigte Ketten aus etwa je 1 000 Monomeren.

Monomer	Polymer (Trivialname)	Handels-name	Wärmebe-ständigkeit	Festigkeit	Verwendung
$H_2C=CH_2$	Polyethylen	Vestolen A Hostalen Lupolen Polythen Daplen	bis 110 °C	unzerbrechlich	Haushaltsartikel Kabelisolierungen Folien, Spielzeug Schutzhelme
$H_2C=CH-CH_3$	Polypropylen	Novolen Vestolen P Hostalen PP Daplen PP	bis 150 °C	unzerbrech-lich	Haushaltsartikel, Folien, Verpackungen, Kfz-Teile
$H_2C=CH-Cl$	Polyvinyl-chlorid	Vestolit Vinoflex Solvic	bis 80 °C	schwer zer-brechlich	Rohre, Flaschen, Gehäuse, Isolierungen, Kunstleder, Fußböden
$H_2C=CH-C_6H_5$	Polystyrol	Vestyron Hostyren Luran Styropor	bis 80 °C	zerbrechlich	Haushaltsartikel, Behälter, Schaumstoff für Wärme-isolation und Verpackung
$H_2C=CH-CN$	Polyacrylnitril	Orlon Dralon	bis 80 °C	Dehnung ca. 3%	Textilfaser
$H_2C=CH-O-CO-CH_3$	Polyvinyl-acetat	Mowolith	bis 85 °C		Klebstoffe
$H_2C=C(CH_3)-CO-OCH_3$	Acrylglas	Plexiglas Paraglas	bis 90 °C	schlagfest	Lichtkuppeln, Linsen, Brillen, Sicherheitsglas
$F_2C=CF_2$	Polytetra-fluorethylen	Teflon Hostaflon	bis 300 °C	unzerbrech-lich	chemikalienbeständige Beschichtungen und Geräte

• Koordinationspolymerisation

In Anwesenheit von Katalysatoren polymerisiert Ethen auch bei Nor-maldruck. Es entsteht **Niederdruck-Polyethylen** aus praktisch un-verzweigten, sehr regelmäßig gebauten Makromolekülen mit großer Kettenlänge (bis zu 100 000 Monomere).

Niederdruck-Polyethylen besitzt eine größere Dichte, größere Härte, größere Zugfestigkeit und eine höhere Erweichungstemperatur als das Hochdruck-Polyethylen.

Es ist wegen seines großen Ordnungsgrades undurchsichtig und eig-net sich zur Herstellung von Behältern aller Art.
Das relativ ungeordnete Hochdruck-Polyethylen hingegen ist durch-sichtig und für Folien geeignet.

Als hochmolekularer gesättigter Kohlenwasserstoff ist Polyethylen chemisch sehr widerstandsfähig. In Müllverbrennungsanlagen verbrennt es zu Kohlendioxid und Wasserdampf und gilt daher als umweltfreundlich.

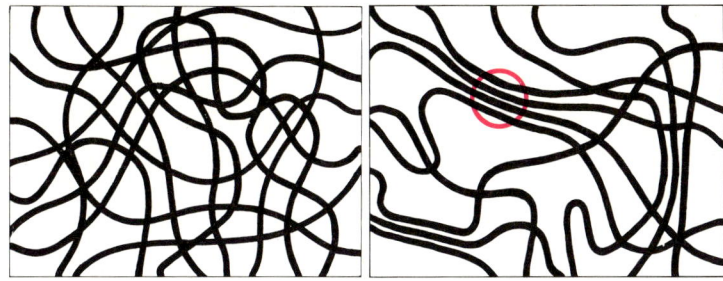

Hochdruck-Polyethylen　　　　**Niederdruck-Polyethylen**

Polypropylen (PP)

Polypropylen ist sowohl in seinen Eigenschaften als auch in seinen Anwendungen dem Polyethylen sehr ähnlich.

Polyvinylchlorid (PVC)

Das Monomere Chlorethen (*Vinylchlorid*) $CH_2 = CHCl$ enthält eine polare C−Cl-Bindung. Sie findet sich auch im Makromolekül und bewirkt stärkere Wechselwirkungen zwischen den Polymerketten. Daher ist PVC trotz kürzerer Kettenlänge härter und spröder als selbst Niederdruck-Polyethylen. Durch Zugabe von Weichmachern (Ester organischer Säuren, die sich zwischen die Ketten schieben und deren Abstand vergrößern) lassen sich seine Eigenschaften stark verändern; es kann daher für viele Zwecke verwendet werden: Bodenbeläge, Schläuche, Kanal- und Wasserrohre, Fensterrahmen usw.

Neben dem Vorteil der außergewöhnlichen Haltbarkeit und Witterungsbeständigkeit besitzt PVC aber auch einige Nachteile:

Die Weichmacher können entweichen und der Kunststoff dadurch verspröden. Die mögliche Übertragung der Weichmacher ist auch der Grund, warum PVC-Folien für Lebensmittelverpackungen nicht zugelassen sind.
Bei der Verbrennung von PVC entsteht Chlorwasserstoff (HCl), der aus den Abgasen der Müllverbrennungsanlagen herausgewaschen werden muß (Umweltschutz und Korrosionsschutz der Anlage). Daher ist man bestrebt, PVC nicht für kurzlebige Wegwerfartikel einzusetzen.

Polytetrafluorethylen (PTFE)

(Handelsname *Teflon*) entsteht aus Tetrafluorethen $CF_2 = CF_2$. Die vielen polaren C−F-Bindungen bewirken starke zwischenmolekulare Kräfte, daher bleibt Teflon bis über 300 °C fest.

Es kann daher nicht wie ein übliches Plastomer verarbeitet werden, sondern wird als Pulver hergestellt, in Formen gesintert und kann dann nur mechanisch (Bohren, Fräsen etc.) bearbeitet werden.

Es ist allen anderen Kunststoffen an Temperatur-, Witterungs- und Chemikalienbeständigkeit überlegen und eignet sich daher gut für

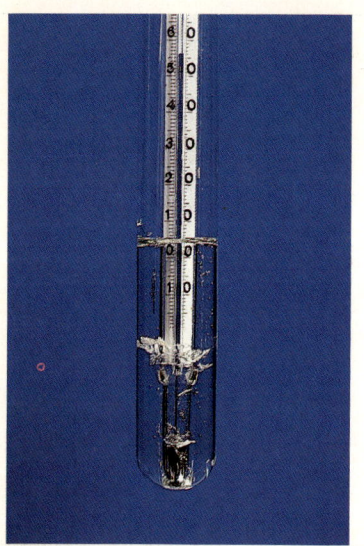

Polymerisation von Styrol mit einem Radikalstarter
Die Reaktion ist exotherm.

Gewinnung von Naturkautschuk
Von einem Kautschukbaum können etwa 2 kg Kautschuk pro Jahr gewonnen werden. Der erste industriell verwertbare Kunstkautschuk wurde in Deutschland während des 1. Weltkrieges hergestellt und nur zur Erzeugung von Akkukästen verwendet. Der erste für Reifen brauchbare Kunstkautschuk wurde 1926 bei den IG-Farben in Leverkusen entwickelt und unter der Bezeichnung Buna auf den Markt gebracht.
In den USA mußte die Produktion von Kunstkautschuk im 2. Weltkrieg sehr rasch entwickelt werden, da durch den Kriegseintritt Japans der Nachschub aus Indonesien und Malaysia schlagartig unterbrochen worden war.

Chemikalienbehälter, Dichtungen usw. Die meisten Stoffe haften nicht an Teflon, daher wird es zur Beschichtung von Bratpfannen und Backformen verwendet, die eine fettfreie Zubereitung der Speisen ermöglichen.

Wegen seines hohen Preises wird es nur für Spezialzwecke eingesetzt.

Polystyrol (PS)

Aus *Styrol* (Phenylethen, $CH_2 = CH - C_6H_5$) entsteht Polystyrol, ein ziemlich hartes, sprödes, durchsichtiges Material. Es dient zur Herstellung von Haushaltsgeräten, Spielwaren, Verpackungsmaterial usw. Fügt man ein Treibmittel (meist einen flüchtigen Kohlenwasserstoff) hinzu, so entsteht ein Schaumstoff (*Styropor*) von sehr geringer Dichte und gutem Wärmeisolationsvermögen, der vor allem als Verpackungs- und Isoliermaterial verwendet wird.

Kautschuk

Kautschuk ist eine im Milchsaft verschiedener Pflanzen vorkommende Substanz. Sie entsteht durch Polymerisation von 2-Methyl-1,3-butadien (*Isopren*), einem wichtigen Zwischenprodukt des pflanzlichen Stoffwechsels.

Zur Gewinnung von **Naturkautschuk** wird der Milchsaft (Latex) des Kautschukbaumes (wildwachsend im Amazonasgebiet, Plantagen in fast allen tropischen Gebieten) zum Gerinnen gebracht. Er wird abgeschöpft, zu Platten gepreßt, getrocknet und geräuchert (Konservierung). Dieses Material ist wenig chemikalienbeständig und plastomer.

Die langen Kautschukmoleküle enthalten jedoch Doppelbindungen, können Schwefel addieren und werden dadurch vernetzt. Wird sehr viel Schwefel verwendet (ca. 30%) dann gehen wegen der zu starken Vernetzung die elastischen Eigenschaften verloren, es entsteht Hartgummi, ein Duromer.

$$-CH_2-\underset{\underset{\displaystyle S}{|}}{\overset{CH_3}{\underset{|}{C}}}-\overset{S}{\underset{|}{CH}}-CH_2-CH_2-\overset{CH_3}{\underset{|}{C}}=CH-$$

$$-CH_2-\underset{\underset{\displaystyle CH_3}{|}}{\overset{}{C}}=CH-CH_2-CH_2-\overset{}{\underset{\underset{\displaystyle CH_3}{|}}{C}}-\overset{S}{\underset{|}{CH}}-CH_2$$

Zur Herstellung der üblichen Weichgummisorten werden 3 – 5% Schwefel zugesetzt. Verschiedene Füllstoffe verbessern die mechanischen Eigenschaften. Autoreifen enthalten beispielsweise beträchtliche Mengen Ruß zur Erhöhung der Abriebfestigkeit.

Bei längerem Lagern altert Gummi, er wird brüchig. Dies ist die Folge von Reaktionen der Doppelbindungen mit dem Luftsauerstoff. Es bilden sich analog zur Vulkanisierung $C-O-O-C$-Brücken, die leicht zerfallen.

Autoreifen nach dem Vulkanisieren

Der Aufbau eines Autoreifens

Die wichtigsten synthetischen Elastomere sind Mischpolymerisate aus Butadien, Isopren, 2-Chlor-1,3-butadien und Styrol. Etwa 60% der Weltproduktion ist Styrol-Butadien-Kautschuk, in dem etwa jede vierte Monomer-Einheit vom Styrol stammt. Synthesekautschuk muß ebenfalls vulkanisiert werden. Er übertrifft das Naturprodukt hinsichtlich seiner Verschleißfestigkeit und chemischen Widerstandsfähigkeit.

Heute enthalten 1 000 kg Reifen im Durchschnitt:

200 kg Naturkautschuk
240 kg Kunstkautschuk
220 kg Ruß
140 kg verschiedene Chemikalien
200 kg Stahl und Textilien
Wegen der unterschiedlichen Anforderungen gibt es sehr unterschiedliche Rezepturen. So beträgt z. B. das Verhältnis Natur- zu Kunstkautschuk bei einem LKW-Reifen 65 : 35, bei einem PKW-Reifen jedoch 30 : 70.

21.3 Polykondensation

Bei einer Polykondensation werden Monomere mit zwei funktionellen Gruppen unter Abspaltung eines kleinen, meist anorganischen Moleküls (Wasser) verknüpft. Dafür kommen mehrere Reaktionen in Frage:

Polyester

Ein Beispiel dafür ist die Reaktion von Ethandiol (*Glykol*) und 1,4-Benzoldicarbonsäure (*Terephthalsäure*) zu einem linearen Polyester.

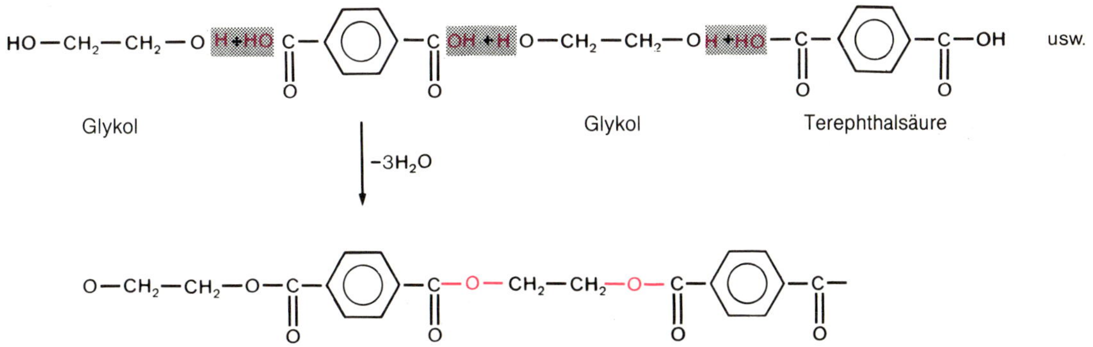

$$HO-CH_2-CH_2-O \quad H+HO \quad C- \bigcirc -C \quad OH+H \quad O-CH_2-CH_2-O \quad H+HO \quad C- \bigcirc -C-OH \quad usw.$$

Glykol   Glykol   Terephthalsäure

$-3H_2O$

$$O-CH_2-CH_2-O-C- \bigcirc -C-O-CH_2-CH_2-O-C- \bigcirc -C-$$

Polyester

141

Modellversuch zur Herstellung von Nylon durch Grenzflächenkondensation.
Die untere Schicht ist eine Lösung von Adipinsäuredichlorid in 1,1,1-Trichlorethan, die obere (wäßrige) Lösung enthält Diaminohexan, sie wurde durch Zugabe von Phenolphthalein rot gefärbt. An der Grenzfläche der beiden nicht mischbaren Flüssigkeiten entsteht Nylon.

Aus diesem **Polyester** werden Texilfasern hergestellt, die unter verschiedenen Bezeichnungen in den Handel kommen (Trevira, Diolen, Dacron, Terylene).

Polyesterfasern sind hydrophob und trocknen daher rasch. Darüber hinaus zeichnen sie sich durch hohe Knitterfestigkeit aus.

Für Polyesterharze wird zuerst eine Polykondensation von Ethandiol mit Butandisäure (*Bernsteinsäure*) und cis-Butendisäure (*Maleinsäure*) durchgeführt. Es entsteht so ein ungesättigter Polyester, der mit Styrol und einem Radikalstarter durch Polymerisation zu einem Duromer vernetzt wird. Die Härte und Zähigkeit von Polyesterharzen kann durch Einlagerung von Glas- oder Kohlenstoff-Fasern beträchtlich verstärkt werden (Verwendung für Sportgeräte und zum Fahrzeugbau).

Eine besonders wichtige Gruppe von Polykondensaten sind die

Polyamide

Zu dieser Gruppe gehört **Nylon**, die erste wirklich brauchbare vollsynthetische Faser, die in den dreißiger Jahren in den USA entwickelt wurde. Durch Polykondensation von 1,6-Diaminohexan mit Hexandisäure (*Adipinsäure*) entsteht Nylon 6,6.

$$-CH_2-\underset{H}{N}-H+HO-\underset{O}{C}-CH_2-CH_2-CH_2-CH_2-\underset{O}{C}-OH+H-\underset{H}{N}-CH_2-CH_2-CH_2-CH_2-CH_2-CH_2-\underset{H}{N}-H$$

Adipinsäure   Diaminohexan

$$-\underset{O}{C}-\underset{H}{N}-(CH_2)_6-\underset{H}{N}-\underset{O}{C}-(CH_2)_4-\underset{O}{C}-\underset{H}{N}-(CH_2)_6-\underset{H}{N}-\underset{O}{C}-(CH_2)_4-\underset{O}{C}-\underset{H}{N}-(CH_2)_6-$$

Nylon – (6,6)

In Deutschland wurde fast gleichzeitig *Perlon* entwickelt. Es wird aus *Caprolactam*, einem cyclischen Amid, gebildet. Daraus entsteht 6-Aminohexansäure, die zu Perlon (= Nylon 6) kondensiert.

$$n \text{ Caprolactam} + n\,H_2O \longrightarrow n\,H_2N-(CH_2)_5-COOH \longrightarrow -\underset{O}{C}-\underset{H}{N}-(CH_2)_5-\underset{O}{C}-\underset{H}{N}-(CH_2)_5-\underset{O}{C}-\underset{H}{N}-$$

Caprolactam   Perlon (Nylon 6)

Polyamidfasern werden durch Schmelzspinnen hergestellt.

Durch Nachverstrecken erhält man äußerst reißfeste Fasern, die sogar Seide übertreffen. Die Polyamidketten werden durch Wasserstoffbrückenbindungen zusammengehalten. Die vielen CH_2-Gruppen machen die Fasern stark hydrophob, sie trocknen daher rasch und sind nicht saugfähig. Textilien aus Polyamidfasern sollten nicht mit sauerstoffabgebenden Waschmitteln (Bleichmitteln) gewaschen werden. Wegen ihrer günstigen Eigenschaften werden Polyamide auch als kompakte Werkstoffe verwendet (Zahnräder, Schutzhelme, …).

Phenoplaste und Aminoplaste

Auch die eigentlichen Kunstharze sind Polykondensate. Sie härten in der Wärme durch Brückenbildung zwischen den Ketten und werden so zu Duromeren. Phenol- und Resorcinharze werden vor allem in der Elektrotechnik als Isoliermaterial (Schalter usw.) verwendet. Auch die ersten Schallplatten waren aus diesem Material.

Bei der Reaktion von Methanal mit Phenol (oder Resorcin) wird Wasser abgespalten, die entstehenden Makromoleküle sind daher Polykondensate. Sie werden als Phenolharze (Resorcinharze) bezeichnet, Handelsname Bakelit.

Aufbau eines Kunstharzes aus Phenol und Methanal:

Verwendet man zur Polykondensation Monomere, die saure oder basische Gruppen enthalten (– SO_3H, – COOH, – NH_2) und läßt die auskondensierten Harze in Wasser quellen, so geben diese Gruppen entweder Protonen an das Wasser ab oder nehmen Protonen auf. Die dadurch entstehenden H_3O^+- oder OH^--Ionen bleiben an das Kohlenstoffgerüst, das die sauren oder basischen Gruppen trägt, gebunden. Fließt eine Salzlösung durch solche Harze, so verdrängen die Kationen (Anionen) die H_3O^+-Ionen (OH^--Ionen) und werden selbst gebunden – das Kunstharz wirkt als Ionenaustauscher. Da der Austausch der H_3O^+-Ionen gegen Kationen und der OH^--Ionen gegen Anionen umkehrbar ist, können Ionenaustauscher mit Säuren bzw. Basen wieder in den ursprünglichen Zustand gebracht (regeneriert) werden. Solche Ionenaustauscherharze finden in der Praxis vielfache Verwendung, z. B. zum Entsalzen von Wasser (siehe Seite 69).

Ionenaustauscher-Harz
Im Haushalt wird es in Form kleiner gelbbrauner Kügelchen im Geschirrspüler verwendet.

Aminoplaste

Mit Harnstoff reagiert Methanal zunächst zu Hydroxymethylharnstoff. Durch Polykondensation entstehen daraus Aminoplaste.

Mit Holzpulver und anderen Füllstoffen werden sie zu Preßmassen wie Lichtschaltern und Kunststoffplatten verarbeitet.
Da sie hitzebeständig, geschmack- und geruchfrei sind, wird auch Geschirr daraus hergestellt.

21.4 Polyaddition

Bei der Polyaddition reagieren die Moleküle zweier verschiedener Monomere miteinander, ohne daß ein weiteres Molekül abgespalten wird. Es wird eine funktionelle Gruppe einer Molekülsorte an die funktionelle Gruppe einer anderen Molekülsorte addiert. Vertreter dieser Gruppe sind die

Polyurethane (PUR)

Urethane sind die Ester der frei nicht beständigen Carbaminsäure $HO - CO - NH_2$. Sie entstehen durch Addition von Alkoholen an Isocyanate $(R - N = C = O)$.

Geradkettige Polyurethane werden in entsprechender Weise aus Diolen und Diisocyanaten hergestellt. Trifunktionelle Monomere ergeben vernetzte Polyurethane.

Die Hydroxyverbindungen (Handelsname Desmophen) sind meist Polyester aus Hexandisäure (*Adipinsäure*) und Ethandiol (*Glykol*), die mit einem Ethandiolüberschuß hergestellt werden und daher endständige OH-Gruppen besitzen.
Als Reaktionspartner (Handelsname Desmodur) dienen aromatische oder aliphatische Di- oder Triisocyanate. Durch Reaktion der Isocyanate mit Spuren von Wasser entsteht CO_2, das zur Bildung eines Kunststoff-Schaumes führt.

Man erhält Schaumgummi oder feste Schaumstoffe, die zur Wärmeisolierung verwendet werden.

  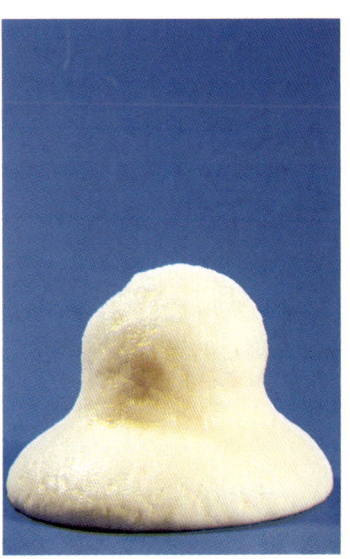

Die Bildung eines Polyurethan-Schaumstoffes
Manche Zubereitungen dehnen sich auf das 75-fache Volumen aus.

Polyurethane können je nach Anzahl der funktionellen Gruppen Plastomere, härtbare Plastomere oder Duromere sein.
Sie lassen sich zu festen Kunststoffteilen, kautschukähnlichen Stoffen, elastischen Textilfasern (Handelsname Lycra), Lacken und Klebstoffen verarbeiten.

Epoxid (EP)

Ausgangsstoffe für diese Kunststoffgruppe sind Epoxide, Diole (Alkohole mit 2 OH-Gruppen) und Amine (organische Stickstoffverbindungen).

In einer längeren Reaktionsfolge entstehen dicht vernetzte Duromere. Handelsnamen: *Araldit, Epikote*

Sie dienen als Klebstoffe und Lacke und, glasfaserverstärkt, für hochbeanspruchte Bauteile.

Grundstruktur eines Epoxides

$$R - CH - CH - R$$
$$\diagdown \quad \diagup$$
$$O$$

145

21.5 Silicone

Eine Sonderstellung hinsichtlich ihres Bauprinzips nehmen die Silicone ein. Bei ihnen ist die Polymerkette abwechselnd aus Silicium- und Sauerstoffatomen aufgebaut. Die Siliciumatome tragen jeweils noch zwei organische Reste.

$$-O-\underset{\underset{R}{|}}{\overset{\overset{R}{|}}{Si}}-O-\underset{\underset{R}{|}}{\overset{\overset{R}{|}}{Si}}-O-\underset{\underset{R}{|}}{\overset{\overset{R}{|}}{Si}}-O- \qquad R = CH_3 , C_6H_5$$

Verschiedene, im Handel erhältliche Siliconpräparate

In ihrem Aufbau besitzen sie Ähnlichkeit mit den anorganischen Silikaten. Wie diese sind sie auf Grund der festen Si−O-Bindung sehr temperaturbeständig und widerstandsfähig gegen Säuren und Basen. Die organischen Reste bewirken, daß Silicone wasserabweisend sind.

Silicone mit geringer Kettenlänge sind farb- und geruchlose Flüssigkeiten und werden als **Siliconöle** bezeichnet. Sie werden als Schmiermittel (siehe Seite 120) oder Hydraulikflüssigkeit verwendet. Schon in dünnsten Schichten wirken sie wasserabstoßend und werden zum Imprägnieren von Textilien, Papier (Geldscheine, Landkarten) und Leder (Schuhpflegemittel) verwendet.
Vernetzte Silicone (Siliconkautschuk) dienen als Dicht- und Isoliermaterial (Fenster).

21.6 Wiederverwertung von Kunststoffen

Das mögliche Ausmaß und die Sinnhaftigkeit der Verwertung von Kunststoffabfällen ist stark von der Art der Kunststoffe und von wirtschaftlichen Faktoren abhängig.

Plastomere lassen sich in der Regel unschwer wiederum schmelzen und in die Produktion zurückführen. Die chemische Struktur des Materials wird dabei nicht verändert, es wird lediglich in eine neue Form gebracht.

Voraussetzung ist jedoch, daß die Abfälle chemisch und farblich einheitlich sind. Dies ist bei Produktionsabfällen in der Regel der Fall; sie werden daher seit jeher verwertet.

Wesentlich ungünstiger ist jedoch die Verwertung der Kunststoffabfälle aus dem Hausmüll (Großteils Plastomere). Selbst wenn sie von den Konsumenten getrennt gesammelt werden, sind sie nicht sortenrein, nicht farbrein und meist noch zusätzlich verschmutzt, sodaß durch Einschmelzen nur Produkte geringerer Qualität hergestellt werden können, deren Verkaufswert die Kosten der Aktion bei weitem nicht decken kann.

Abfälle von **Elastomeren** und **Duromeren** sind, selbst wenn sie sortenrein vorliegen, nicht in gleicher Weise verwertbar, da sich diese Kunststoffe nicht unzersetzt schmelzen lassen.

Versuche, die Bildungsreaktion umzukehren, d. h. das Makromolekül beispielsweise durch Erhitzen wieder in die Monomere zu zerlegen, waren zwar zum Teil technisch erfolgreich, aber nicht annähernd wirtschaftlich.

Andere Verwertungsmöglichkeiten sind zwar gegeben, jedoch letztlich nicht zufriedenstellend, da es sich nur um eine Abfallbeseitigung, nicht um eine Wiederverwertung handelt.

Der mengenmäßig bedeutendste Kunststoff dieser Gruppe, Kautschuk in Form von Autoreifen, zeigt die Problematik auf:

Ein Zerschneiden der Altreifen scheitert an der Elastizität des Materials und an den eingebetteten Stahldrähten. Durch Abkühlen auf unter – 80 °C wird der Gummi hingegen spröde und läßt sich zerschlagen. Die so entstehenden kleinen Gummistückchen können, mit einem Klebemittel vermischt, als Bodenbelag für Sportplätze oder für Schalldämmplatten verwendet werden.
Auf Deponien wären Autoreifen zwar in chemischer Hinsicht unbedenklich, sie erschweren jedoch die Verfestigung der Deponie und sind deshalb dort unerwünscht.
Die Verbrennung hingegen erfordert wegen des hohen Schwefelgehaltes eine leistungsfähige Rauchgasreinigung. Altreifen werden auch als Brennstoff bei der Gips- und Zementproduktion verwendet.

Übungen:

21.1 Welche Struktur müssen Monomere besitzen, damit aus ihnen Elastomere hergestellt werden können?

21.2 Wie groß ist der Massenanteil des Chlors im PVC?

21.3 Warum hat das im Text erwähnte Nylon die genaue Bezeichnung „Nylon 6,6" ?

21.4 Eine aus Polyethylen hergestellte Kunststoff-Tragtasche trägt den Aufdruck: „Umweltfreundlich erzeugt – Verbrennt ohne schädliche Gase – Recyclingfähig – Reines Naturprodukt". Welche Angaben sind richtig, welche irreführend oder falsch?

22. Sicherheit am Arbeitsplatz

22.1 Explosions- und Brandgefahren

Als **explosionsgefährlich** gelten Stoffe, die durch Flammen, Stoß oder Reibung zur Explosion gebracht werden können.

Um die **Brennbarkeit** von Stoffen zu charakterisieren, werden einige Daten gemessen, die eine Abschätzung der Gefahr ermöglichen.

	Flammpunkt	Zündtemp.
Diethylether	− 20 °C	170 °C
Aceton	− 19 °C	540 °C
Methanol	6 °C	455 °C
Ethanol	12 °C	425 °C

Der **Flammpunkt** einer Flüssigkeit ist die niedrigste Temperatur, bei der soviel verdampft, daß unter genormten Bedingungen eine Zündflamme zu einer Verbrennung führt.

Hochentzündlich sind Stoffe mit einem Flammpunkt unter 0 °C und einem Siedepunkt von höchstens 35 °C.

Leicht entzündlich sind Stoffe, wenn sie entweder

– sich an Luft von selbst entzünden können (z. B. weißer Phosphor)
– als Feststoffe leicht von einer Zündquelle entzündet werden können und dann von selbst weiterbrennen
– einen Flammpunkt unter 21 °C haben
– als Gase mit Luft einen Explosionsbereich haben
– bei Kontakt mit Wasser oder Luftfeuchtigkeit leicht entzündliche Gase entwickeln (z. B. Calciumcarbid) oder
– als Staub mit Luft einen Explosionsbereich haben.

Entzündlich sind Flüssigkeiten mit einem Flammpunkt von 21 – 55 °C.

Die **Zündtemperatur** ist jene Mindesttemperatur, bei der sich ein Gas, Dampf oder Staub an einer heißen Oberfläche entzündet.

**Explosionsgrenzen einiger Stoffe in %
Gas - Luft - Gemisch**

Wasserstoff	4	– 74 %
Diethylether	1	– 50 %
Benzin	0,7	– 8 %
Ethanol	3,9	– 14 %

Die **Explosionsgrenzen** geben jenen Mischungsbereich an, innerhalb dessen das Gas-Luft-Gemisch zündfähig ist.
Je weiter dieser Bereich ist, desto größer die Wahrscheinlichkeit, daß bei einer Panne ein explosionsfähiges Dampf-Luft-Gemisch auftritt.
Dies ist einer der Gründe für die besondere Gefährlichkeit von Wasserstoff bzw. Diethylether.

Besondere Vorsicht ist geboten, wenn feiner Staub von brennbaren Feststoffen (z. B. Holz, Mehl, Metalle …) auftritt. Er kann, wenn er in der Luft fein verteilt ist, ähnlich einem Gas-Luft-Gemisch explodieren.

Brandfördernd wirken Stoffe, die leicht Sauerstoff abspalten (z. B. Peroxide) oder bei der Verbrennung sehr große Hitze entwickeln (z. B. Magnesium- oder Aluminiumpulver).

Brandschutz

Brände entstehen, wenn drei Faktoren zusammentreffen:

– ein brennbarer Stoff
– Sauerstoff (Luft)
– eine Zündquelle

Der Brandschutz hat daher die Aufgabe, mindestens einen dieser Faktoren mit Sicherheit auszuschließen.

Zündquellen

Daß das Hantieren mit **offenen Flammen** in der Nähe leicht brennbarer Stoffe zu unterbleiben hat, ist auch dem Laien einsichtig.

Weniger bekannt sind die Gefahren, die von **Schaltfunken** elektrischer Anlagen ausgehen. Schon im Schwachstrombereich unvermeidlicherweise entstehende Funken, z. B. beim Schalter einer Taschenlampe, reichen aus, um ein explosionsfähiges Gas-Luft-Gemisch zu zünden.
In gefährdeten Bereichen dürfen daher nur explosionsgeschützte, d. h. gasdicht gekapselte, Bauteile eingesetzt werden, bei Verdacht auf ausströmendes brennbares Gas dürfen keinerlei nicht-explosionsgeschützte elektrische Geräte verwendet werde.
Eine in diesem Zusammenhang häufig übersehene Gefahrenquelle sind Thermostate, z. B. in Kühlschränken und Heizungen.

Auch **elektrostatische Aufladungen** durch die Kleidung von Personen können zur Zündung führen.

Feuerlöschmittel

Brände lassen sich durch Abkühlung unter die Entzündungstemperatur oder durch Sperren der Sauerstoffzufuhr stoppen.

Wasser ist aus naheliegenden Gründen das wichtigste Löschmittel, kann aber keineswegs generell eingesetzt werden.
Für brennende Gase und Flüssigkeiten hat es keine Löschwirkung, Alkalimetalle oder Calciumcarbid reagieren heftig mit Wasser, brennendes Magnesium oder Aluminium ist mit Wasser nicht löschbar, in elektrischen Anlagen ist es ebenfalls unzulässig.
Dazu kommt, daß besonders bei kleineren Bränden, die Schäden durch das Löschwasser wesentlich größer sind als durch das Feuer selbst.

Mit stark schäumenden Zusätzen versehenes Wasser eignet sich zum Löschen brennender Flüssigkeiten, da der Schaum auf der Flüssigkeit schwimmt und so die Luftzufuhr verhindert.

Kohlendioxid kann in zweierlei Form als Löschmittel zum Einsatz gebracht werden:

Pulverlöscher enthalten pulverförmiges Natriumhydrogencarbonat ($NaHCO_3$), das von einer Druckgaspatrone in den Brandherd geblasen wird. In der Hitze zerfällt das Pulver, wobei Kohlendioxid freigesetzt wird, das die Flamme erstickt. Solche Trockenlöscher sind für Brände in elektrischen Anlagen geeignet.
Speziell in Chemielabors werden aber auch Feuerlöscher eingesetzt, die durch Druck verflüssigtes Kohlendioxid enthalten. Beim Betätigen des Gerätes tritt es als Kohlendioxid-Schnee aus.

Die hervorragende Löschwirkung mancher **Halogenkohlenwasserstoffe** beruht auf dem Umstand, daß sie am Brandherd in relativ stabile Radikale zerfallen, die mit den bei allen Verbrennungsprozessen in den Flammen entstehenden Radikalen reagieren, diese dadurch abfangen und die Verbrennungsreaktion zum Stillstand bringen.
Die problematischen Umwelteigenschaften dieser Substanzgruppe schließen sie jedoch von einer generellen Verwendung aus.

22.2 Biologisch gefährliche Stoffe

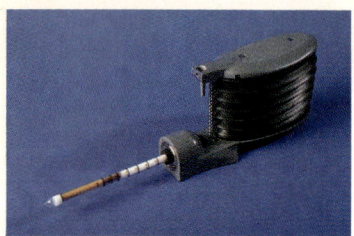

Gasprüfröhrchen sind ein einfaches Verfahren zur Untersuchung der Luftqualität. Ein bestimmtes Luftvolumen wird durch das Röhrchen gesaugt, der Schadstoff reagiert mit den Chemikalien des Röhrchens zu einer farbigen Verbindung. Aus der Länge des verfärbten Bereiches kann auf die Konzentration des Schadstoffes geschlossen werden.

MIK - Werte
einiger Stoffe, im mg/m^3 Luft:

Chlor	0,003
Stickstoffdioxid	0,004
Schwefeldioxid	0,15
Kohlenmonoxid	1,0
Staub	0,15

MAK - Werte
einiger Stoffe, im mg/m^3 Luft:

Chlor	1,5
Stickstoffdioxid	9
Schwefeldioxid	9
Kohlenmonoxid	33
Kohlendioxid	9000
Blei	0,2
Quecksilber	0,1

In der Alltagssprache werden diese Stoffe ganz allgemein als „Gifte" bezeichnet. Für den verantwortungsbewußten Umgang mit ihnen ist jedoch eine weitere Unterteilung notwendig.

Als **sehr giftig** werden Stoffe bezeichnet, die schon bei einmaliger Einwirkung einer sehr geringen Menge zu schweren Gesundheitsschäden oder zum Tod führen. Nicht nur die aus Kriminalromanen bekannten Gifte (z. B. Arsenik As_2O_3, Zyankali (= Kaliumcyanid) KCN oder Blausäure HCN) zählen dazu, sondern auch eine ganze Reihe anderer Substanzen, die bei chemischen Prozessen benötigt werden oder als Nebenprodukte entstehen.

Als Maß für die Giftigkeit dient der **LD_{50}-Wert**. Das ist jene lethale (= tödliche) Dosis, bei der 50% der Versuchstiere (Ratten oder Mäuse) sterben. Der Wert wird auf 1 kg Körpergewicht bezogen angegeben.

Giftig sind Stoffe, die beim Einatmen, Verschlucken oder bei der Aufnahme durch die Haut zu erheblichen Gesundheitsschäden oder zum Tod führen können.

Zur Vermeidung gesundheitlicher Schäden durch Einwirkung von Schadstoffen am Arbeitsplatz dient die Festlegung der **maximalen Arbeitsplatz-Konzentration** (MAK-Wert). Sie gibt den Grenzwert für Luftverunreinigungen durch Arbeitsstoffe am Arbeitsplatz während achtstündiger Arbeit an.

Die MAK-Werte werden ständig den arbeitsmedizinischen Erkenntnissen angepaßt. Je niedriger der MAK-Wert, desto gesundheitsgefährlicher ist eine Substanz.

Mindergiftige Stoffe führen nur zu einer begrenzten Schädigung.

Ätzende Substanzen wie z. B. konzentrierte Säuren oder Basen zerstören die Haut, **reizende** Substanzen bewirken Entzündungen der Schleimhäute – Schutzbrillen, Gummihandschuhe, Schutzbekleidung oder Atemschutz sind erforderlich.

Zu den **chronisch schädigenden** Stoffen zählen beispielsweise die Verbindungen der Schwermetalle (Blei, Cadmium, Quecksilber, …). Sie werden vom Körper aufgenommen, jedoch nicht oder nur extrem langsam wieder ausgeschieden, sodaß die ständige Aufnahme auch sehr kleiner Mengen zu einer Anhäufung im Körper führt und schwere gesundheitliche Schäden zur Folge hat (siehe auch Seite 96).

Ähnlich heimtückisch sind **krebserzeugende**, **fruchtschädigende** oder **erbgutverändernde** Substanzen. Auch bei ihnen zeigen sich die Auswirkungen oft erst nach Jahren oder Jahrzehnten. Dementsprechend liegen für eine eindeutige Beurteilung nicht immer genügend sicher Daten vor, sodaß angesichts der Schwere der Bedrohung bereits die vermutete oder nur im Tierversuch nachgewiesene schädigende Wirkung ausreichen muß, sie durch unproblematischere Stoffe zu ersetzen oder, wo dies nicht möglich ist, beim Umgang mit ihnen äußerste Vorsicht walten zu lassen.

Eindeutig krebserzeugend sind beispielsweise Arsenverbindungen, Asbeststaub, Benzol, Nickel und seine Verbindungen als Staub, Teer, Eichen- und Buchenholzstaub; im **Tierversuch** erwiesen sich unter anderem Cadmium, Cobalt, Chrom und deren Verbindungen in Staubform als krebserregend. Ein **begründeter Verdacht** auf krebserzeugende Wirkung besteht z. B. bei Holzstaub und künstlichen Mineralfasern (Durchmesser 1 µm).

22.3 Schäden durch radioaktive Strahlung

Durch auf unseren Körper einwirkende radioaktive Strahlen werden die getroffenen Moleküle gespalten, die Bruchstücke (Ionen und Radikale) sind sehr reaktionsfähig und bewirken Schäden an benachbarten Molekülen, was sich letztendlich auf den gesamten Organismus auswirkt.

Eine sehr hohe Strahlungsintensität führt bei den Betroffenen zur **Strahlenkrankheit**, die, je nach Strahlungsdosis, binnen weniger Stunden bis Wochen auftritt (Übelkeit, Erbrechen, Schleimhautblutungen, Blutbildveränderungen, allgemeine Schwäche, Tod). Eine medizinische Behandlung im Sinne einer Heilung ist nicht möglich.
Einer solchen Dosis sind jedoch nur die Bediensteten von kerntechnischen Anlagen (Atomkraftwerke und Forschungsreaktoren) bei Unfällen sowie die Opfer von Kernwaffenexplosionen ausgesetzt.

Eine um Größenordnungen geringere Strahlendosis, wie sie auch aus natürliche Quellen stammt (kosmische Höhenstrahlung, radioaktive Elemente im Boden), hat keinen unmittelbar beobachtbaren Effekt und wurde daher lange Zeit für problemlos erklärt.

In den vergangenen Jahrzehnten hat sich jedoch schrittweise die Erkenntnis durchgesetzt, daß es **keinen „unbedenklichen" Wert der radioaktiven Strahlung** gibt. Zwar besitzt unser Körper einen individuell unterschiedlich effizienten chemischen Reparaturmechanismus, der die entstehenden Molekülbruchstücke unschädlich machen kann, doch wird dessen Fähigkeit auch schon durch andere Umwelteinflüsse (UV-Strahlung, Rauchen und andere Schadstoffe, …) in Anspruch genommen und ist nicht grenzenlos belastbar.

Am empfindlichsten gegenüber chemischen Veränderungen ist unsere Erbsubstanz – die Schäden äußern sich als genetische Veränderungen bei den Nachkommen oder in Form von Krebs.

Bei Bediensteten, die am Arbeitsplatz (z. B. Röntgenanlage) einer zusätzlichen radioaktiven Strahlung ausgesetzt sein können, muß daher die auf den Körper einwirkende Strahlendosis laufend gemessen werden. Dies geschieht meist mit einem Filmdosimeter: in einer auf der Arbeitsbekleidung angehefteten Kunststoffkapsel befindet sich ein lichtdicht verpacktes Stück Film, dessen durch radioaktive Strahlung verursachte Schwärzung in regelmäßigen Abständen ausgewertet wird.

Besonders heimtückisch sind radioaktive Stoffe, wenn sie vom **Körper aufgenommen** werden, da dann die von ihnen ausgehende Strahlung voll zur Wirkung kommt.
Dies ist insbesonders der Fall, wenn die radioaktiven Atome den Organismus nicht nur im Zuge des Stoffwechsels passieren und dabei nach relativ kurzer Zeit wieder ausgeschieden werden, sondern in körpereigene Substanz eingebaut werden.

Darauf beruht die Gefährlichkeit der radioaktiven Isotope ^{90}Sr, ^{131}I und ^{137}Cs, die bei Unfällen in Kernreaktoren oder durch Kernwaffenexplosionen in die Umwelt gelangen können.
Strontium ist chemisch dem Calcium sehr ähnlich und wird daher statt diesem in die Knochen eingebaut, Cäsium ist dem Natrium ähnlich und daher in den Körperflüssigkeiten vorhanden.
Das radioaktive Iodisotop entspricht chemisch völlig dem natürlichen Iod und wird in der Schilddrüse angesammelt. Dieser Effekt kann vermindert werden, wenn dem Körper ein Überschuß an nicht radioaktivem Iod (Kaliumiodid-Tabletten) zur Verfügung gestellt wird.

23. Müll und Recycling

Die materiellen Vorteile einer Wohlstandsgesellschaft haben auch ihre Schattenseiten: die Menge der Abfälle, insbesonders des Hausmülls, sind in den letzten Jahrzehnten drastisch angewachsen und stellen eine ernsthafte Bedrohung unserer Umwelt dar.

Eine Lösung dieses Müllproblems ist nicht durch ein einzelnes „Patentrezept" möglich, sondern nur durch ein ganzes Paket aufeinander abgestimmter Maßnahmen.

Da noch dazu „Müll" eine ganz unterschiedliche Zusammensetzung haben kann, je nachdem ob es sich um die Abfälle einer Großstadt, einer kleinen Gemeinde im ländlichen Raum oder um die Abfälle eines Industrie- oder Gewerbebetriebes handelt, muß jedes Lösungskonzept für den Einzelfall maßgeschneidert werden.

Es wäre auch falsch, Müll als ein ausschließlich chemisch-technisches Problem zu sehen: die Möglichkeiten der Müllvermeidung sind längst bekannt, genügend Verfahren zur umweltschonenden Müllbeseitigung technisch ausgereift.
Das Hauptproblem liegt in der politischen Umsetzung der Erkenntnisse und in ihrer Durchsetzung im Alltag.

Endstation Mülldeponie

Müllvermeidung

Müll der nicht entsteht, braucht auch nicht beseitigt zu werden. Möglichkeiten zur Müllvermeidung sind beispielsweise:

- Sparsamerer Einsatz von Verpackungsmaterial
- Mehrweg- statt Einwegverpackungen
- Langlebige Artikel statt Wegwerfprodukte
- Wiederverwertung (Recycling)

Müllentgiftung

Stoffe, die bei der Müllbeseitigung große Umweltprobleme verursachen, sollen erst gar nicht in den Müll gelangen; entweder, indem sie durch harmlosere Stoffe ersetzt oder indem sie zumindest getrennt gesammelt und wiederverwertet werden.

Einige Beispiele: quecksilberhaltige Batterien, Leuchtstoffröhren (enthalten Quecksilber), Blei-Akkus, Nickel-Cadmium-Akkus, cadmiumhaltige Farbstoffe in Lacken und Kunststoffartikel.

Mülltrennung

Alle Versuche, in automatischen Sortieranlagen einzelne wiederverwertbare Stoffe in nennenswertem Umfang aus dem Hausmüll abzutrennen, sind bisher weltweit gescheitert. Daran wird sich auch in absehbarer Zeit nichts ändern.

Jeder Versuch zur Mülltrennung muß daher schon beginnen, bevor der Abfall im Container landet, d. h. die Mülltrennung ist Aufgabe des Letztverbrauchers, des Konsumenten, und der Gemeinden, die eine entsprechende Sammelstruktur zur Verfügung stellen müssen.

Mülltrennung durch den Konsumenten ist sinnvoll – wenn danach tatsächlich ein Recycling erfolgt.

Recycling

Zur Zeit erstreckt sich die Mülltrennung auf jene Stoffe, bei denen ein Recycling zumindest teilweise möglich bzw. eine Abtrennung wegen der besonderen Gefährlichkeit der Substanzen geboten ist:

Altpapier
Weiß- und Buntglas
Metalle
Kunststoffe
Textilien
organische, kompostierbare Stoffe
Altöl
Problemstoffe (z. B. Lackreste, Altbatterien, Altmedikamente, ...)

Im gewerblich-industriellen Bereich erfolgt eine Wiederverwertung vieler Substanzgruppen schon seit längerer Zeit. Die Stoffe fallen dort in der Regel sorten- und farbrein an und können daher als Ausgangsmaterial für hochwertige Produkte dienen.

Wesentlich schlechter ist die Situation beim **Hausmüll.** Wie ein gelegentlicher Blick in diverse Sammelcontainer zeigt, werden nicht immer die richtigen Stoffe eingeworfen. Daher muß nach dem aufwendigen Einsammeln der Container meist noch ein teures Nachsortieren von Hand erfolgen. Der so erhaltene Altstoff (z.B. Papier- oder Kunststoffabfälle) ist trotzdem kaum jemals farb- oder sortenrein und kann daher nur für Produkte minderer Qualität eingesetzt werden, man spricht treffend von einem „**Downcycling**".

In vielen Fällen ist mit Papier- oder Kunststoffabfällen wegen ihrer minderen Qualität nicht einmal mehr ein Downcycling möglich; sie werden dann „energetisch" oder „thermisch" verwertet – die beschönigende Umschreibung für eine simple Verbrennung.

Dann kann sich die Mülltrennung aber auch ad absurdum führen: Während durch das Aussortieren von Papier und Kunststoff der Heizwert des Mülls unter Umständen so weit absinkt, daß in der Müllverbrennungsanlage zusätzlich mit Heizöl gefeuert werden muß, um eine ordnungsgemäße Verbrennung sicherzustellen, werden die aussortierten Abfälle auch nur verbrannt – in Summe ergibt sich eine schlechtere Umweltbilanz als ohne Mülltrennung.

Die Erkenntnis, daß die Wiederverwertung ein Gebot der Stunde ist, führt dazu, daß immer mehr Produkte so hergestellt werden, daß sie recyclingfähig sind, d. h. leicht in die einzelnen Substanzgruppen getrennt und diese dann wiederverwertet werden können.

Dieses Argument wird daher auch häufig in der Werbung verwendet. Bei seiner Beurteilung ist jedoch Vorsicht geboten: „Recycling*fähige*" Produkte alleine bringen noch keinen Gewinn für die Umwelt – dieser tritt erst dann ein, wenn tatsächlich ein Recycling in nennenswertem Umfang erfolgt.

Denn der entscheidende Faktor bei allen Verfahren zur Wiederverwertung ist die **Rücklaufquote** – jener Prozentsatz an Ausgangsmaterial, bei dem tatsächlich eine Wiederverwertung erfolgen kann. Bisherige – auch internationale – Erfahrungen zeigen, daß hohe Rücklaufquoten nur mit einem Pfandsystem erzielbar sind.

Mögliche Vorteile von Recyclingverfahren:

- Einsparung von (knappen) Rohstoffen
- Verringerung der Umweltbelastung, die bei der Herstellung der jeweiligen Rohstoffe verursacht wird
- Einsparung von Energie bei der Herstellung der Rohstoffe
- Entgiftung des Mülls
- Verringerung der Müllmenge

Kompostierung

Die organisch abbaubaren Bestandteile des Mülls können getrennt gesammelt und, eventuell zusammen mit Klärschlamm, einer Kompostierung zugeführt werden. Unter dem Einfluß von Bakterien erfolgt der Abbau in etwa 10 – 20 Tagen. Der entstandene Kompost ist jedoch nur dann bedenkenlos als Dünger einsetzbar, wenn sichergestellt werden kann, daß die zugrunde liegenden organischen Abfälle frei von Problemstoffen sind.

Müllbeseitigung

Unabhängig davon ob Müll deponiert oder verbrannt wird, muß man sich klar vor Augen halten: ein „optimales" Verfahren zur Müllbeseitigung gibt es nicht und kann es auch nie geben.
Es muß im jeweiligen Einzelfall jenes Verfahren gefunden werden, das das „geringste Übel" darstellt.
Wie auch immer die Entscheidung ausfällt: massive Proteste der zukünftigen Anrainer der geplanten Anlage sind gewiß.

Mülldeponien

Das Ablagern des Abfalls ist das älteste und vordergründig billigste Verfahren, sich Müll aus dem Gesichtsfeld zu schaffen. Daher wurden in den vergangenen Jahrzehnten weitgehend sorglos verschiedenste Schotter- und andere Gruben bunt vermischt mit Haus- und Industriemüll gefüllt. Mit dem Resultat, daß nun aussickernde Schwermetalle, Lösungsmittelreste und andere problematische Stoffe das Grundwasser gefährden bzw. in einzelnen Gebieten schon ungenießbar gemacht haben.
Diese, zum Teil in ihrem genauen Umfang noch unbekannten Altlasten müssen in den nächsten Jahren mit Milliardenaufwand saniert werden.

Die Anlage einer sachgemäßen, sogenannten **geordneten Deponie** ist wesentlich aufwendiger.
Sie muß nach unten gegen das Grundwasser und, nach ihrer Füllung, nach oben gegen das Regenwasser abgedichtet sein, Sickerwasser muß einer Kläranlage zugeführt werden. Entstehendes Gärgas (hauptsächlich Methan) ist zu sammeln (es kann dann als Energieträger genutzt werden). Weiters muß der angelieferte Müll ständig überwacht werden, um das illegale Ablagern von Giftmüll zu verhindern.

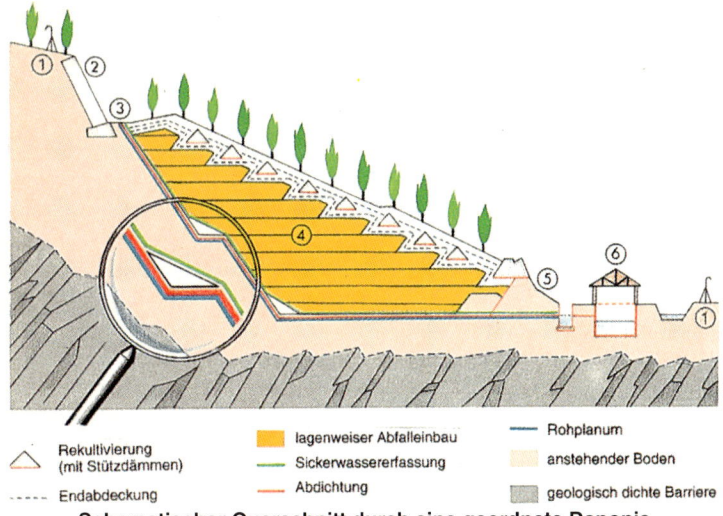

1 Zaun
2 Stützwand
3 Betriebsstraße
4 Betriebsstraße mit Oberflächengerinne
5 Sichtschutzdamm
6 Sickerwasserreinigung

△ Rekultivierung (mit Stützdämmen)

----- Endabdeckung

■ lagenweiser Abfalleinbau

— Sickerwassererfassung

— Abdichtung

— Rohplanum

anstehender Boden

geologisch dichte Barriere

Schematischer Querschnitt durch eine geordnete Deponie

Insbesonders in der Nähe von Ballungsräumen wird es jedoch zunehmend schwierig bzw. unmöglich, geologisch geeignete Deponieräume zu finden.

Müllverbrennung

Aus den erwähnten Gründen erfolgt die Müllbeseitigung in Großstädten zunehmend durch Müllverbrennung.

Anlagen, die dem Stand der Technik entsprechen, müssen einige Anforderungen erfüllen:

- Hohe Verbrennungstemperatur (ca. 1200 Grad), damit zumindest alle organischen Schadstoffe durch die Hitze restlos vernichtet werden.

- Wirksame Abgasreinigung, um die Abgabe von Staub und gasförmigen Schadstoffen (HCl-Gas, SO_2, Dioxine, …) so gering als technisch möglich zu halten.

- Nutzung der freiwerdenden Energie zur Erzeugung von Strom und Fernwärme.

- Ökologisch vertretbare Deponierung oder Verwertung der Verbrennungs- und Filterrückstände.

1 Entladehalle
2 Müllbunker
3 Müllkran
4 Beschickung
5 Verbrennungsrost
6 Verbrennungsraum
7 Dampfkessel
8 Elektrofilter
9 Rauchgaswäscher 1. Stufe
10 Rauchgaswäscher 2. Stufe
11 Saugzuggebläse
12 Kamin

Schematischer Querschnitt durch eine Müllverbrennungsanlage

Eine Variante der Müllverbrennung ist die **Pyrolyse**. Darunter versteht man die Zersetzung des Mülls bei Temperaturen von 500 – 900 Grad unter Luftausschluß. Die dabei entstehenden Gase können anschließend zur Energiegewinnung verbrannt werden. Je nach Zusammensetzung des Mülls kann dieses Verfahren umweltfreundlicher sein als die direkte Verbrennung.

Sonderabfall

Sonderabfall ist Müll, der wegen seiner Beschaffenheit nicht gemeinsam mit Haus- oder Gewerbemüll behandelt werden kann und einer speziellen, getrennten Entsorgung bedarf.

Lösungen der Übungsbeispiele

1.1 Kochsalz homogen, Brot heterogen, Kristallzucker homogen, Milch heterogen, Wein homogen, Rauch heterogen, Tinte homogen.

1.2 a) Extraktion mit Wasser b) Abdampfen des Wassers c) Destillation

1.3 Mit einem Elektromagneten.

1.4 Endotherme Reaktion

2.1 Francium, Gallium, Germanium, Polonium, Scandium; das Americium fällt nicht in diesen Zeitraum, es wurde erst 1944 entdeckt.

2.2 Ein Molekül, bestehend aus einem Wasserstoff- und einem Chloratom; ein Molekül, bestehend aus einem Kohlenstoff- und zwei Sauerstoffatomen; ein Molekül, bestehend aus zwei Wasserstoff-, einem Schwefel- und vier Sauerstoffatomen; drei Eisenatome; zwei Moleküle, bestehend aus je zwei Sauerstoffatomen; vier Moleküle, bestehend aus je einem Stickstoff- und drei Wasserstoffatomen.

2.3 a) $4 N_2$ b) $2 CO$ c) $C_{12}H_{22}O_{11}$

2.4 $CH_4 + 2 O_2 \rightarrow CO_2 + 2 H_2O$

2.5 $2 SO_2 + O_2 \rightarrow 2 SO_3$

2.6 $2 Fe + 3 O_2 \rightarrow 2 Fe_2O_3$

2.7 $C_2H_5OH + 3 O_2 \rightarrow 2 CO_2 + 3 H_2O$

2.8 $2 C_4H_{10} + 13 O_2 \rightarrow 8 CO_2 + 10 H_2O$

2.9 4,0; 58,5; 44,0; 100,1; 74,1; 342,0; 342,3

2.10 5,85 g; 4 g; 513 g

2.11 1,5 Mol; 1000 Mol; 0,1 Mol

2.12 $3 \cdot 10^{23}$; 11,2 l

2.13 $6 \cdot 10^{23}$ N_2-Moleküle, $12 \cdot 10^{23}$ Stickstoffatome

2.14 H_2, O_2, NH_3

2.15 0,179 g/l

2.16 Ja, die Dichte von Methan ist mit 0,714 g/l deutlich geringer als die von Luft.

2.17 Fe_3O_4 enthält 72,3%, $FeCO_3$ 48,2%

2.18 69,9 kg Eisen

2.19 3,05 g, 1,53 Mol, 34,3 l

2.20 8,6 m^3; 10 – 20 km

3.1 $^1/_8$

3.2 2, 8, 18, 32

3.3 Gleiche Anzahl an Außenelektronen, ähnliche chemische Eigenschaften.

3.4 Gleiche Zahl an Elektronenschalen.

3.5 O 8/6; Na 11/1; Ca 20/2; Br 35/7.

3.6 Be: OZ 4, 9,0 u, $4p^+$, 5n, $4e^-$, $2e^-$;
F: OZ 9, 19,0 u, $9p^+$, 10n, $9e^-$, $7e^-$;
Na: OZ 11, 23,0 u, $11p^+$, 12n, $11e^-$, $1e^-$;
Al: OZ 13, 27,0 u, $13p^+$, 14n, $13e^-$, $3e^-$;
Se: OZ 34, 79,0 u, $34p^+$, 45n, $34e^-$, $6e^-$.

3.7 7p, 7n, 7e; 20p, 20n, 20e; 92p, 146n.

3.8 Die Atome eines Elementes können sich in der Zahl ihrer Neutronen unterscheiden.

3.9 S, Cl, F

4.1 F^-, Ca^{2+}, S^{2-}, K^+, Al^{3+}

4.2 $Mg + Cl_2 \rightarrow MgCl_2$; Mg^{2+}, $2 Cl^-$

4.3 Natriumiodid NaI, Na^+, I^-; Lithiumoxid Li_2O, $2 Li^+$, O^{2-}; Magnesiumbromid $MgBr_2$, Mg^{2+}, $2 Br^-$; Calciumoxid CaO, Ca^{2+}, O^{2-}; Aluminiumfluorid AlF_3, Al^{3+}, $3 F^-$

4.4 CsI, BaO, $CaCl_2$, MgS, CuCl, $CoCl_2$, MnO_2

4.5 HBr: polar, Dipol; $MgCl_2$: Ionenbindung, Mg^{2+}, $2 Cl^-$ NaBr: Ionenbindung, Na^+, Br^-; H_2S schwach polar, schwacher Dipol; Br_2: unpolar; PH_3 unpolar; CS_2 unpolar.

4.6 Das Molekül ist kein Dipol.

5.1 Im Brennstoffhandel ist in der Regel Steinkohle (bezogen auf den Heizwert) der billigste Brennstoff. Zu berücksichtigen sind weiters Versorgungssicherheit, Bequemlichkeit der Handhabung und Umweltfreundlichkeit.

6.1 a) $Li_2O + H_2O \rightarrow 2 LiOH$
b) $x = N_2O_5$
c) $Zn + H_2SO_4 \rightarrow H_2 + ZnSO_4$

6.2 H_3O^+ und OH^-

6.3 Um den Faktor 10

6.4 Der CO_2-Gehalt der Atmosphäre führt zur Bildung von Kohlensäure.

6.5 $SO_2 + Ca(OH)_2 \rightarrow CaSO_3 + H_2O$; Calciumsulfit

6.6 a) $KOH + HNO_3 \rightarrow KNO_3 + H_2O$
Kalilauge, Salpetersäure, Kaliumnitrat
b) $2 NaOH + H_2SO_4 \rightarrow Na_2SO_4 + 2 H_2O$
Natronlauge, Schwefelsäure, Natriumsulfat
c) $2 NaOH + H_2CO_3 \rightarrow Na_2CO_3 + 2 H_2O$ Natronlauge, Kohlensäure, Natriumcarbonat
d) $Ca(OH)_2 + 2 HCl \rightarrow CaCl_2 + 2 H_2O$ Calciumhydroxid, Salzsäure, Calciumchlorid
e) $KOH + H_2CO_3 \rightarrow KHCO_3 + H_2O$
Kalilauge, Kohlensäure, Kaliumhydrogencarbonat
f) $2 NaOH + H_3PO_4 \rightarrow Na_2HPO_4 + 2 H_2O$ Natronlauge, Phosphorsäure, Dinatriumhydrogenphosphat
g) $NaHCO_3 + HNO_3 \rightarrow CO_2 + H_2O + NaNO_3$ Natriumhydrogencarbonat, Salpetersäure, Natriumnitrat

6.7 $NaHCO_3 + HCl \rightarrow NaCl + H_2O + CO_2$; Nebenwirkung: Aufstoßen durch entstehendes CO_2.

6.8 Der Kalk reagiert mit der Schwefelsäure bzw. Salpetersäure.

$$CaCO_3 + H_2SO_4 \rightarrow CaSO_4 + H_2O$$
$$CaCO_3 + 2\,HNO_3 \rightarrow Ca(NO_3)_2 + H_2O$$

7.1
$$\overset{+I}{K}\ \overset{-I}{F},\quad \overset{0}{Br_2},\quad \overset{+I}{H}\ \overset{+V}{N}\ \overset{-II}{O_3},\quad \overset{+I}{Na_2}\ \overset{+VI}{S}\ \overset{-II}{O_4},\quad \overset{+I}{H_2}\ \overset{-II}{S},$$
$$\overset{+IV}{S}\ \overset{-II}{O_2},\quad \overset{-III}{N}\ \overset{+I}{H_4}\ \overset{+V}{N}\ \overset{-II}{O_3},\quad \overset{+I}{K_2}\ \overset{+VI}{Cr_2}\ \overset{-II}{O_7},\quad \overset{+II}{Ca}\ \overset{+IV}{C}\ \overset{-II}{O_3}$$

7.2 b), d)

8.1 Die Schadstoffe werden durch das Wettergeschehen europaweit verfrachtet, daher können nur europaweite Maßnahmen zu durchgreifenden Erfolgen führen.

8.2 Global: CO_2, Treibgase; Regional: CO, SO_2, NO_x, O_3, Staub

8.3 In hohen Atmosphäreschichten ist es wegen seiner Filterwirkung für die UV-Strahlen notwendig, in bodennahen Luftschichten ist es wegen seiner Giftigkeit unerwünscht.

8.4 Erdgas, entschwefeltes Heizöl, Holz.

9.1 Wassersparende Konstruktion von Waschmaschinen und Geschirrspülern, Verringerung der Wassermenge bei der Toilettespülung (nicht immer sind 10 l notwendig), Dusche statt Vollbad.

9.2 Höhere Wassertemperaturen führen zu einer wesentlich stärkeren Kalkabscheidung und damit zu einer kürzeren Lebensdauer des Gerätes. Weiters tragen niedrigere Wassertemperaturen zum Energiesparen bei, da heißeres Wasser im Haushalt in der Regel nicht gebraucht wird und es seine Wärme nur unnötig an die Rohrleitungen abgibt.

9.3 Die Kosten der Umweltschutzmaßnahmen verteuern die Produkte, die dadurch im Vergleich zu ausländischen Produkten, die ohne Umweltschutz-Auflagen produziert werden, nicht mehr konkurrenzfähig sind.

9.4 Ein Fluß hat im Verhältnis zu seiner Wassertiefe eine viel größere und stärker bewegte Oberfläche, daher ist die Sauerstoffaufnahme aus der Luft besser möglich.

10.1 Wasserstoff hat ebenfalls ein Außenelektron, ist jedoch kein Metall und hat eine deutlich größere Elektronegativität.

10.2 Zu hohe Aktivierungsenergie des O_2-Moleküls.

10.3 Durch die auf Lavoisier zurückgehende irrige Annahme, er sei das wesentliche Element der Säuren.

10.4 Wohl kaum, denn wenn das Gas brennbar ist, kann es zu Unfällen kommen.

10.5 $2\,C_2H_2 + 5\,O_2 \rightarrow 4\,CO_2 + 2\,H_2O$

10.6 CO ist noch nicht die Endstufe der Oxidation – Energieverlust.

10.7 Das CO dieser Zigarette würde ca. 5% des Hämoglobins blockieren und einen dementsprechenden Leistungsverlust bewirken.

10.8 CO_2 ist, wie alle Gase, in warmem Wasser schlechter löslich.

11.1 Die Bindung im N_2-Molekül ist so fest, daß sie von der Pflanze nicht gespalten werden kann.

12.1 Gelöschter Kalk ist eine starke Base und daher sehr ätzend.

12.2 Beim Aushärten des Mörtels wird Wasser frei.

12.3 Nein, da 26% der festen Erdkruste aus Silicium bestehen.

12.4 Glas ist eine extrem zähe Flüssigkeit (keine Kristallstruktur). Das „Fließen" ist nach Jahrzehnten auch bei Fensterscheiben meßbar.

13.1 Metall: Bewegung der Elektronen; Salzschmelze: Bewegung der Ionen, Ablaufen einer Redox-Reaktion.

13.2 Siehe Kap. 4.3

13.3 Die Fremdatome im Gitter erschweren das Übereinandergleiten der Schichten.

13.4 Die Fremdatome stören den Aufbau des Kristallgitters, siehe auch Kap. 2.6.

13.5 72,3%, 69,6%, 48,2%

13.6 $Fe_3O_4 + 4\,CO \rightarrow 3\,Fe + 4\,CO_2$
$Fe_3O_4 + 4\,C \rightarrow 3\,Fe + 4\,CO$

13.7 Siehe Kap. 7.4

13.8 Roheisen hat einen höheren Kohlenstoffgehalt und ist nicht schmiedbar.

13.9 Aluminium ist zu unedel, um aus wäßrigen Lösungen gewonnen werden zu können, siehe Kap. 7.6.

13.10 Nein, da es das dritthäufigste Element der Erdkruste ist.

13.11 0,368 kWh

13.12 Die Aufschrift ist zwar prinzipiell richtig, doch ist durch eine Wiederverwertbarkeit alleine nichts gewonnen, solange nicht tatsächlich eine Wiederverwertung erfolgt.

13.13 Siehe Kap. 13.1

13.14 Der Stahl enthält 18% Chrom und 8% Nickel.

13.15 Siehe Kap. 13.1

13.16 14 Karat

13.17 Keine vorgegebene Antwort.

14.1 Ja, denn eine Ionenbindung kann sich nur zwischen Atomen mit großem Elektronegativitätsunterschied bilden (nur zwischen Metallen und Nichtmetallen).

14.1 In Luft verteilter feiner Staub einer brennbaren Substanz kann, wenn er etwa durch einen Funken gezündet wird, extrem rasch mit der Wirkung einer Gasexplosion verbrennen.

15.1 Siehe Übung 15.4

15.2 a) 3-Ethyl-2,3-dimethylpentan
b) 2,2-Dimethylpropan

15.3 a) $CH_3 - (CH_3)_2C - CH_2 - CH_3$
b) $CH_3 - (CH_3)CH - (C_2H_5)CH - CH_2 - CH_2 - CH_3$

15.4 a) Propan, 2-Methylbutan, 2,2-Dimethylpropan
b) Hexan, 2-Methylpentan, 3-Methylpentan, 2,2-Dimethylbutan, 2,3-Dimethylbutan
c) Heptan, 2-Methylhexan, 3-Methylhexan, 2,2-Dimethylpentan, 3,3-Dimethylpentan, 2,3-Dimethylpentan, 2,4-Dimethylpentan, 2,2,3-Trimethylbutan, 3-Ethylpentan

15.5 $C_3H_8 + 5 O_2 \rightarrow 3 CO_2 + 4 H_2O$

15.6 $C_8H_{18} + 12\frac{1}{2} O_2 \rightarrow 8 CO_2 + 9 H_2O$

16.1 $CH_2 = (CH_3)C - CH = CH_2$

16.2 $CH_3 - CH = CH - CH_3$, CH_3-Gruppen in E-Position

16.3 a) Numerierung in falsche Richtung. b) Stammname nicht nach der längsten Kette gebildet. c) Numerierung falsch. d) und e) bezeichnen nicht existenzfähige Moleküle (fünfwertiges C-Atom).

17.1 Höherer Kohlenstoffgehalt von C_6H_6.

18.1 Es kann giftiges Benzol enthalten.

18.2 Ein Benzinmotor besitzt eine elektrische Zündanlage (Zündspule, Unterbrecher, Zündkerzen) und einen Vergaser bzw. eine in das Ansaugrohr einspritzende Pumpe (Injection). Ein Dieselmotor besitzt eine beim Starten elektrisch beheizte Glühkerze und eine Einspritzpumpe, die den Kraftstoff direkt in den Zylinder einspritzt.

18.3 Nein, da es beim Dieselmotor vom Prinzip her zu keiner vorzeitigen Selbstentzündung kommen kann.

18.4 Brandrisiko und Gefahr der Wasserverschmutzung bei Unfällen; Verbrennung: Abgabe von kondensierten Aromaten bei Benzin, Stickoxiden, Kohlenmonoxid, Schwefeldioxid, Ruß.

18.5 Einsparen von Energie, Umsteigen auf Kohle, Atomenergie oder erneuerbare Energiequellen (Alternativenergien).

18.6 Übergang zu großflächigen Monokulturen mit starkem Einsatz von Handelsdünger und Schädlingsbekämpfungsmitteln und allen damit verbundenen ökologischen Nachteilen.

19.1 Sekundärer Alkohol

19.2 $C_2H_5OH + 3 O_2 \rightarrow 2 CO_2 + 3 H_2O$

19.3 Wechselwirkungen der OH-Gruppen mit Wasser.

19.4 2-Propanol

20.1 Schlechter.

20.2 $2 HCOOH + CaCO_3 \rightarrow Ca(HCOO)_2 + CO_2 + H_2O$

21.1 Zwei Doppelbindungen oder eine Doppelbindung und zwei andere verknüpfungsfähige funktionelle Gruppen.

21.2 57%

21.3 Beide Ausgangsstoffe bestehen aus 6 Kohlenstoffatomen.

21.4 Umweltfreundlich erzeugt: vermutlich richtig.
Verbrennt ohne schädliche Gase: richtig.
Recyclingfähig: irreführend, ein Recycling findet nicht statt.
Reines Naturprodukt: falsch.
Ohne schädliche Zusätze: vermutlich richtig.

Stichwortverzeichnis

Periodensystem der Elemente

	1	2	3	4	5	6	7	8	9	10	11	12	13	14	15	16	17	18
1	1.0 **H** Wasserstoff 1																	4.0 **He** Helium 2
2	6.9 **Li** Lithium 3	9.0 **Be** Beryllium 4											10.8 **B** Bor 5	12.0 **C** Kohlenstoff 6	14.0 **N** Stickstoff 7	16.0 **O** Sauerstoff 8	19.0 **F** Fluor 9	20.2 **Ne** Neon 10
3	23.0 **Na** Natrium 11	24.3 **Mg** Magnesium 12											27.0 **Al** Aluminium 13	28.1 **Si** Silicium 14	31.0 **P** Phosphor 15	32.1 **S** Schwefel 16	35.5 **Cl** Chlor 17	39.9 **Ar** Argon 18
4	39.1 **K** Kalium 19	40.1 **Ca** Calcium 20	45.0 **Sc** Scandium 21	47.9 **Ti** Titan 22	50.9 **V** Vanadium 23	52.0 **Cr** Chrom 24	54.9 **Mn** Mangan 25	55.8 **Fe** Eisen 26	58.9 **Co** Cobalt 27	58.7 **Ni** Nickel 28	63.5 **Cu** Kupfer 29	65.4 **Zn** Zink 30	69.7 **Ga** Gallium 31	72.6 **Ge** Germanium 32	74.9 **As** Arsen 33	79.0 **Se** Selen 34	79.9 **Br** Brom 35	83.8 **Kr** Krypton 36
5	85.5 **Rb** Rubidium 37	87.6 **Sr** Strontium 38	88.9 **Y** Yttrium 39	91.2 **Zr** Zirkonium 40	92.9 **Nb** Niob 41	95.9 **Mo** Molybdän 42	(99) **Tc*** Technetium 43	101.1 **Ru** Ruthenium 44	102.9 **Rh** Rhodium 45	106.4 **Pd** Palladium 46	107.9 **Ag** Silber 47	112.4 **Cd** Cadmium 48	114.8 **In** Indium 49	118.7 **Sn** Zinn 50	121.8 **Sb** Antimon 51	127.6 **Te** Tellur 52	126.9 **I** Iod 53	131.3 **Xe** Xenon 54
6	132.9 **Cs** Caesium 55	137.3 **Ba** Barium 56	57 bis 71	178.5 **Hf** Hafnium 72	180.9 **Ta** Tantal 73	183.9 **W** Wolfram 74	186.2 **Re** Rhenium 75	190.2 **Os** Osmium 76	192.2 **Ir** Iridium 77	195.1 **Pt** Platin 78	197.0 **Au** Gold 79	200.6 **Hg** Quecksilber 80	204.4 **Tl** Thallium 81	207.2 **Pb** Blei 82	209.0 **Bi** Wismuth 83	(209) **Po*** Polonium 84	(210) **At*** Astat 85	(222) **Rn*** Radon 86
7	(223) **Fr*** Francium 87	226.1 **Ra*** Radium 88	89 bis 103	**Unq*** Unnilquadium 104														

Lanthanoide

138.9 **La** Lanthan 57	140.1 **Ce** Cer 58	140.9 **Pr** Praseodym 59	144.2 **Nd** Neodym 60	(145) **Pm*** Promethium 61	150.4 **Sm** Samarium 62	152.0 **Eu** Europium 63	157.3 **Gd** Gadolinium 64	158.9 **Tb** Terbium 65	162.5 **Dy** Dysprosium 66	164.9 **Ho** Holmium 67	167.3 **Er** Erbium 68	168.9 **Tm** Thulium 69	173.0 **Yb** Ytterbium 70	175.0 **Lu** Lutetium 71

Actinoide

(227) **Ac*** Actinium 89	232.0 **Th*** Thorium 90	(231) **Pa*** Protactinium 91	238.0 **U*** Uran 92	(237) **Np*** Neptunium 93	(244) **Pu*** Plutonium 94	(243) **Am*** Americium 95	(247) **Cm*** Curium 96	(247) **Bk*** Berkelium 97	(251) **Cf*** Californium 98	(254) **Es*** Einsteinium 99	(257) **Fm*** Fermium 100	(257) **Md*** Mendelevium 101	(255) **No*** Nobelium 102	(257) **Lr*** Lawrencium 103

* nur radioaktive Isotope bekannt